院校研究理论与实践论丛

总 主 编　常桐善　蔡三发
副总主编　王　雁　张端鸿　屈琼斐

美国高等教育
战略规划与质量提升

李　岱　蔡三发　周　莹　白　康　编著

同济大学出版社
TONGJI UNIVERSITY PRESS

图书在版编目(CIP)数据

美国高等教育战略规划与质量提升/李岱等编著
.--上海:同济大学出版社,2018.10
ISBN 978-7-5608-8134-8

Ⅰ.①美… Ⅱ.①李… Ⅲ.①高等教育-教育规划-研究-美国②高等教育-教育质量-研究-美国 Ⅳ.①G571.2

中国版本图书馆 CIP 数据核字(2018)第 204627 号

院校研究理论与实践论丛
美国高等教育战略规划与质量提升
李岱 蔡三发 周莹 白康 **编著**
责任编辑 熊磊丽 **责任校对** 徐春莲 **封面设计** 陈益平

出版发行 同济大学出版社 www.tongjipress.com.cn
(地址:上海市四平路 1239 号 邮编:200092 电话:021-65985622)
经 销 全国各地新华书店
排版制作 南京新翰博图文制作有限公司
印 刷 江苏凤凰数码印务有限公司
开 本 710mm×960mm 1/16
印 张 20.5
字 数 410 000
版 次 2018 年 10 月第 1 版 2020 年 7 月第 2 次印刷
书 号 ISBN 978-7-5608-8134-8

定 价 88.00 元

院校研究理论与实践论丛

总 主 编　常桐善　蔡三发

副总主编　王　雁　张端鸿　屈琼斐

序

现代大学已经变成了规模巨大、种类繁多、功能和组织复杂、利益相关者众多、社会责任广泛的社会组织，需要大量的信息和专门知识才能对其进行有效管理。学校的领导人和决策中枢机构，很难再依靠传统的经验进行决策与管理大学，通过加强研究，开展科学决策与管理已经成为一种顺应发展的内在需要。大学越来越需要专业化的机构和人员协助收集信息、整理数据、研究问题、提供决策咨询与参考。

院校研究（Institutional Research）的蓬勃发展正是顺应了上述需要。院校研究以大学管理为研究对象，通过系统收集信息、科学分析数据、提供决策支持，以达到解决实践问题，提高管理科学化水平的目的。院校研究在发达国家广受重视，尤其是美国高校普遍建立了院校研究办公室。中国的院校研究也日益受到重视，近年来中国大学的规划、政策或高等教育研究等相关部门纷纷转型，朝着院校研究专业化机构的方向发展，探索以问题为导向、以数据为支撑、以改进为目标等方式，努力开展本校的问题研究，并加以实践，促进学校管理优化。

同济大学是一所具有悠久历史传统和开放进取精神的大学，正在努力建设以可持续发展为导向的一流大学。在信息化时代，学校希望构建基于大数据的院校研究和循证原则的科学决策体系，这也正是大学内部治理体系与治理能力现代化的应有之意。为此，学校在体制机制、资源整合和外部合作等方面做出了许多努力。一是整合发展规划、高等教育研究和办学质量评估部门，组建了发展规划研究中心，成为大部门制的院校研究与决策咨询机构；二是推动学校运行数据的共享库建设，并在此基础上建设了学校的数据仓库，推动行政管理、决策咨询和技术支持部门的合作，努力朝大数据决策的院校研究方向探索；三是与爱思唯尔、汤森路透、惠普、金蝶和文思海辉等国内外机构建立广泛合作，更好地推动智慧校园和智能决策系统建设。

由同济大学发展规划研究中心联合美国加州大学总校院校研究办公室等机构专家共同出版的“院校研究理论与实践论丛”，是中美院校研究领域专家近年来开展院校研究的一些理论、方法和实践的阶段性总结，包括院校研究的发展与应用概论、高校战略发展规划与数据报告可视化、高校决策支持信息系统的开发与应用、院校研究统计学方法与数据挖掘、院校研究问卷调查研究方法与实践等专题，内容丰富，具有较高的参考价值和借鉴意义。相信该论丛的出版，有利于提升院校研究人员的专业化水平，有利于推动院校研究在中国的发展，有利于更好地促进中国大学的管理，有利于“一流大学”和“一流学科”的建设。

只有院校研究人员善谋，才有决策中枢机构善断，也才有中国大学治理体系与治理能力现代化的持续改善。祝愿中国的院校研究发展得越来越好！

原同济大学校长、中国科学院院士

目录

第三章　高等教育问责

第四章　大学效绩与学习成果评估

第五章　案例研究

绪 论

白 康 博士
院校研究与规划副校长
美国路易斯大学(Lewis University)

高等院校战略规划是一种以完成高等院校使命为目的的长期发展计划，它通过有效的行政协调整合、定期的质量检查与成果评估，促使高等院校按时完成其短期计划和长期目标，不断提高和改进院校效绩，最终圆满完成高等院校的使命。在过去近40年的时间里，战略规划在美国高等教育的改革与发展，以及完成高等院校使命的过程中起到了积极主动的作用，使高等院校战略规划的制定、执行和完成成为教育质量的保证和高等教育成功的关键。高等院校战略规划的作用，已是众所瞩目的事实。然而，在当今社会，甚至在高等教育领域，仍有很多人对战略规划在高等教育中的作用疑惑不解或理解不透，对战略规划的制定、实施和完成，缺乏必要的知识，其中也不乏为高等院校提供咨询的规划顾问、专职计划人员，以及高等院校的高级管理人员[1]。

对高等教育战略规划及其计划与实施缺乏认识和理解，会严重影响战略规划在高等院校的计划与执行。而更为严重的结果是，参与执行一个计划不周或内容欠缺的战略规划，会使教职员工和学生对学校或学校领导层丧失信心，使学校的重要资源得不到合理分配与使用，教育质量得不到保证与提高，以致高等院校的质量认证检查失败，从而导致学校丧失财政资助与学术声望[1]，其代价之严重促使美国各高等院校对战略规划的计划与实施不敢掉以轻心，而是努力做好战略规划并全力执行，保证学校的使命得以圆满完成。一个好的、成功的战略规划的计划与实施过程，由于其明确性、可测性、普及面以及透明度，能够最有效地调动全校教职员工与学生的积极性，使他们有机会积极参与学校重大问题的决策，使学校的成果评估、资源分配以及高等院校认证等程序更为健全，执行起来更为方便和容易，并为高等院校各利益相关者提供学校在执行战略规划、完成其预期目标和使命过程中所取得的进展和成就的信息。

在美国，战略规划的发展始于美国军方，用于军队大规模的军事行动，目的在于获取整体战役中的有利地位，更有力地歼灭敌人，完成军队的使命。到 20 世纪 50 年代，美国很多企业界人士认为战略规划是解决一切问题的答案，因此引用美军的战略规划模式，在企业发展中广泛利用，以获取企业竞争中的更大盈利。从 20 世纪 60 年代中期到 70 年代中期，战略发展规划在企业界盛行。到了 90 年代，战略规划再度复兴，在企业界被普遍认为是一个“在具体情况下具有特别利益的过程”[2-3]。

20 世纪 70—80 年代，美国高等教育经历重重困难，面临各种挑战：大学在校学生人数下降，学生整体结构发生变化，学校运作成本上涨，学生学杂费剧增，财政拨款不足，资金来源不稳定，以及学术重点转移，等等[1-2]。面对众多的困难和挑战，为了改变不利的局面，高等教育有必要进行一场深刻的管理革命。美国的高等院校开始用新技术进行数据收集与分析，对历史进行反思以及对未来发展进行研究，发现在高等院校需求不断增高与资金不断下降的情况下实行战略规划，是一种积极主动地解决高等教育持续发展和提高中存在的问题的有效途径[1]。从此战略规划逐渐在美国高等教育各领域开始实行，成为这场变革的一个显著特征，并由此对高等教育的发展、改革以及不断提高起到了关键的作用。

然而，战略规划在高等院校中的实施与其他一切新鲜事物的产生和发展一样，并非一帆风顺。高等院校在试图将企业的战略规划模式转变并应用到高等教育环境的过程中所遇到的挑战很大。例如，在战略规划执行过程中不断进行评估与调整，是规划完成与达标的关键。而高等院校要在短期内适应一个以评估为基础的变革，这一过程通常令人气馁而且难以达到预期的效果。其次，企业界是以市场数据为基础、以消费者（客户）的利益为驱动来制订其战略规划流程；高等院校对其所面临的问题是掌握的数据有限，而且其服务对象是学生，不是消费者（客户）[1]。再就是前面提过的对战略规划缺乏了解，认识不足，也给计划和实施带来一定阻力。此外，很多学校参与战略规划仅仅是因为认证机构或州高教委员会的要求，或者是学校经历了某种危机。以上种种原因，以及在计划过程中面临的各种挑战，致使很多学校尽管投入了大量的时间、人力和物力，也没能达到预期的目标[4]。因此高等院校必须根据自身的特点，调整和制定适合其实际情况的战略规划。

由于各高等院校自身的努力，战略规划逐渐得以被接受。然而在高等院校实施战略规划的初期，战略规划仅仅被视为用于陈述学校使命和愿景，帮助优先分配资源和进一步突出学校工作重点的一种工具，结果很多早期的战略规划侧重于对学校本身各具体方面目标的描述，而忽视了战略规划具体计划和执行过程的建立。学校投入了大量资金，学校教职员工花了大量时间参与战略规划的制定，然而看到的却是大量文件的产生和堆积，相对而言很少看到战略规划的执行或圆满完成[1]。

随着公众对高等教育及其质量的监督不断加强，美国联邦政府和州政府以及各区域认证机构对高等院校实行战略规划的要求不断提高。从20世纪90年代开始，各区域认证委员会提高认证标准，要求美国各高等院校必须要有战略规划和评估计划，以满足高等院校质量认证的要求。与此同时，联邦政府和各州政府开始将资金分配与问责措施和认证结果结合起来。特别值得注意的是，美国联邦政府和州政府，以及各地区主要认证委员会为了应对外部问责制的要求，要求所有高等院校都必须制订学生学习成果目标，并对学习成果进行检测和评估。长期以来，高等院校的认证标准都是以各种管理硬数据为基础建立起来的，例如学校资金来源是否稳定、最高或终端学位教师的人数、图书馆的藏书量等[1]。这一高等教育管理的变革使美国大多数高等院校为了达到问责与认证要求，争取得到极其有限的资源以及联邦政府和州政府的持续资助，解决由于高等院校生源不足和资金减少带来的困难，除了依旧提供各种管理数据以外，都明确制定了具体的学生学习成果评估措施和行政管理的具体评估措施。这些新的变革和举措为高等院校创造了施行战略规划的环境，从此战略规划作为高等教育使命的完成和教育质量保证的必要途径，在美国各高等院校广泛实行，为高等教育的不断改进与提高奠定了坚实的基础。

编写本书的目的是帮助高等院校的教职员工特别是高层管理人员系统地了解美国高等院校战略规划的组成和制定，认证体系和机构效绩及其与战略规划的关系，评估文化和学生学习成果评估，以及高等院校问责制。书中还提供了实例，以使读者通过实例能更深刻地理解和领会美国高等教育的管理和质量保证体系。

全书共有十五篇文章，前三篇文章系统地介绍美国高等院校战略规划从制定到执行的整个过程，回顾了高等教育战略规划的兴起和演变，详细地介绍了高等院校战略规划的主要组成部分，以及与战略规划相关的三种评估形式，即机构效绩、学习成果和行政评估，为高等院校建立可持续性的战略规划，以及在战略规划指导下整合校园其他计划等方面提供指导。

第四、第五篇文章向读者介绍了美国高等教育的认证体系，认证体系的主要构成，以及美国各区域高等教育认证机构，总结了在过去的20年间认证理念和侧重点发生的重要变化，同时还简短回顾了美国认证系统的发展历史，讨论了目前面临的挑战以及将来可能的发展趋势。

第六、第七篇文章主要讨论美国高等教育问责制。第六篇文章首先讨论了问责制的定义，然后透过政治问责模型的视角讨论美国独特的问责制工具，最后讨论院校研究在问责制过程中发挥的作用。第七篇文章讨论高等教育财务问责制，“在高等教育中，毕业生人数可能很容易计算，但是培养大学毕业生的过程绝不简单”。因此，高等教育财务知识不应仅局限于财务办公室和总结性财务报表，还应该包括上述的管理会计和基准工具，以供整个学校的全体教师、行政管理人员和工作人员使用。作者最后建议挑战铁三角的基本假设，尤其是“质量越高需要的成本越高”假设，并用多个高校实例证明高质量需要高成本的观点是错误的。

第八篇文章通过讨论沃克维恩的机构效绩评估模式的五个步骤，介绍了美国高等院校质量保证的综合过程——机构效绩，以及美国高等院校实施机构效绩的具体措施，同时还介绍了机构效绩的一个重要概念——“闭合循环过程”。高校不仅要用评估数据证明其完成教育使命的效绩，更重要的是高等院校的评估必须是周期性的，改进是持续性的，这样才能保证教育质量和完成学校使命。

第九、第十、第十一篇文章系统介绍和着重讨论了美国高等院校学生学习成果评估，包括学习成果目标的制订、评估手段和评估标准的选定，以及具体的评估方法和步骤。通识教育评估是学生学习成果评估的重要环节。在介绍美国通识教育评估的同时，作者指出通识教育的评估应该以教师为主导，专业评估人员提供引导、协调和支持，才能保证通识教育评估达到预期的效果。此外，建立和发展评估文化和环境，是学习成果评估取得成功的保证。作者在文中详细讨论了高校领导、教师以及各部门在建立和发展评估文化与环境中的重要作用。

第十二篇文章到第十五篇文章通过四个实例，分别展示了美国高等院校的问责制、认证制和机构效绩的评估过程的具体应用，其中包括美国大学生参与程度问卷调查、加州大学问责报告、匹兹堡州立大学的再认证和乔治梅森大学通识教育评估案例。

参考文献

[1] Hinton K E. A practical guide to strategic planning in higher education[M/OL]. Society for College and University Planning, 2012. https://www.scup.org/page/resources/books/apgsphe.

[2] Lerner A L. A Strategic Planning Primer for Higher Education[J/OL]. College of Business Administration and Economics, California State University, Northridge, 1999. https://www2.fgcu.edu/provost/files/strategic_planning_primer.pdf.

[3] Mintzberg H. The Rise and Fall of Strategic Planning[M]. New York: The Free Press, 1994.

[4] Sanaghan P, Hinton M. Be Strategic on Strategic Planning[EB/OL]. Inside Higher Ed, 2013. https://www.insidehighered.com/advice/2013/07/03/essay-how-do-strategic-planning.

第一章 高等教育战略规划

高等教育战略规划成功的关键要素

高等教育战略规划实用指南(上)——组成、协调与评估

高等教育战略规划实用指南(下)——持续性、文化性与整合

高等教育战略规划成功的关键要素①

The Key Elements of Successful Strategic Planning in Higher Education

珍妮特·史密斯 博士
机构效绩协理副校长
美国匹兹堡州立大学（Pittsburg State University）

李　岱 博士
院校研究与规划主任
美国匹兹堡州立大学（Pittsburg State University）

摘要　本文根据2016年珍妮特·史密斯（Janet Smith）博士在“院校研究、学科建设规划、教育质量评估”国际交流研修班上发表的关于高等教育战略规划的主旨讲话整理而成。史密斯博士为高教领导者们指出了他们在制定和执行战略规划时需要知道的十项要素。要素涵盖了战略规划从制定到执行过程中的各个方面，包括因地制宜地制定有效规划、领导改革、确定优先等级、定期评估、提供培训等。本文旨在帮助高等教育的领导者们和规划参与者们更好地了解规划过程，更有准备地面对在规划各阶段可能出现的挑战，并能够在各校园内制定并成功实施战略规划。

Executive Summary　This chapter is based on the keynote speech of *The*

① 2016年6月，珍妮特·史密斯博士在同济大学发展规划中心（现为“同济大学发展规划部”）主办的“院校研究、学科建设规划、教育质量评估”国际交流研修班上发表了一次关于高等教育战略规划的主旨讲话。本文正是基于这次主旨讲话的内容修改完成的。在主旨讲话中，史密斯博士指出了高等教育机构成功地制定和执行战略规划的十个关键因素。每一个关键因素都可以帮助高等院校了解在准备、制定和执行战略规划过程中可能遇到的困难和挑战，发现产生困难的原因，并且提出解决建议。在讨论关键因素时，史密斯博士各引用了一条美国俚语、名人名言或影视对白作点睛之用。读者在学习的过程中，或可一笑。

Key Elements of Successful Strategic Planning in Higher Education delivered by Dr. Janet Smith at the workshop of Institutional Research, Academic Planning, and Educational Quality Assessment at Shanghai, 2016. Dr. Smith presented ten key elements that the leadership in higher education needs to know from the preparation to the implementation of a strategic plan. The elements include defining an effective strategic plan, leading the changes, agreeing on prioritization, regularly assessing and providing training, etc. The chapter aims to assist the leaders better understanding the planning process, preparing for the challenges that they may encounter at all stages, and being ready to start a successful planning process on their campuses.

1 引言

制定与执行战略规划是美国高等院校的一项极为重要的核心活动，是每所经过认证的高校都必须要做的。正如你无法从一棵树上找到两片相同的叶子，你也无法找到两个完全相同的发展计划或是一模一样的执行方式。每所高校都有它的特点，所以制定出的战略规划也各有不同。当然，这并不是说所有的方法都能制定出成功的规划，也不意味着随便怎么做都行。高校战略规划的制定和执行千差万别。有的高校规划仅仅停留在纸面上、文案中、尘埃里，而另一些高校的规划早已渗透到每天的日常工作当中。

那么是什么因素导致了这两种规划的不同制定和执行过程呢？怎样才能制定出成功的、有效的战略规划呢？看完本文，也许您就会有自己的答案了。

2 为什么要制定战略规划？

在讨论如何制定战略规划之前，我们必须要思考一个更重要的问题：为什么要制定战略规划？除去满足高等教育行政管理部门的硬性要求外，怎样的内部管理需求使得规划的制定成为一个不容忽视的需要呢？

首先，一个成功的战略规划能够使高校确定清晰的自我定位和发展方向。一套成熟的战略规划首先需要明确的是高校的使命（Mission）、愿景（Vision）和核心价值（Core Values）。厘清这些关键概念就是从根本上确立了高校发展的精神方向和目标。在明晰合理的精神目标的引领下，全校各部门的发展才可以做到有的放矢、上下贯通、步调一致，学校发展才能形成整体，从而避免各部门各走各路，最终在发展过程中渐渐变成一盘散沙的局面。

第二，成功的战略规划为高校发展构建出完整的发展地图。战略规划的一个主要目的是替高校开展的各类活动项目建立优先排序，让这些项目有序地为实现规划目标服务。在排序过程中，高校可以依序分配资源到发展项目中去。有了优先等级的指导，高校可以更好地测评项目成果，使得有限的资源产生更好的效绩。

第三，成功的战略规划可以提高和拓展高校的自我认知。在制定规划的过程中，高校可以通过环境扫描（Environmental Scan）充分认识自身的优势和机遇，尽量减少或规避风险，以最全面的准备迎接挑战。而在执行规划的过程中，高校可以通过暴露出的问题和挑战，进一步了解本校的行政体系、办事流程和人事结构，在失败中吸取教训，提高行政效绩，以更完善的行政体系投入下一次规划周期。最重要的是，充分的自我认知可以使得我们走在问题发生之前，将问题影响控制到最低，而不是在问题发生之后做出仓促的应急反应。

最后，成功的战略规划将促进各部门间的对话。制定和执行战略规划是一个需要全校各部门各层级参与的活动。在日常工作中，没有直接联系的部门很少有交流，而规划是一个契机，可以促进校园内，甚至校内外的各部门交流对话，对提高凝聚力、增进整体性、加强校园文化不无裨益。

3　制定战略规划的十个要素

3.1　要素之一：重视规划

> “不做计划，就是计划着失败。”
>
> ——阿兰-拉金（Alan Lakein，美国作家）

不论是基于外部要求，还是基于自身需要，为学校发展做规划似乎成了一项必须的任务。这项必须任务成功的第一步就是重视它。重视规划，重视制定规划的过程，将规划定位到战略高度。美国高校规划协会（Society for College and University Planning，SCUP）在2015年对2 285名学者和战略规划专家进行了一次关于成功规划的问卷调查[1]。结果显示机构对规划的重视程度与规划能否成功休戚相关。重视规划是一个领导者可以保证规划成功的最重要工作。

这看起来简单，甚至可能是已经被默认的事，要真正做好并不容易。并不是所有的教职员工都会自觉自发认识战略规划的价值，有些人甚至会有负面想法。他们或许认为制定规划并不在他们的职责之内而抱着无所谓的态度，也可能因为制定规划意味着要做更多的工作而感到反感，又或许因为上一次制定规划占用大量资源却没有实际成效而对其抱有成见。总之，要让每一个教职员都真正重视规划和规划过程并不是一项简单的任务，而这项不简单的任务对领导者来说却是至关重要的。

要如何做到重视规划，并将这样的信息传达到学校的各个层面?

首先要定期、明确地与教职员沟通规划的重要性。不同级别正式的和非正式的领导者都需要抓住机会与教职员工沟通战略规划的价值，在日常工作中也应经常参考规划的条款制定。

其次，新项目的产生、批准、投资和执行都应以战略规划为基准。规划的目的是为了让学校有计划地、持续性地提升质量。如果新项目脱离规划，那这个项目对学校近期的发展有何助力呢？让规划成为与学校发展共生的基准文件，而不是表面文章，规划的价值才能被学校各层面真正接受。

最后，强调规划是一个过程。如果战略规划被认为是一个项目，那么不管它有多好，它都很可能会被放在书架上而不被执行。需要认识到制定与执行规划都是过程，是与学校日常运转同步的。在规划落实到学校日常运行过程中，学校各方面的反应和成果应被跟进、收集、整理，并吸收入下一个规划周期。所以，制定与执行规划都是连续不间断的过程。

3.2 要素之二：定义有效的计划

“计划本身没什么，制订计划才重要。”

——艾森豪威尔（Eisenhower，美国第34任总统）

在搜索引擎里输入关键字“战略规划”，你会看到百万条规划信息，以及成千上万种规划模型。但是，哪一种才适合你的学校呢？回答这个问题的关键在于：在你的学校，你们怎么定义一个有效的规划?

一个有效的规划首先与学校的使命、愿景和核心价值一致。花大力气制定一份与学校的核心价值相反的规划只能是南辕北辙，浪费人力物力。其次学校应在定义何为“有效”上取得广泛的共识。宏观上，有效的规划应带领学校实现愿景；微观上，有效的规划应带领学校实现战略目标。不论定义如何，让所有相关人员明白，“在这个校园里，什么是有效的规划”是十分重要的。如果达不成这个广泛的共识，那么规划就是零散的、缺乏凝聚性的，也只可能是关注短期目标而缺少战略核心的无效计划。再次，应定期检验规划执行是否有效。很多时候，因为正在实施的规划缺少可测量的结果而导致有效性无法被定期检验，从而无法得知整个计划是否被有效执行。其结果只能是：规划的意义逐渐流失，教职员人心离散，规划重回故纸堆，并且可能给下一次规划的制定和执行造成负面的影响。

定义有效的规划并获得广泛认同，这一点不但是SCUP调研发现的七个成功要素之一[1]，也是史密斯博士在高教领域多年工作所见。史密斯博士观察到，虽然多少会有所保留，但是大部分的教职员工还是愿意参与制定规划过程的，前提是他们得先明白什么是好的规划。尤其是在基层工作的员工，他们懒怠参与制定规划，原因不是他们不愿意，更多是因为他们不太明白怎样参与。结合成功要素之一，是否能让有效的规划得到校内广泛的参与与认同，很大程度取决于校领导如何向校园交流规划的重要性，定义规划的有效性，以及组织定期检验。

3.3 要素之三：领导改革

“没人喜欢变化。他们只是嘴上说喜欢，但心里却不这么认为。”

——谢尔顿·李·库珀博士（Sheldon Lee Cooper，《生活大爆炸》）

一个学校是勇于拥抱改革，还是回避或拒绝改革，这是根植于校园文化的一个问题。但大多数时候，高等教育机构通常都不愿做出改革。改革意味着要从统观全局的角度，自觉放弃一些优势或资源，更改行为甚至是想法。这对于天天忙于日常工作的教职员和高层领导来说，都是困难的。况且，改革也许会遇到政策或流程上的阻碍。尤其是对一些不欢迎、不习惯改革的学校来说，僵化的行政结构、不合理的规章制度、繁复的工作流程本身就会阻挡或拖延改革的发生。不管是对于“想不到”还是“做不到”的学校，用规划领导改革的发生就会变得很困难。

然而，不管愿不愿意，承不承认，改革都在发生。不论是面对来自政府和公众双重问责压力下的美国高等教育，还是要为日新月异的发展教育储备人才的中国高等教育，改革不可避免地在发生。如果外部环境或高等教育的发展快过某一所高校的调整能力，这所高校就有可能面临落后，甚至淘汰的危险。所以，与其消极应对改革，不如积极领导改革。

学校的领导人应时时将外部环境产生的挑战和机遇了然于心，在它们初露端倪的时候将战略性的应对策略融入规划当中，而不是等陷入不得不应付的窘况时才慌忙生出些暂时的解决办法。当然，这不容易，尤其是在校园文化不支持改革，习惯用“一直以来”的方式解决所有问题的时候。将领导改革植入校园文化，这需要时间。领导者可以通过设置专门机构来预测改革的发生、精简机构模式、简化流程、减少阻碍等方法，使机构更有活力。此外，校领导还可以经常性地表示和证明学校愿意采用新方法、新思路来迎接不断变化的外部环境，积极采用更好的方式来完成学校使命。不过，接连不断的改革，或是超出管理能力之外的改革也对学校不利，有可能将战略规划变成琐碎的短期计划。平衡规划的整体性和灵活性是一门艺术。

3.4 要素之四：因地制宜的规划

“在准备更好的捕鼠器之前，最好能确认那里是否还有老鼠。”

——佚名

在开始着手制定规划之前，应该对校园的内外环境进行全面的扫描。SWOT 分析是最经常使用的方法。在 SWOT 分析中，学校以已确立的使命、愿景和核心价值为基础，对学校的优势（strengths）、劣势（weaknesses）、机会（opportunities）和挑战（threats）进行总结分类。值得注意的是，参加 SWOT 环境分析的人群应包括学校的内外主要利害关系人（stakeholders）。校内的利害关系人除了教师和管理人员外，也应该包括在校学生。校外的利害关系人主要包括当地政府和企业人士等。在校学生和企业人士常常是被忽略的群体。图 1 为美国艾丽湖学院（Lake Erie College）的 SWOT 分析结果。

从艾丽湖学院的分析结果[2]可以看出，优势、劣势、机会和挑战并不是完全独立的。一个因素可能既是优势也是挑战，既是劣势也是机会。如小巧的校园提供给学生小班授课的优势，但同时也可能限制学校提供丰富课内外活动的能力。在分析过程中，不必将具体因素贴上唯一的标签。

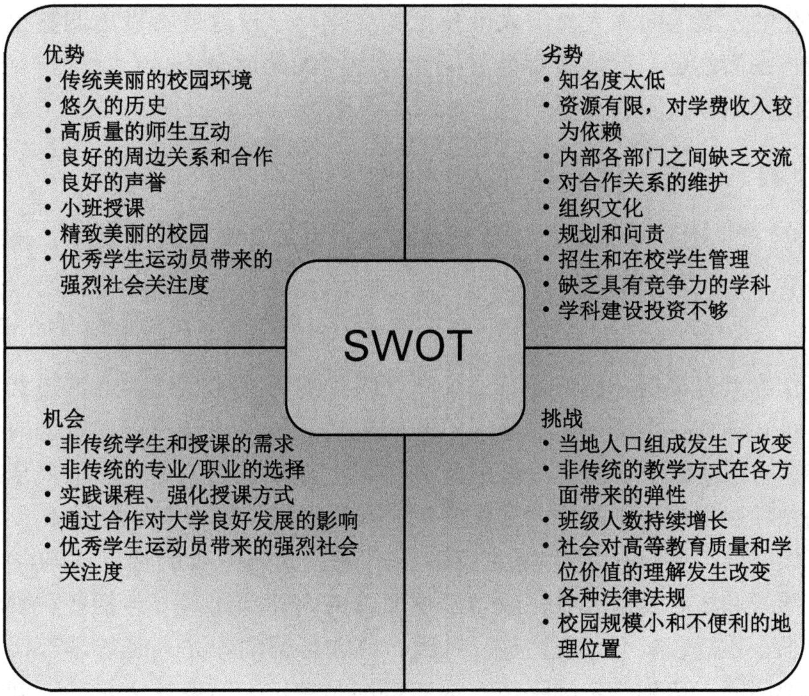

图 1　美国艾丽湖学院 SWOT 分析结果

有了 SWOT 分析结果，接下来便是要基于分析结果制定相应的规划。这看上去顺理成章，可实际操作起来也许未必是这么回事。分析结果和最终决定之间产生断层有可能是因为人们不知道如何从分析结果推导出相应的决定，有可能是无法突破思维定式，也有可能是面对挑战的妥协，更有可能是这几种原因共同作用的结果。一个传统的校园习惯沿用“一直以来”的做法，即便是面对集思广益得来的分析结果，也未必能在短时间内打破常规，以积极创新的态度迎接挑战，并产生整体贯通一致的战略方法。再以艾丽湖学院的分析结果为例，日新月异的非传统教学方法和当地人口组成变化其实是许多中小校园都在面临的挑战。可是，要鼓励教职员学习使用新的教学方法可能会遭遇较大的阻力。另外，调整招生策略和学生工作的重心以面对正在改变的学生人口组成，这意味着对于新市场新方式的探索，还有时间、资本和人力的更多投资。这些都有可能让学校望而却步，让新的战略规划成为又一次的老调重弹。这时，与其盘算做出改革的成本是多少，不如想想不做的代价有多大。面对整个高等教育教学方法多样化的发展走向和人口组成可预见的变化，学校迟迟不做出调整也许意味着将来面临更严重挑战时会更无能为力。人无远虑，必有近忧，对于组织来说也同样适用。

3.5 要素之五：优先等级上的认同

“人们反对某事，往往只是因为没有参与策划，或此事是由他不喜欢的人策划的。”

——亚历山大·汉密尔顿（Alexander Hamilton）

作为教育机构，应该没有哪个高校缺少如何将学校建设好的想法和建议，短缺的往往是资源。当源源不断的想法和建议遇到有限的资源时，各部门、各院系就会在资源分配的优先等级上你争我夺。这时，就要依靠学校的领导层根据规划来排列优先等级，并根据优先等级来分配资源。

领导层需要将排定优先的道理讲清楚。优先等级的选定应与学校使命、愿景和核心价值一致；应与学校面临的内外部因素（包括各种硬性行政要求、挑战、机会、压力等）一致；应在各部门，尤其是教学部门与非教学部门间，达到一定的平衡。沟通依旧是关键。需要花大量的时间与各层级沟通排定优先的道理，将有异议的地方一一理顺熨平。然后，不出意外的话，严格按照已排定的顺序执行优先等级。

在实际工作中，经常遇见两个方面的困难。一个是优先等级的顺序很难被严格执行或维护；另一个是新的想法和项目总能“加塞儿”挤进已排定的优先等级序列。当这些项目被投资和执行后，学校的发展便逐渐地从原先确定的轨道上偏离。学校规划的周期一般是5～10年，最初确定的具有优先等级的事宜，可能不适应规划中后期的发展情况。所以，优先等级的排定应覆盖较短的时间区间，如1～2年。在一个优先期过后，再重新对规划中的项目进行优先排定。如果在优先期内有必要进行调整，领导层要注意不要随兴更改优先等级，尤其是在不与各部门各层级沟通的情况下武断专行。如果这样，之前做的沟通工作将付之东流，领导层的信誉有可能受到大的挑战。事实上，如果真的有必要更改发展的优先等级，其原因应该是非常明确的，也应该是合理的。尽管如此，不经过程序性的讨论，不经过与各部门沟通就随意更改，这是一种专断的表现，甚至是导致规划失效的主要原因。

3.6 要素六：步调一致

"就跟赶猫一样容易。"

——美国俚语（反语，用来形容"一点都不容易，甚至是不可能执行的任务。"）

战略规划需要很多人员和部门的加入，而规划的成功与否取决于大学是否有能力让所有人员和部门具有同样的步调。规划不是将一本计划书放在桌上，与会者各领取一份分头执行，规划是带领各部门共同整合制订一份计划，让所有部门携手实现愿景。如果一份规划缺乏整合协调，各部门就可能自行其是。即便都在为学校的发展出力，但是部门之间相互挡道、抢夺资源、协作无力、各执己见等诸多不利情况都有可能出现。正如一个SCUP调查的参与人描述说："大家都在以规划的名义做自己想做的事情，完全不把其他部门的行动放在心上。"[1] 例如，教学计划只关注教学，而不与基础设施计划、招生计划和预算挂钩，这样的规划看上去很完美，执行起来却容易成为一纸空谈，因为各个部门相互依存，缺少了相关部门的支持，没有哪个部门能独立存在并且做好做强。

一份整合的规划应在纵横两个方向取得一致。纵向指组织结构的上下级，如之前反复强调的，规划的制定应有所有人的参与。愿景、目标和创新自下而上产生，汇于顶峰。高层领导们综合考虑教职员的意见，制定规划的主要目标，确定优先等级，再由各主要部门领导自上而下传达。在各部门制定部门规划时，也遵循相似的制度，并且部门规划的目标应与学校的总体目标大体一致。另外，在执行过程中，部门规划的优先等级也不应与学校的规划和优先等级冲突。各主要部门领导定期碰头，汇总进展，交换信息，并将更新的进展和信息反馈应用在学校整体规划的调整中。如此，学校的整体发展方向才能基本趋同，避免出现各做各事，一盘散沙的情况。

在组织结构明确，并且结构比较线性的学校中，纵向一致容易实现，而横向一致会比较有挑战性。横向一致指的是各主要工作组之间的合作，打破各工作组间的关注壁垒，在学校战略规划的大前提下互相促进，共同发展。更重要的是要从学校的利益出发，关注发生在组外的活动，有时也可能需要为其他组的优先工作让步。学校主要工作组的活动包括：学科审查（program review）、通识教育评估（general education assessment）、学生学习成果评估（student learning outcomes assessment）、认证（accreditation）、课外活动（co-curriculum activities）以及预算（budgeting）等。这些特别工作组都有明确的存在目的。在建立横向一致时，各组与战略规划间形成双向沟通模式。规划执行委员会将战略目标和优先等级向各组输入，各组负责人将组内的讨论和决定传递到学校战略规划中，以保证发展的过程不会疏忽这些组的重要工作，同时在校级发展的大前提下，引领各组工作。图 2 为美国匹兹堡州立大学的规划整合模型。

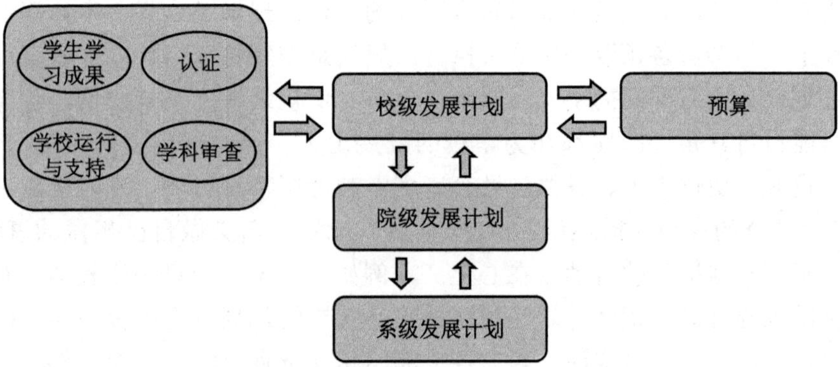

图 2　美国匹兹堡州立大学的整合规划模型[3]

3.7　要素七：灵活性

“无法调整的计划不是好计划。”

——普布里乌斯·西鲁斯（Publilius Syrus，公元前 1 世纪罗马作家）

规划的过程需要灵活性，尤其是对于规模较大的学校来说。这看上去似乎与“严格执行规划”的要点相违背，但并非如此。规划的灵活性表现在执行规划的具体行动方案中。在规划过程中，需要设置必要的步骤和程序对学校所处的大环境进行定期扫描，探寻新的机遇和挑战，更重要的是捕捉新信息来预测新的机遇和市场走向，从而帮助决策调整行动计划。如果捕捉到市场动向，却要等目前的规划周期结束后（一个规划周期大约 5～10 年）再去重新回顾环境的改变，时间就太长了，也可能会错失发展良机。比如，我们可能发现市场正需要毕业生掌握某种技能，那么可以迅速开发课程来满足这一需求。但是如果我们花上一整年的时间来讨论是不是该提供这些课程，再等到下一个规划周期来开课，那市场可能就已经不需要这方面的人才了。

在灵活调整规划的过程中，除了设置步骤定期扫描环境外，学校可能还会面临另一个挑战，那就是要能够调动全校，迅速开展调整。像其他公共机构一样，高校在迅速反应方面通常较差。但如果高校是一个较协调的、整合的、步调一致的机构，迅速开展调整就不成问题。

3.8 要素之八：定期评估

“能被测量的才能被管理。”

——彼得·德鲁克（Peter Drucker，管理顾问）

评估是整个规划过程中必不可少的关键步骤之一，并且评估需要制度性、持续性、定期性地进行。评估的作用在于使学校的各部门对其行动计划的执行和成果负责；使校领导了解规划执行的状况；有机会对状况不佳的计划进行调整，并且促进各部门与财政预算的整合和协调。更重要的，评估可以促进整个规划执行的进一步完善。因为只有在确定不完善的环节之后，才可能对这些环节进行对症下药的改善。而评估，正是为了促进这个进程而存在。

根据校园文化和规划人才储备的不同，各个学校制定的评估方式也不尽相同。但有效的评估基本都是定期执行的。评估的目标一般是规划项目的执行进程、完成状况，以及成本产出的比率。例如，美国中佛罗里达大学的评估方式是每一个规划目标设立一个负责人[4]。每年，由这个目标负责人在信息系统内更新负责目标的进程、完成状态、校内外的资金投入和使用、预期完成时间，以及对下一年的执行步骤的计划和预算。而匹兹堡大学的评估方式更复杂，整体分为四层[4]。每年，在全校范围内由各学科和专业负责人针对规划完成进程进行定性和定量的自我评估。对于当年的新项目，评估更为严格。除每年的自检之外，对于那些对学校发展产生长期影响或长期收益的项目，特别是与学科质量和研究项目相关的项目，大学邀请校内与校外专家和评估机构另外进行检查评审。最后，对于整个规划制定和执行的过程，每五年有一次全面的回顾审查。审查通过问卷调查的形式，请全体教职员和学生对规划提出意见和建议。

3.9 要素之九：提供培训

“培训的意义在于允许犯错。”

——奥森·斯科特·卡德（Orson Scott Card，《安德的游戏》）

规划是一项需要习得的技能，没人天生就知道怎么制定规划。一些高层领导也未必清楚如何做好规划，执行规划。当我们需要邀请全校各层级各部门广泛参与、认同、执行、并评估规划的时候，培训即成为成功的关键步骤。

一些高校在基础设施、资产、校园用地规划等方面有较为成熟的培训，因为这些是高校传统意义上的规划，也是被认可的专项技能的培养。然而在战略规划的方面，许多高校都缺少真正系统性的培训。一个关于培训的误区是：一些重要或高层岗位的人员才需要培训，而那些边缘人员往往被认为不需要。事实上不论是参与制定或是执行规划的人员都需要培训。他们不但应该学会如何制定规划，也需要知道如何评估规划执行的效果，因为最终，规划的有效性要依靠所有人去实现。他们应该知道达到怎样的标准，规划目标才算是完成。另一个误区是：对规划非常了解的人不需要培训，对规划完全不懂的人才需要系统的培训，而那些稍稍懂一些的人受到的培训是最少的。很遗憾的是，一些在领导岗位的人往往就是这类。他们有可能明白规划的目的是实现学校的愿景，却将制定和执行中的各种细致工作当成是延误时间的障碍。匆忙上马一些新奇的项目，也没有想好怎样检查执行效果和阶段性目标，这样做的结果是很难令人满意。

还有，不要指望一次或者一段时间的培训就能教会所有人所有技能。培训需要重复不断地进行，并根据规划周期性的发展需要来更新培训内容，比如上一个规划周期之尾到下一个周期之首是培训如何更新各部门使命和愿景的好时候。在周期开始以后，也许就应该培训新人员如何检查执行进程和设定目标了。

3.10 要素之十：行动起来！

"Just do it!"

——NIKE（耐克公司的广告语，意思是"行动起来!"）

最后，请牢记，规划是一个过程。换言之，没有哪个机构能完成一份完美的规划，也不会有完美的规划过程。所以，不要"不停地计划"，尽量做好当前能做到的，然后通过实践、评估和自检，不断完善。

之前的九个要素涉及高校的方方面面，从校园环境文化到具体的执行细节，从基础设施到人才储备。需要理解的是，每个学校对于规划的理解不同，起点不同，最后的结果也会不同。能够影响到规划的制定和执行效绩的因素实在是太多了。在这些因素没有成熟到给予规划制定和执行过程强有力支持的时候，规划的参与者往往容易失去信心，将规划的不完美归咎于各类不成熟的条件，然后灰心气馁，甚至放弃。但是，如果没有规划过程中的反思，没有打破校内日常工作的壁垒，开展跨领域的合作性对话，没有在执行中暴露问题后的拨乱反正，大幅提高校园建设的设想是无法实现的。所以，规划与提高，是一个“鸡生蛋、蛋生鸡”的循环。不论条件怎样，我们必须设置一个起点。从起点开始，认真做好每一个环节，踏踏实实地将校园建设和质量提升的工作落到实处，步步向前推进，将上一次规划周期的成功，作为下一次规划周期的起点。

4 从梦想到现实

“梦之所至，力之能及。”

——华特·迪士尼（Walt Disney，迪士尼创始人）

高校的战略规划是一所大学的校园传统、文化价值、对于高等教育的哲学理解、对高教行政的理念，以及对未来发展愿望的集中体现。战略规划应是一份有生命力的文件，它既是学校日常行为的生动缩影，也是对学校未来的切实展望。它既是结果，也是因由。它还应该是一份工具性的文件，带领高校取得更大的成就，奔赴更美好的未来。制定及执行战略规划是高校自我认知及自我更新的过程。不论起点如何，高校应对能成功制定和实现战略规划抱有足够的信心，相信改革能够发生，相信愿景能够实现。

参考文献

[1] Hanover Research. Best practice in strategic planning[R/OL]. (2014). https://hanoverresearch. secure. force. com/customerportal/reportDetail? Redirect = Research&documentId = a0r5000000CPwgNAAT&active = Research.

[2] Lake Erie College. Strategic planning workbook [DB/OL]. (2013). http://nclcainstitute2016. pbworks. com/w/file/fetch/109170781/Lake% 20Eric% 20-% 20Strategic%20Planning%20Workbook.pdf.

[3] Pittsburg State University. Pathway to prominence: Strategic plan 2016—2022[DB/OL]. (2016). http://pathwaytoprominence.pittstate.edu/.

[4] Society for College and University Planning. Succeeding at planning: Results from the 2015 survey of higher education leaders[DB/OL]. (2015). http://www.scup.org/page/resources/survey/2015? utm_campaign = survey-2015-succeeding-at-planning&utm_medium = Press%20Release&utm_source = press-release-2015Survey.

高等教育战略规划实用指南(上)
——组成、协调与评估

A Practical Guide to Strategic Planning in Higher Education: Components, Coordination and Assessment

凯伦·辛顿 博士
资深规划顾问
瑞克咨询公司(Rickes Associates, Inc.)

蔡三发 博士 编译
同济大学发展规划研究中心主任、研究员
于梦婷 编译
同济大学经济与管理学院

摘要 本文与“高等教育战略规划实用指南（下）”是根据凯伦·辛顿(Karen Hinton)博士2012年的著作《高等教育战略规划实用指南》编译而成。在《指南》中，辛顿博士首先回顾了高等教育战略规划的兴起和演变，继而详细地介绍了高校战略规划的主要组成部分，即高校使命陈述和价值观，高校愿景，战略目标和目的，以及实施计划。在协调规划过程中，辛顿大力提倡高校成立常设规划委员会，并为委员会的组成和职责、校外规划顾问的使用提供了详尽的指导和建议。另外，辛顿也提出了与战略规划评估相关的三种形式，即机构效绩、学习成果和行政评估。她强调，在这三种评估中，行政评估常常被忽视。本文还介绍了制定这种评估指标的一些相关概念。

Executive Summary This chapter and the next are translated and edited based on a book written by Dr. Karen Hinton in 2012, *A Practical Guide to Strategic Planning in Higher Education*. In this chapter, Hinton first provides an overview of the rise and evolution of strategic planning in higher education. She then introduces the core components of a strategic plan, i. e., institutional mission and values, institutional vision statement, strategic goals and objectives, and implementation plan. To coordinate the planning process, Hinton highly recommends that institutions create and maintain a standing planning committee. Guidance and suggestions on the composition and responsibilities of the planning committee as well as the use of external planning consultants are provided. In addition, she points out the importance of three types of assessment for the planning process: institutional effectiveness, learning outcomes and administrative assessment, albeit the third one is often overlooked. This chapter also introduces the concept of assessment matrices, which are core components of the planning process.

1 引言

战略规划萌发于商业管理，在高等教育领域中的应用时间并不算长。在应用初期，高校的规划过程经历了许多挑战和困难，这些困难是高教领域独有的。由于高等教育的文化、传统和管理方式与企业管理相去甚远，再加上彼时数据管理的条件不足，高校领导者和规划人在面对困难时常觉得束手无策。正如美国圣查尔斯社区学院（St. Charles Community College）副校长凯西·麦基（Kasey McKee）指出："战略规划是一项艰巨的任务，特别是对于刚刚尝试采用更现代化的规划模式的高等教育院校。"

在关于战略规划在高等教育应用的文献中，辛顿博士所著的这本规划指南是难得的优秀著作。她使用循序渐进的方式将规划的关键要素和步骤一一展示，指导读者如何在高等教育文化下制定和实施规划，并列举有可能出现的实际挑战和解决方法。更重要的是，辛顿博士不仅帮助高校制订规划周期内的解决方案，更侧重培养战略性思维，调整管理方式以适应新世纪的环境，引导高校管理进入可持续性发展循环，以取得长期的成功。这本指南缩短了读者的学习曲线，同时具备较高的可操作性，可供读者在实际工作中借鉴。

凯伦·辛顿博士在高等教育规划和行政管理方面有超过 25 年的经验。

她曾服务于多所公立和私立高等院校、社区学院和大学系统办公室，曾在多种情况下制定、协调和管理了大范围的战略规划、质量自察报告和改进措施。她还曾担任美国新墨西哥州和纽约上州的美国高校规划协会的联络员和北大西洋地区理事会的成员，目前是美国质量协会（the American Society for Quality）的成员，同时也是美国瑞克咨询公司的高级管理人员。辛顿博士做过很多专题发言，并为《知识导向》和《高等教育规划》等期刊撰写文章和评论。

2 高等教育战略规划概述

从 1983 年乔治·凯勒（George Keller）出版《学术战略：美国高等教育管理改革》（*Academic Strategy—The Management Resolution in American Higher Education*）以来，美国高等院校一直对高校战略规划的概念和用途感到迷茫。在凯勒之前，大多数院校都进行长期规划，但这通常是一个由预算驱动的、渐进式的过程，旨在确保长期的财务运转正常。在凯勒之前，战略规划是在企业或军事行动领域进行的，在这种规划中，由使命驱动（mission driven）的长期目标和短期行动需要通过行政协调有效地整合，而大多数高等院校并未效仿这种规划。

Cohen 和 March 使用“松散结合组织”（loosely coupled organization）这一术语来描述学术界的相互竞争、偶尔自相矛盾的运作文化。这个术语描述了高等院校的本质，即综合规划与高校的许多活动是背道而驰的，而这些活动赋予了美国高等教育独特的、动态的特征[1]。

高等教育战略规划萌芽于 20 世纪 70 年代至 80 年代，在这一时期教育领域面临诸多困难：入学人数开始波动，学生人数统计资料开始发生变化，经费变得不确定。在这一时期，由于期货研究和以技术为支持的数据收集分析的兴起，战略规划被视为一种解决方法，高校力图在需求不断变化和资源下降的环境中，保持积极的姿态。

最初尝试将企业战略转化为高等教育文化时困难重重。企业的战略规划旨在激发短期内、基于产出评估的变革，将其应用到高校，结果常常是令人失望的。企业的规划过程是基于市场数据并以客户驱动的产出，但高校可应用到具体问题上的数据有限，并且不认为自己是在服务“客户”。

最初，高等教育战略规划被视为一种工具，用于阐明高校的使命和愿景，帮助确定资源优先顺序以及工作重点。因此，许多早期的战略规划文件虽然描述了高校背景，却没有激发规划进程。这些“书架文件”经常在高校内部埋下不满的种子，因为许多参与人员花了大量时间制定规划，但规划却得不到实施。

当战略规划开始在高等教育中获得一定程度的认可时，美国联邦和州政府以及主要的质量认证委员会开始制定评估标准和测量学习成果的方法，用以回应外部问责的要求。在历史上，质量认证标准基于行政管理数据，例如，高校的财政稳定性、终端学位的教师人数和图书馆的馆藏数。然而，由于学术人员因专业文化等的范围限制，需要制定具体的评估措施来衡量学习过程。

为了提高标准，美国高等教育认证委员会开始要求各高校形成自己的战略规划和评估计划，以达到认证要求。到了 20 世纪 90 年代，各认证委员会开设讲习班，表明其对高校规划和评估工作范围的期望和要求。如果高校没有正在执行的战略规划和某种形式的评估计划，那么它在重新认证过程中将受到非常严格的审查。

然而，要求高校记录其规划和评估工作的压力不仅来自认证委员会，也来自联邦政府及州政府等。例如，联邦政府和州政府开始把经费和监管与问责措施挂钩，将高校的事务推向政策讨论的平台。随着学生人数和经费的减少，大多数高等院校竞争着极为有限的资源。确定和制定必要的评估指标，以支持高校自主权并保证高校持续的资金来源，为高校战略规划办公室的崛起创造了环境。另外，从技术层面来说，院校研究的发展、量化问责指标的建立等都在很大程度上推动了战略规划制定进程，也促使规划过程采用数据驱动模式。

与此同时，美国商务部扩大了波多里奇国家质量奖[①]（Malcolm Baldrige Award）的范围，向医院和教育机构延伸。奖项申请程序最初是专为企业开发的，大多数学者认为其与高校的使命无关。因此，评审委员会花费几年时间修改申请程序使之适用于教育机构。奖项申请程序的基本理念是将战略规划、评估和流程改进结合在一起，这为各种认证委员会提供了一个框架，影响到它们对高校的要求。

到 20 世纪 90 年代末，蓝带小组（Blue Ribbon Panels）和各种教育相

① 关于波多里奇国家质量奖的详细信息，可查看 http：//www.baldrigecoach.com/。

关的组织开始定义标准化的成功指标，用来评估高等教育的产出。根据这些指标，联邦政府和州政府发布了相关报告，从而带动了以消费者为中心的效绩比较报告的形成，例如州政府成绩单（state report cards）以及评价大学的期刊。

到20世纪末，战略规划似乎已沦为多变的管理理论的牺牲品。教职员工花费大量时间制定的战略规划却得不到实施，直接导致各利益相关方拒绝参与规划。“我们试过，却没有结果。”这是学校对规划要求的一个常见反应。即使成功进行过规划的高等院校也开始削减他们的规划办公室规模，以响应侧重于评估的新举措。

纵览这一时期的文献，也会发现大学的重点从高校战略规划转向高校领导能力的提升，反映出高等教育最初尝试采用战略规划时所犯的错误。对领导能力的呼吁，加上日益迫切的问责制和评估的要求，意味着高校绕过了战略规划，转而采用短期方法解决紧迫的问题。实质上，高校是倒退到了被动地寻求解决问题的管理模式，而非通过战略规划有的放矢地提升大学的办学效绩，并针对挑战寻求解决办法。

值得庆幸的是，认证委员会仍然把高校战略规划作为一个重要标准，评估高校履行其使命的能力，这给许多大学提出了问题。为了满足质量认证的要求，高校开始制定适合自身的战略规划和其他形式的计划，例如信息技术（IT）规划、学术总体规划（包括全面的评估系统）、设施建设总体规划。他们认为这样才能满足大学总体战略规划的要求。在这些规划的制定过程中，教职员工均有机会参加相关委员会的研究和论证工作，以确保务实的举措得以逐步实施。但尽管如此，真正的问题还是没有得到解决，即这份战略规划的文件究竟能发挥什么作用？如何实施规划？

在战略规划的演变过程中，所遗失的是高校对战略规划作用的理解，以及实施战略规划所需的关键要素。

3 战略规划的组成部分

当代战略规划有多个组成部分，每个组成部分都有特定的目的。这些组成部分是单独或组合使用的规划工具，但是出于必要的原因，这些组成部分的制定通常遵循线性过程（linear progression）。规划过程的目的之一是确保这些单独的组成部分保持一致、相互支持。

虽然从严格意义上讲，高校的使命陈述（mission statement）并不是战略规划的一部分，但却是制定战略规划的基础，因为战略规划中的一切都必须与使命保持一致。除了使命陈述之外，愿景陈述、高校目标和价值观陈述（后者不是必需的）是战略规划背景的主要支持性文件（图 1）。在规划过程中，这些支持性文件提供了特定的引导方向。愿景陈述（vision statement）是高校愿望的表达，是基于对高校环境的分析。高校目标提供了评估其愿景实现的进展的机制，价值观陈述（core value statement）则描述了高校将如何实现其目标。

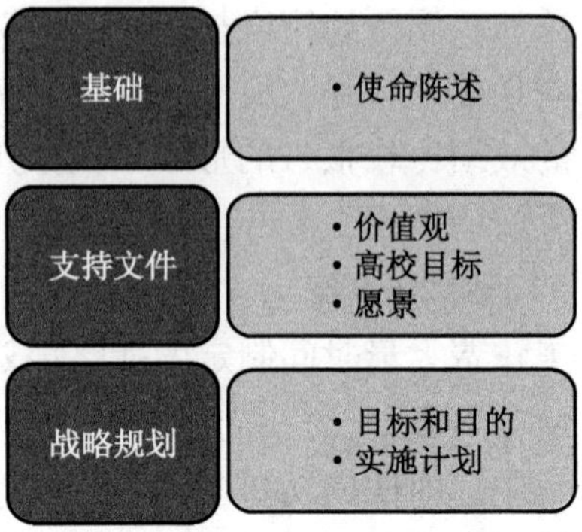

图 1　战略规划的组成部分

3.1　高校使命和价值观

3.1.1　使命

战略规划的基础是高校的使命，因此，战略规划中关于大学使命的陈述包括高校存在的原因以及高校的发展目标。通常情况下，使命陈述会详细介绍高校的建立、课程历史、独特文化和当前的服务。使命陈述还往往会解释高校的立场以及人才培养目标。对战略规划感兴趣的读者可以打开任何一本介绍大学概况的手册，在前几页中能找到至少一整页长的使命陈述，包含了人们想知道的关于高校的所有历史信息。这些类型的使命陈述被称为综合使命陈述，因为它们常常包含任何人觉得有可能重要的关于高校的一切信息。然而，随着当代规划方法的出现，综合使命陈述成为规划过程中的限制因素。基于综合使命陈述制定战略规划，引发了两个主要问题。

首先，高校可能很难从陈述中筛选和识别出大家都同意的、作为所有活动基础的内容。找出这部分内容是至关重要的，因为高等教育认证委员会的评估标准之一就是审查高校的运作与使命是否相符。因为其广度，综合使命陈述可以有众多诠释，即使命蠕变（mission creep）的情况。当高校的社区外联活动或专业培养计划超出实际使命范围以外时，高校不得不为其行动辩护。从认证委员会的角度看，当高校使用资源进行使命范围以外的活动时，该校可能没有尽其可能、有效地利用资源。机构效绩（Institutional Effectiveness）的定义意味着，认证委员会要求高校将资源使用与使命直接联系起来，即在使命中增加关于高校存在原因的陈述。

综合使命陈述的第二个限制是，大多数综合使命充斥着关于高校文化和价值观的言论。尽管这些言论说明了自己与同类院校不同之处，但这似乎也要求高校将文化和价值观作为效绩评估的一部分。考虑到高校其他方面的评估工作，评估价值观也许不是最关键的优先事项。

由于这些限制，最新的规划报告在使命描述中仅限于阐述大学主要功能；更具体地说，报告仅包括一个简短的、基本的目的陈述。如果还有必要单独制定高校目标，这些目标则可以自成一个小节，附加到简短的使命陈述之后，或与使命一并显示。使命陈述则成为一个清楚、简洁的声明，即“这是我们要做的”工作。

3.1.2 价值观

价值观已从使命部分移出，成为独立的价值观描述部分，主要解释高校的立场和开展活动的方式。在某些情况下，这些价值观很重要，高校有专门的项目和评估指标，用以支持和保持这些关键元素。但无论它们的优先级如何，在规划和评估的范围内，价值观陈述应该说明：“我们认为这些特征对我们如何开展工作很重要。”

3.2 高校愿景陈述

高校愿景陈述是战略规划中最重要的组成部分之一。这一部分中，高校清楚地描述它打算在一定时间段内成为怎样的学校。愿景定义了高校在未来的战略地位，以及这一战略地位与使命相关的具体要素。在一些情况下，高校愿景可能反映了某个领导（通常是校长）的愿景，但有时愿景也可能来自负责教学的副校长或教务长。然而，领导人的愿景通常由大学里的成员集体审阅和修订，尤其是要通过战略规划委员会成员的表决和确认。

愿景描述为高校中的每个人提供了共同的未来愿景，有利于规划过程的实施。如果规划过程的目的是调整使命、愿景、目标和资源，那么确保实施战略规划的人员齐心协力是很关键的。特别是当愿景描述反映了一个人对高校的愿景时，为了学校的利益，高校应该为利益相关者提供机会，通过参加审阅和修订，或为草案提供建议，使这一愿景成为他们的愿景。

在高校制定战略规划时，使命和愿景陈述是分析学校情况的起始点。

使命和愿景分别代表了高校目前和将来的状态，战略规划用来缩小使命和愿景之间的距离。

通常认为，只有先进行市场调查，找到同类院校和理想院校（Peer and Aspirational Institutions）没有满足的教育需求时，才能确定愿景。这种看法并不完全正确。事实上，在愿景描述完成并批准后再进行市场调查才是更有效的。完成战略规划通常需要环境扫描。

3.3 战略目标和目的

战略规划各部分的术语使用混乱，很多人随意互换目标（goal）和目的（objective），他们对这两个词语的定义有独特的理由。事实上，只要参与规划过程的每个人都采用同一个定义规则，就可以使用任何文字的组合。然而，词语“目标”和“目的”的自身含义可以为它们在规划中的使用提供指导。目标一词意味着具体的成果、达成和完成。目的一词内涵更广，目的为行动提出一个大致的方向，但通常不包含完成的具体细节。鉴于实施规划所需活动的性质，以及评估规划实施情况的需要，在组织规划的主题时采用总体性、方向性的词语，而在涉及规划的问责制和评估时采用具体的词语，似乎更加符合逻辑。

例如，许多战略规划中的主题是改进计划设置。每个高校对于计划设置的重点都有自己的观点，这些描述通常反映了一个高校的特定视角。一所高校可能希望确保专业和课程符合学生的教育需求，而另一所高校则更有意于通过扩展研究生培养和科研来改进课程。这些都是总体的愿望，最好被称为战略目的、主题、方向。然而，为改善培养计划而采取的具体行动有很多，例如：保证所有专业为想要体验实践经验（“real world” experience）的学生提供实习机会，给某些研究生专业设置学生人数目标或研究经费目标。这些行动似乎更符合目标的定义，因为它们是能够被测量和完成的。

无论选择哪个词来命名战略规划的各个部分，这些基本要素，即目标和目的，构成了战略规划的基础，这一部分最常用作公开文件，经大学理事会批准后，分发至大学各个部门。

最后，战略规划的目标和目的，还需注意时间周期。大多数高校使用5～10年周期的规划。这些周期通常以认证机构再认证的时间表为驱动，或是以内部因素来决定的。因此，大多数战略规划都有非常笼统的主题，不会随着时间的推移而变化。事实上，在许多规划过程中，这些笼统的主题只需稍作修改，便可以从一个规划周期转到下一个规划周期。然而，作为实施计划基础的目标则另当别论，在规划中，目标的完成期限有前负荷（front load）或后负荷（back load）的趋势。

在热情高涨的情况下，前负荷通常发生，因为每个人都希望看到规划成功完成。前负荷发生的另一个原因，是决定完成期限的那些人习惯在短期（1 年或 2 年）内思考。这种方法完全违背了 5 年或 10 年规划周期的目的，即在较长的时间内实施更为复杂的解决方案。在任一情况下，前负荷假定目标可以在非常短的时间段内完成，并且付出很少。这些假设鼓励负责实施的人采取最快、最简单的途径完成。然而在多数情况下，若一个问题上升到战略规划的高度，那么它将是一个既不简单也不容易解决的问题。

当大学里的教职员工没有全力支持规划，或实施规划所需的资源不确定时，后负荷通常发生。战略规划委员会将依靠其集体智慧，确保每个目标合理地分阶段实现。

由于各种原因，分阶段实现目标是必需的。其中最明显的原因是，在大多数情况中，在采取一个行动之前，必须完成另一个行动。第二个原因是，在资源方面，需要积累行动所需的人员、设施或资金。把战略规划委员会当作论坛，质疑、测试拟定期限的合理性通常是一种挑战。这是因为在许多情况下，高校人员对范围广、时间跨度长的活动难以考虑周全。以培养规划委员会成员为例，让他们制定扩大学生处对学生提供服务支持的数量和类型的相关规划时，他们会假定学生处负责执行。但事实上，这一行动需要的是包括学生处在内的众多部门的支持。IT 部门要考虑相关技术升级的问题，服务部门要考虑认识培训的问题，负责设施配置的部门要考虑增加设施的问题，等等。虽然这些问题都是在委员会讨论的问题之中，可以修改完成日期，但在某些情况下，由于项目复杂，需要通过实际过程分析来确定活动的顺序。无论使用何种方法，战略规划要以短期、中期和长期的完成期限构成其支柱，完成的目标和时间期限要符合实际。

花时间保证战略规划分阶段完成，还有另外两个显著的好处。首先，它为规划委员会成员提供了从学校层面思考的学习机会。第二，分阶段实现战略规划的主要目标是制订实施计划的第一步，实施计划是以分阶段的战略规划为基础的。

战略规划委员会不应该被要求核算出（cost out）整个战略规划的成

本，因为规划中的所有工作不是同时开展的。人们要求计算成本的原因，通常是试图缩减规划的范围，但这也可能是由于他们对规划过程充满误解。如果资源紧张需要缩减，战略规划会自动缩减。规划委员会成员的义务是确保愿景中的改革愿望在战略规划的目标和目的中得到体现，而且分段实施是更加现实的。

战略规划的最终目的是推动资源分配。如果高校的愿景需要额外的资源，它要逐步实施这一愿景，包括争取资源以实现愿景。

3.4 实施计划

将目标和目的转变为工作计划是实施计划的职能。战略规划过程的这一部分通常不会提供给社会大众，也很少提交给大学理事会。这份工作文件没有广泛分发有多种原因，其中主要原因是：与战略规划其他部分相比，实施计划要应对环境因素，修改、增补和变化频繁。虽然战略规划的目标和目的仍然起指导和主导作用，但实施计划却深入凌乱的工作细节中。

实施计划的另一个方面，即确定每个目标和步骤需要的资源，对于规划过程和预算过程是至关重要的。应当指出，在规划过程中，资源应以尽可能广泛的方式定义。实施战略规划的资源包括：人员、时间、空间、技术和资金。有时，在规划开始时，关键资源的确切数量是未知的，然而，资源的类型是可以确定的。明确需要的资源种类，并在制订计划时继续完善资源需求的规模是很重要的。

实施计划需要有指导性、明确性，并记录在案。战略规划的实施，取决于高校将战略思想转化为运作行动的能力。因此，有必要记录实施一项行动的负责人，预计完成行动的日期，以及将采用何种措施来评估行动的完成情况。确保行动的责任人有执行的权力，是一个明智的做法。同样明智的做法是，确定有且仅有一个人负责监督行动的完成状况。显然，实施具体行动可能需要许多人员或部门，但是，如果指定某个小组负责，则易产生推诿现象，即小组中的每个人都会相信此行动是由小组中的其他人负责的。

4 协调规划过程

4.1 规划委员会

规划委员会是大学制定战略规划的核心组织机构。为了长期有效地开展工作，大学应该成立常设委员会。但遗憾的是，许多高校从主要利益相关团体中选择代表在规划委员会任职，规划制定后，该团体就解散。这种做法类似于质量认证中的重新认证过程，高校成立工作组和执行委员会负责自察报告，他们试图听取方方面面的建议，以确保自察报告客观、符合现实。然而，成立常设规划委员会有三个极为重要的理由。

首先，战略规划委员会的成员必须学习战略规划的工作。规划委员成员很少有战略规划方面的知识或是广阔的高校视角，无法从一开始就胜任工作。建立一个能够有效运作的规划委员会，需要时间和不懈的努力。如果组建的委员会只负责制定规划，而不参与其实施和评估，则所有积累的规划知识将付诸东流。

其次，为确保规划得以实施，必须有某种监督程序协助决策，并使规划过程保持正轨、迎合需要。虽然这可以由个人来完成，但是在庞大复杂的高校中，个人难以对各方面的工作都有了解。这种复杂性，正是将各个功能部门的利益相关者召集在一起的原因。委员会成员知道为什么某个目标或步骤必须放在另一个之前，为什么某个特定目标与第一年的计划相关，而与第三年的计划不再相关。

最后，让尽可能多的利益相关者了解规划过程至关重要。规划委员会的非常任成员，例如通常需要轮换的学生和教师，可以用交错的方式更换。这种轮换给予新人学习的机会，而被替换下来的成员将所学的知识带回他们的部门。这种参与式学习可提高整个高校对规划过程的了解，促进整个校园的战略思维能力。这些益处逐步积累，正如重新认证的自察报告有助于全校了解自身。规划的一个重要特点是具有连续性，因此，学习规划绝不应被搁置 5 年甚至 10 年。

4.2 委员会的任务

在任何情况下，成立规划委员会都要有书面的任命书。对于常设委员会，书面任命书是绝对必要的，应至少包含以下几点。

4.2.1 规划委员会的规模和组成

（1）规划委员会的规模以 10～12 人为宜。

（2）高级行政人员应作为常任成员。

（3）应包括教师和学生，他们有任期限制，因为他们不能长期从事规划。如果这些成员可以从领导人员中产生，例如教师委员会主席或学生会主席，这会有利于信息的传达，有利于接近已知的利益相关者群体。

(4) 由校长担任委员会主席。如果校长不完全参与，这一规定可能是交易破坏者 (deal breaker)。校长的参与至关重要，因为他在集体商议中可提供整体领导和支持。对于学校的情况，很少有人能比校长有更好的战略认识。校长的观点不仅汇集了高校运作的所有方面，如果是公立高校，也汇集了理事会和系统办公室的关注点。此外，如果校长不参与，只有等到事后向校长做汇报并征求意见后，委员会的决策才能完成，这种情况会架空委员会，抑制其在制定和实施规划中的作用。最后，虽然理事会负责批准战略规划并在政策层面对其进行监督，但校长向理事会负责，因此需要向理事会阐明、呼吁和解释规划，直到理事会满意。如果校长没有完全参与，那就很难发挥他（她）在规划过程中的领导作用。

4.2.2 任期长短

如果规划小组是一个常设委员会，则非常任成员的任期需要轮换，以避免成员大规模地更换，导致领导真空情况的出现。

(1) 大多数学生成员仅有一两年任职时间。

(2) 如果教师教学职务改变或休假，也会影响他们的参与能力，使得部分教师也仅能保证一两年的任职时间。为了维持原有的平衡，应在任命书中指定成员的职位或类型。例如，委员会成员可能包括两名院长，一名图书馆员，教师委员会主席，一名本科生和一名研究生。沿用这个例子，当图书管理员的任期届满时，任务书中有明确的记录，表明该职位应该由另一名图书管理员代替。这样可避免非常任成员决定在其任期届满时是否继续留任的问题。如果教师委员会主席不再担任主席一职，那么他在规划委员会的席位应由新主席接替。

4.2.3 委员会的职责范围

规划委员容易陷入两个陷阱：他们或是认为他们根本不具有权力反对决策和问责；或是认为战略规划采取的每一项行动都应该在行动之前得到他们的批准。这两种立场都对高校不利，因此有必要向委员会成员明确说明他们的职责范围。这个范围可以很容易地通过一系列的条目来描述，把委员会的活动引导至必要的任务点，然后确定谁负责哪项任务。

4.2.4 对成员参与的期望

高校中的任何人一旦被任命到一个委员会，就拥有参与的义务。然而，高校中的一部分人认为规划是不可能实现的，或是不重要的，不需要从主要的工作中抽出时间参与。如果之前有过一个失败的战略规划，或者高校的领导人没有积极参与，那么这种情况就会尤其明显。由于这些原因，就必须明确阐明战略规划委员会的成员需要一定的职位责任，其中包括：出席会议、在会议中积极参与、从各方收集与规划有关的信息、帮助全校了解规划过程并传达计划。

对于常设委员会，书面任命书中的指引能够保证，在成员和环境不断变化的时间里，委员会的存在原因和职责始终清晰明确。

4.3 决定规划年度

战略规划中最基本的一个问题是对高校工作的影响持续多长时间。实施高校战略规划的最重要的原因是可提供制定预算决策和资源总体决策的框架。仅仅出于这个原因，在年度或者更长时间内保持预算周期和规划周期的一致性是至关重要的。做好这一点比想象中的要困难，尤其是因为预算周期经常遵循美国州或联邦财政日历（fiscal calendar）（7 月至次年 6 月或 10 月至次年 9 月），而规划周期往往遵循校历（academic calendar）。使用校历不仅会导致不同的开始和结束日期，而且会压缩规划年度，因为在夏季，许多主要参与者会缺席。因此，虽然规划驱动预算是一个公理，但预算日程驱动规划日程也是同样存在的。这需要仔细分析年度预算周期中的不同步骤，以确定何时需要确定年度规划目标，以支持预算的决策。

在规划周期中还应该提到人事部门使用的日历。人事部门日历通常是 1 月至 12 月。根据战略规划的广度，如果人事决定以及支持人事决定的资源与人事部门日历相一致，那么三个周期很难实现一致。虽然同时考虑人事部门日历毫无益处，但是，大多数高校与规划关键的数据包括两个人事问题，即专业发展计划中参加者的培训成本以及年度工资数据，后者通常是高校最大的非资本性支出。

调整这些进程使其相互支持，各高校具有不同的能力范围。然而，显示一个整合的日程并保持规划和预算之间的透明，是显示规划正常运行的一个关键因素。

4.4 使用规划顾问

高校开始考虑聘用规划顾问的主要原因是，高校已经决定开展战略规划，规划或许是自发的，或许是在高教认证委员会、理事会或州政府的强制下开展的。如果是第一种情况，则通常是因为高层领导更换（校长、教务长或常务副校长），或者是因为质量认证自察报告到期，高校需要证明规划过程。

不幸的是，高校在不知道如何完成一个有效的规划时，就可以决定启动规划过程。在20世纪90年代，大部分支持战略规划的行政机构（战略规划办公室和规划人员）被取消了。在没有外部指导的情况下，很少有高校拥有具有全面经验的人员来领导和支持高校战略规划。所以，随着高校启动规划过程，会发现规划比任何人想象的都更复杂、困难。有时，不合适的高校人员被任命领导这一过程，会在规划中制造障碍、误导，甚至引发政治问题，减慢或终止规划进程，成为一种事实。

这时，便有人决定聘请顾问提供建议，以使规划顺利实施。这样的例子不胜枚举，例如，高校在规划初期实施本应该在规划中期进行的工作，从而忽略了非常关键的早期准备。这些高校不知道接下来该做什么，当顾问到达时，他们希望找到一个可以解决混乱的人，"请告诉我们规划应该是什么。"

任何顾问或外部代理人，在没有精心建立规划论坛、帮助高校达成共识的情况下，都不应该告诉高校它的战略规划应该包括什么或如何实施战略规划。顾问不能告诉高校的战略规划应该实现什么，正如校长不可以具体地告诉每个职员如何实现他的愿景。没有通过参与过程而产生所有权，规划失败的可能性是巨大的，会发生破坏规划过程和规划不实施的情况[2]。

了解规划顾问如何发挥作用，须记住：一个合格的顾问是指导过程的专家，但高校人员是规划内容的主导。这意味着，一个非常好的顾问可以根据全校建议的内容和校园文化的影响，为规划过程提供指导和选择。一个杰出的顾问甚至可以分析高校，用新的思维方式或做法来挑战它，但高校人员必须控制规划及其内容。

聘请经验丰富的规划顾问的另一个好处是使用有能力的人来协助规划委员会的会议，使规划委员会的每个人都能参与到会议的讨论中，而不必担心会议管理的问题。这种情况对于很难有机会参与委员会的高级管理人员特别有帮助，使他们可以作为学校的一员做出贡献。优秀的外部协助也有利于整个大学，因为外部协调人可以平衡对立的声音，以确保规划反映所有利益相关者的需求和期望，而不仅是那些能够主宰会议的人。

应当指出，并非所有规划顾问都能够支持一个全面的高校战略规划。

了解当代战略规划，对于一个成功的规划过程至关重要。使用顾问的高校需要对当代战略规划有基本的了解，然后聘请合适的顾问。寻找一个有高校工作经验，了解战略规划、评估和认证之间的关系，并且对高校的许多功能领域有客观认识的顾问，对高校有极大帮助。每个高校都必须评议候选顾问的优势和劣势，从而确定该顾问是否与高校当时的需要吻合。

一个精心制定、实施的战略规划过程将是可持续的。一旦实施计划起草，顾问的合同通常就完成了，尽管有时顾问会进一步参与协助执行规划的过程。然而，如果战略规划包括 IT 升级、新设施或新的培养专业，通常情况下，顾问的职能不会扩大。由于这些原因，雇用规划顾问的高校规划领导者，要能够将高校的文化和优先事项与他们选择的规划顾问的技能、培训和长期经验相匹配，这一点十分重要。

5 评估和指标

5.1 机构评估

区域认证委员会认为，学校层面与规划相关的评估有两种形式：机构效绩和学习成果。对于这些评估过程的记录，认证委员会的要求还不明确，描述也相对模糊。

机构效绩和学习成果都需要问责以及记录在案的流程改进。为这两个评估过程制定衡量指标时涉及机构效绩、学习成果等概念，这是规划过程的核心。此外，行政评估也是机构评估中常常被忽视却很必要的一个部分。

5.2 机构效绩

认证委员会要求高校用证据证明，所有利用高校资源的活动都支持高校的使命。这些资源至少包括资金、设施、技术、人员或时间等。认证委员会要求高校表明，它是如何通过有效地利用这些资源而推进其完成使命的。一些高校将高校目标作为其使命陈述的一部分，他们经常把这些目标来作为评估的基础。那些没有制定目标的高校，有时会通过解析其使命陈述来制定评估指标。在任何情况下，所评估的陈述必须清楚，这样解释性的评估指标才有意义。

之前，高校采用早期更传统的评估指标来证明效绩，其中一些指标的确适合高校。这些指标，如毕业率、留级率、具有终端学位教师的百分比，都与高校使命中涉及的为学生提供教育相关。然而一些其他类型的高校目标难以评估，非具体的目标往往需要解释才能决定衡量指标。例如，大多数高校目前都会有关于技术的高校目标，或与学习过程相关，或是作为一种降低成本和避免官僚作风的方式，或者两者兼具。问题是：根据目标的措辞，如何证明一所高校是这样运用技术并带来积极的结果？仅花钱购买技术无从证明，汇报从事技术培训的员工的数量也无法证明。真正的证明是：在制定这一目标时，高校在考虑什么？换句话说，高校期望成功地改变什么？在某些情况下，答案是那些易于获得的数据，即在线申请和注册的学生数，注册办公室人员数目的减少，或是有多少课程大纲把专业技术能力作为课程学习成果。在其他情况下，数据不存在，也没有一种简单的方法来获取数据。这种数据匮乏的原因通常是目标不够具体明确。有两个问题能帮助计划委员会起草目标陈述："如何知道我们是否达到这个目标？如何证明？"

5.3 学习成果

学习成果的评估不是关于个人，而是关于过程。许多教师最初对评估的抵制，是因为他们认为学习成果评估是对教师评审的委婉表达。评估过程不是根据学生是否通过教师的课程来评估教师。目前，多数高校都将课程结束后学生、教师的评估结果作为评估过程的一项数据。然而，质量认证的重点是证据，是学生对课程预期要求的掌握程度。了解学习成果评估过程，也就明白了为什么要制定课程和专业成果目标，为什么在不同的专业中采用多种测量方法来评估学生的学习效果。

因为本文的重点是战略规划，因此不会深入阐述学习成果的众多评估方法。应该承认的是，除了机构效绩外，学习成果也是高校规划过程的一部分，必须受到战略规划的指导，并且整合到战略规划之中。这些评估结果还向规划过程提供了流程改进的数据。参与高校规划过程的人员（包括校外顾问）必须了解这些评估活动的重要性质和作用。

5.4 行政评估

行政评估受到的关注较少，这也许是因为人们认为高校有强大的人事评估系统，该系统能监督成绩和目标完成情况，无须具体说明行政评估是如何完成的。然而，除了人事评估系统外，评估员工的留任率、满意度和培训发展计划都涉及行政领域的评估，而且似乎对任何高校都很重要，这一点显而易见。这些问题将为更加有效的管理提供有用的诊断信息，一方面，这些问题也会对资源分配产生直接影响，应该被纳入战略规划，便于优先考虑和预算。另一方面，虽然大多数高校认为学校高级管理人员和行政办公室的员工是行政人员，但在学术和学生事务方面也存在行政管理。这些工作人员不应该被排除在整个评估过程之外，因为行政评估可以帮助明确和改进监督、管理和工作环境。

在高校和部门层面，也存在与政策和程序的制定和维护相关的问题。对一个进行有效管理的大学来说，这些政策和程序是如何建立、审查、执行和发布的，是行政管理至关重要的一个方面。政策和程序对有效管理非常重要，这样的例子不胜枚举；然而，有两个方面不太明显，须在这里讨论。

首先，高校有一部分问题涉及机构持续运作，遵守立法规定，以及紧急状态和防灾减灾。在极端的情况下，为了确保高校有效地运行，只有通过正确采用政策和程序，才能解决这一切问题。

高校政策和程序的第二个关键方面，通常表现为缺乏内部沟通。在规划过程普遍存在改善沟通的期望。这个期望的问题是它集中在症状，而不是问题本身。在几乎所有案例中，如果对根本原因进行分析，缺乏沟通是不存在的或是设计不当的程序所造成的结果，这些程序对合理的后续行动缺乏指导。换言之，工作人员不知道当他们完成了某个行动时，他们需要联络其他部门、记录行动，或向某人传递信息。这种问题是可以通过书面程序和员工培训来改变的。然而，实际情况是，规划委员会的权限很少包括对这种活动的监管。虽然规划委员会意识到高校应该解决这个问题，但这些举措很少被授权，除非高级管理人员承诺解决这个问题，并且将时间表和问责制写入实施计划。

参考文献

[1] Cohen M D, March J G. Leadership and Ambiguity[M]. New York: McGraw-Hill, 1974.

[2] Robertson P J, Tang, S. The Role of Commitment in Collective Action: Comparing the Organizational Behavior and Rational Choice Perspectives[J]. Pubic Administration Review, 1995, 55:67-79.

高等教育战略规划实用指南（下）
——持续性、文化性与整合

A Practical Guide to Strategic Planning in Higher Education：Sustainability，Culture and Integration

凯伦·辛顿 博士
资深规划顾问
美国瑞克咨询公司（Rickes Associates，Inc.）

蔡三发 博士 编译
同济大学发展规划研究中心主任、研究员
于梦婷 编译
同济大学经济与管理学院

摘要 本文是根据凯伦·辛顿博士2012年的著作《高等教育战略规划实用指南》编译而成。在《指南》中，辛顿博士继续为高校建立可持续性的战略规划，将校园文化对规划的影响纳入考虑范围，以及在战略规划指导下整合校园其他计划等方面提供指导。《高等教育战略规划实用指南（上）》的内容侧重于引领高校逐步制定、实施和审查战略规划，本文内容则侧重讨论在校园各层级内培养战略思维以期长效成功。

Executive Summary Like the previous chapter，this chapter is also based on the book of Dr. Karen Hinton in 2012，*A Practical Guide to Strategic Planning in Higher Education*. In this chapter，Hinton continues to provide guidance on how to build a sustainable planning process，consider the effects of campus culture while planning，and integrate other institutional plans into the strategic plan. In addition to the first half of step-by-step guidance to develop a strategic plan，this second half aims to cultivate the strategic thinking across all campus levels to gain long-term success.

1 战略规划自我维持的过程

保持战略规划的灵活性和与时俱进性的关键是定期审查和修订规划。审查和修订按照计划时间定期执行，规划的持续实施就有了保证。审查相关的发展规划有四个关键的时间点，其中两个时间点的审查需要每年进行一次，其余两个时间点的审查则是在完整的规划周期结束时进行。需要每年完成的审查是年中发展形势评估和年终考核。高校每年用这两次审查来确定规划的实施，并修正实施过程中的发展规划问题。这些审查和修正能保持规划的灵活性，并能让高校的发展适应环境的变化。在整个规划周期快结束时所进行的审查主要对将要到期的规划进行整体性的评价，并为改进未来的规划过程积累和总结经验。

1.1 年度审查

如图 1 所示，确认年度目标和年中形势报告是两项非常重要的审查工作。确认年度目标是在当年规划开始时就进行的审查，主要工作包括规划委员会审查当年的规划完成成果，并确定或修改来年的目标及步骤。第二个时间点是年中审查，其目的是审查当年规划的进展情况，以确保规划的顺利实施。规划委员会在这两个重要时间点召开相关会议，通过调配资

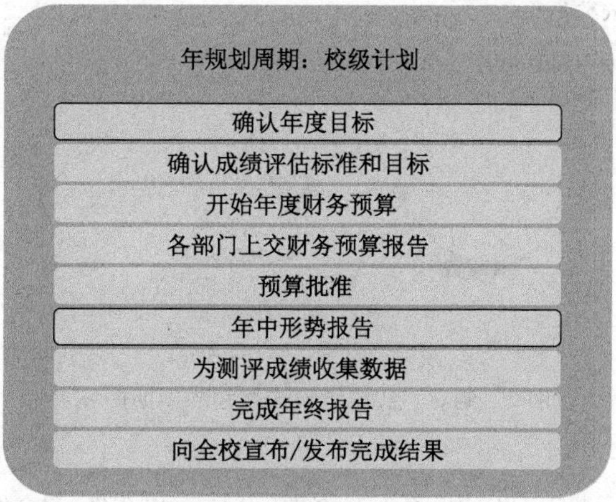

图 1　年度审查流程图

源，或回顾问题来进行中期修正，或设法提供更有效的帮助，以促进年度规划实施的顺利开展，并取得预期的成功。

1.2 规划周期结束时的审查

战略规划中的第三个审查时间点是在整个规划周期即将结束时进行的。规划的年审报告包括了规划周期内每一年的规划完成成果。但更重要的是，要将对规划成果的肯定融入校园文化，并使整个校园了解有多少成就可通过适当的管理和规划来实现。规划周期即将结束时的终期审核报告是对整个规划实施的全面总结。因此，终期报告中必须包含最初规划中没有计划获得的成果。取得的这些额外成果在一定程度上体现了高校规划及其实施的灵活性，也体现了高校把握住机会，实现规划愿景的能力。

上一轮规划结束与新一轮规划开始的交接之际，是战略规划的最后一个审查点。审查的重点不是上一轮规划中任何几项具体项目的完成情况，而是对规划的整个过程进行反思，从而总结可以改进的经验教训。图 2 展示了将反思改进规划嵌入整个规划周期的循环过程。

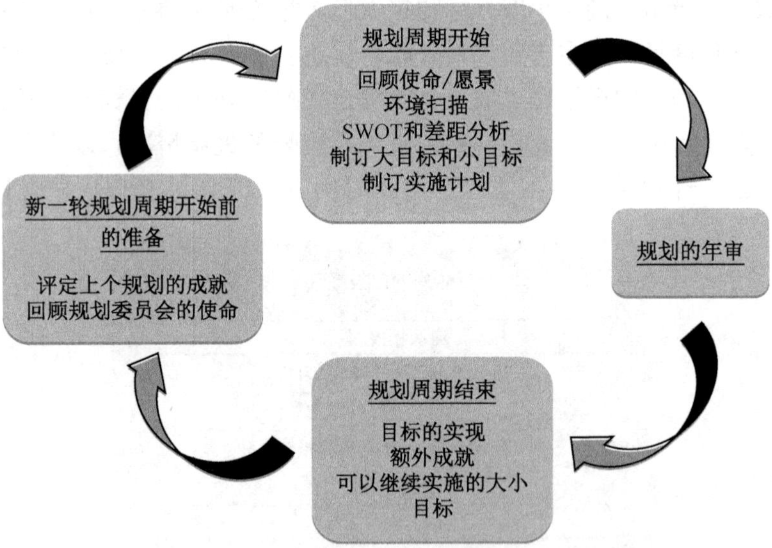

图 2 制定、实施和审查规划的周期循环①

---

① 图中的 SWOT 分析法是用来确定企业自身的竞争优势、竞争劣势、机会和挑战，从而将公司的战略与内部资源、外部环境有机地结合起来的一种分析方法。

在某些情况下，高校可以在规划过程中发现需要改善或立刻解决的地方。然而，这样的“立刻解决”所起的作用与反思改进起到的作用是不同的。规划委员会与利益相关者花时间共同反思规划过程中什么有效、什么无效，这对整个规划的实施大有益处。

1.3 校园规划的专职人员

高校常常低估花在总结规划实施成果上的时间，例如记录每年取得的成果、整合各种新项目、规划实施效绩等。对规划过程的不断审查是确保战略规划自我维持的一种方式。因此，配置一名规划专业人员作为校园规划的代表对成功实施规划至关重要。许多高校会犯这样的错误：将规划过程的管理工作强加给规划项目执行人，或者让他们进行阶段性的审核。没有哪所高校能通过这种方式制定规划并取得长期成功。正如 Hollowell 等人指出的，为了顺利完成数据收集、文档管理、协调和宣传工作，大学需要从事规划的专职人员，或可称之为一个“家”的地方[1]。一方面，该专职人员协调规划过程，另一方面，他能促进高校内不同部门或学科间的相互交流。

访问是年度审查的一部分，一般情况下，专职人员每年都会访问实施计划中的项目责任人，并且每年访问两次。负责协调校园规划的专职人员会为高校各部门提供项目活动信息，目的是确认项目进程、发现问题、找出影响规划的额外信息。通常，专职人员有机会接触各类项目负责人，在此过程中，专职人员能与项目负责人分享其所了解的校园信息，并一起制订计划，整合规划，使规划过程变得更加灵活。

令人费解的是，大多数高校不愿意重新设立规划办公室，但如果致力于成功的战略规划，高校应该仔细考虑规划由谁来管理和怎样运营管理。为此，必须保证规划过程中有专职人员负责整理资料，同时，该专职人员也要对规划资源进行协调整合，这是确保战略规划成功的重要方式。

2 高校文化对规划的影响

万万不可低估高校文化对战略规划的影响！如果你把同样的战略规划给十所高校，这些高校会提出十种不同的解读，并制定出十套不同的实施方案。至少有三个关键因素会导致这样的结果：高校的独特环境（包括高校建校使命和历史)，高校行政结构及其工作人员的能力，以及教职员对发展规划的信任。

2.1 高校的环境

高校的环境状况反映的不仅仅是外在的环境、竞争对手或经济条件，它也反映了内部环境。这就是为什么环境扫描对一个新的战略规划是如此重要，也说明了为什么将焦点仅仅集中在外部环境是不全面的。

高校内部环境在一定程度上由该高校当前使命和历史发展所决定。而先前使命也深深影响高校的历史发展过程。经历过使命变化的高校，譬如从一所两年制大学扩展到四年制大学，或一所男子学院变为男女同校学院，在它们的文化中都会带有先前使命的痕迹。鲜有高校一直沿用其最初的使命，这也是为什么在战略规划周期一开始就要重新审视高校使命的原因。随着内部和外部环境的变化，高校必须调整以适应环境。尽管先前的使命的变更事例比较极端，但事实上高校为适应新环境，必须对其使命进行不断变更，包括语言上的简单更新等。然而，这些小的变动，结合先前的校园使命，会阻碍规划进程。

除了了解高校历史，规划者还必须能够理性听取高校成员的意见。倾听高校成员讲述高校的文化，理解高校文化有助于处理日常高校事务，并且能帮助校外人员理解高校内部的工作方式。

相关性分析常被用作不同文化的对比，并揭露不同文化背后的运行机制。有的大学，可能被描述为“这所大学就像一个大家庭”，而另一些高校可能是“一台运行良好的机器”。无论哪种，工作人员都在传达他们履行职责和解决问题的方式。这个分析的关键在于无论哪种环境，都会限制高校做出决策的方法。一所高校将自己视为“一个大家庭”，是基于“人”，他们的参与和他们对学校的忠诚来做出决策。而被视作“一台运行良好的机器”的高校更关注工作流程和行政层次，从而决定做些什么。规划者需要知道的是，一所学校解决问题的方式并不适用于另外一所学校。“大家庭”高校不会使用“机械”方法来做决策，同时“机械”高校也不愿意使用“家庭”方法做出决策。将此思路扩展一下，战略规划反映的是该高校在解决问题和设置优先级方面的内部观点。规划者须知，应用内部视角来衡量高校各级对规划的准备程度，这对成功的规划过程是至关重要的。

2.2 行政结构以及工作人员的能力

影响高校文化的另一个因素是高校的行政状况。我们都知道高校的组织结构图反映的是“理论上”组织工作的方式。由于众多的原因，现实往往与理论大相径庭。个性、经验、能力都在工作过程中发挥着重要作用。在执行层面，主要执行者之间的关系在每个高校是独一无二的，办公室间的距离、个人能动性，甚至长期的工作关系等因素都可能造成这种关系的独特性。如果发展规划的实施是基于领导、责任、问责和协调，那么行政团队的个别成员在规划实施中可能会有重要影响，甚至对规划能否取得成功也起到关键性作用。

2.3 培养员工的奉献精神

规划是一项依赖大学的管理者、行政人员、学术带头人的管理活动[2]。学术型高校可以被定义为“无政府组织”，其表现出以下几个特征：①目标本身存在问题（目标是模糊或有争议的）；②缺乏过硬的技术（技术熟悉但不透彻）；③不能持续性参与规划活动（规划的主要执行者随意参与或不参与决策过程）[3]。显然，这三点是专职人员从事目标界定、进度测评工作过程中亟待解决的问题。

一旦确定了使命和目标，集体对规划的奉献精神就成了有效规划的驱动力。没有集体执行力的组织，或是没有意愿将规划过程作为质量提升工具来使用的组织，将无法成功完成这项规划。成员对规划的奉献精神是区分一个规划是否能产生效果的重要因素。奉献精神能确保所有利益相关者有机会参与规划进程，并确保他们的参与能得到认可。为了促进集体的奉献精神，高校的规划者必须要理解高校文化并能在这种氛围中有效工作。

2.4 高校文化的组成部分

2.3 节讨论了行政文化在高校规划过程的重要性，但就一所学院或大学的文化而言，需要考虑的因素不仅仅是行政等级，还有更多的因素需要纳入考察体系，它们都在规划过程中发挥作用。

战略规划衍生自企业对未来的研究。值得注意的是，简单地将企业惯例叠加到学术组织上，而不考虑高校中独特的学院文化，这种做法本身便与企业文化相冲突。因为规划的责任在很大程度上具有行政属性，规划者常常难以让教师参与规划过程。行政结构与学院文化之间的差异可能会严重阻碍规划进程。唯一的解决方法是将专职人员培养为专业的行政管理人员。

近年，高校提供的多数职位并不要求有教学经验。与几十年前一样，教师依然在管理学生事务中起着积极的作用[4]。教师除了要提高专业能力，在执行教学任务、寻求专业发展、注重研究方面，都需要花费大量时间。此外，高校预算、助学金发放、课外活动项目和集资拓展等活动都有专业侧重，并需要经过专业的训练才可胜任。于是，高校面临的状况是，学校被分割成各种工作孤岛（silo），岛民对其他小岛上的工作条件和专业经验一无所知。

随着战略计划的逐渐成型，教学的优先级通常高于其他项目。然而，这并不总是正确的。教学事务未必具有不可否认的优先性。学生事务管理的兴起，对校园安全的重点关注，特别是城市内住宿型校园，学生背景特征的变化和可预见的就学方式的改变都在通过协调的方式在高校平衡发展优先时找到一席之地。规划过程应为高校提供一个讨论区，讨论什么是资源分配中需急迫解决的优先事项，以及如何使其符合所有利益相关者的利益。

2.5 高校文化的界定

尽管用于分析组织行为的所有理论与这些理论在界定奉献精神时会有所差别，但共同点是都将非正式社会结构作为培养奉献精神的一种组织机制。Robertson 和 Tang 指出，对奉献精神的追求与组织特征直接相关，这些特征起源于规划的初衷、权力的下放和使命与目标的设定[5]。规划小组必须参与培养奉献精神。对他们而言，培养奉献精神所必需的三个要素是社会过程（social process）、领导行为（leadership）和结构设计（structure design）。了解高校的文化是为某一所高校设计和实施规划过程的关键。指定的规划过程协调人必须能够协助规划委员会使用这些要素来正确地将高校文化转化为规划。

社会过程是一套个人与组织价值之间的合作规范，这种价值观鼓励大家共同认可的奉献精神。这一要点表现在，当组织成员赞同组织追求的理想或正在实现的结果时，组织成员便会对组织表示赞成。同时，这也是成员逐渐被组织文化吸收的过程，有时也被称为同化（enculturation）的过程。

领导行为通过促进成员和组织利益的一致性，不断地沟通和明晰作为组织文化焦点的愿景来增强成员的能动性。有一点需要明白，领导可以发生在组织的任何层面。领导的关键是领导者基于组织愿景，不间断地促进组织其余成员的社会过程。这一点对成功实施发展计划至关重要。

结构设计是一种促进集体奉献精神的组织特征。一些组织由于支持“自下而上”的决策过程以及利益相关者的参与，造成集体奉献精神与组织目标相悖，而合理的组织结构设计可以减少这种现象的发生。因为利益相关者被允许参与规划过程，在规划过程中，他们更倾向于施展行政指令，而不是为规划过程提建议。结构设计也为领导者提供一个论坛，起到强调组织愿景，整合组织目标的作用。

非正式文化结构中的这三个要素可以直接将奉献精神的培养，过渡到营造校园内的认同（buy-in）的文化环境。此外，这些要素对群体文化具有规范性影响，并且可以帮助塑造更活跃的群体决策。

2.6 培养规划和战略思维文化

在20世纪70年代初，规划者更倾向于用一则故事来说明规划的有效性。约翰·肯尼迪总统访问美国航空航天局时，参观了各种设施。他见到一个清洁工，问：“你在这里干什么呢?”清洁工回答：“我在这里帮助一个人登上月球。”这个故事已经成为一个传说，用来表明成功规划的一个关键因素，发生在组织内一切都可以与规划相关，组织内的每一个人都应该适当参与规划过程。下面阐述的几种方法或许可以确保组织内的成员都可以接触并参与规划过程。

让整个组织参与规划过程并不意味着组织成员必须在规划委员会任职，也不意味着组织成员希望他或她的具体意见均被纳入规划的愿望清单（wish list）。这里所指的参与过程是指与规划者一起验证战略规划的愿景和相对优先级。这可以通过多种方式实现，所有这些都需要规划委员会成员做一些额外的努力，以便将成员的期盼解读为内部规划的倡导的这一行径，对规划委员会做出书面控诉。

由校长或规划委员会成员领导的公开论坛和讨论小组是收集重要信息和扩大参与的一种方式。另一种方式是使用网络途径，如网站和聊天室。组建一支由规划委员会成员与各个利益相关者组成的讨论组，也是一种有效的收集和传播规划信息的方式。由部门间的联盟或有共同利益关联的小组来完成组建工作，甚至理事会的成员也应该有机会参与这一活动。

当规划草案准备公开发布时，规划委员会必须与利益相关者继续沟通，向他们说明规划的各个组成部分，以及如何将他们的建议纳入规划之中。这种持续性的反馈循环有利于规划过程透明化，这不仅可以帮助提升规划在高校内部的公开化程度，同时也是认可大家对规划做出贡献的有效途径，从而塑造规划实施的向心力。

在规划过程中，应该尽量避免无休止的公开讨论，高校专项小组会为每个相关人员提供多个机会，以便他们能参与规划过程。如果参与过程是有结构和有顺序的，那么全校范围的头脑风暴也会更有效。事实上，参与的群体越大，就越需要结构化。譬如：在制定发展规划时，高校校长一开始便会强调，规划过程一定要让所有利益相关者频繁地参与整个规划过程。但因为没有预先讨论如何整合这些意见和建议，所以每届会议得出的结论大多一致。每次新会话提出的想法，要么堆放在已经成堆的建议之上，要么取代前一个会话的想法。这种永无止境的头脑风暴有两个致命的缺点。第一个是，过程非常混乱，在短短几个星期内，大多数参与者会对未知的规划感到困惑。例如，一些规划委员会坚信目标和目标清单中的项目和问题会被新的想法取代，却没有人记得新想法是怎么被提出来的。第二个缺点是，利益相关者被要求花大量的时间和精力来不断参加会议，并提供反馈，完善文件、审查新信息。当该过程推进到某个时间点，即需要开始将所有信息提取成合理的目标清单时，疲惫、混乱的利益相关者却没能看到他们的建议在规划中出现，导致在规划草案甚至没有定稿的时候，失败的情绪已渗透了校园。

选拔校园规划负责人是将规划有机地纳入校园活动的另一个至关重要的因素。除了高级管理人员和规划委员会成员外，规划协调员可以在高校规划过程中为各层级提供指导。

在宣传高校规划的重要性时，最常见的方法是使用公共场合、高校网站和印刷材料来宣传规划并更新规划进度。公开发布规划的进展情况，潜在地提醒整个高校：这份规划不是一份搁置的文件，而正在被频繁地使用。如果一个组织能目睹管理人员积极地参与整个规划过程，那么规划过程就会被重视。然而，确保整个校园参与规划过程的最重要的方法是实现参与的可操作化，于是，组织中的每个人都可以将规划作为他们做决策的框架。

3 从战略到运营

战略规划对高等教育起着整合和协调的作用。Hollowell 认为高等教育战略规划的主要驱动力是教学计划[1]。这一点是存在争议的。

无论哪所高校，在哪个时间段内制定的战略规划都应聚焦那些能帮助高校达成其愿景的事物。如果改善教学活动能达成此愿景，那么教学计划自然是整个规划的驱动力。无可厚非，任何高校的本质属性都是教育，高校所做的一切事务的最终目的都是为了给教学和学术活动提供充分支持。然而，战略规划的时间跨度较大，有时高校需将其注意力和资源集中到教学计划以外的事物上。例如，需要解决财务问题、解决长期搁置的维护问题、升级技术系统等。这些事项应在当时的战略规划的优先排序上有合适的反映。

校园规划领导者必须清楚，战略规划的目的是如何在特定时间段（通常为 3 年、5 年或 10 年）内为了达成目标而合理调配资源。这就意味着教学计划，虽然仍在跟进，但并不是具体战略规划的主要驱动力。此时，规划委员会便成为培养校园规划思维的聚集地，并且其作用是巨大的。如果要求利益相关者为了集体而优先考虑他人利益，那么最好让利益相关者知道这样做的原因并让他们参与其中，而不是简单地告知他们如果不这样做将没有任何收获。

教师作为规划委员会成员，有时会不出席规划会议，他们的理由是对以信息技术或设施更新为重点的规划不感兴趣。如果遇到这种情况，规划协调员和规划委员会其他成员有责任说服有不满情绪的利益相关者参与规划活动，并指出优先决策对非优先领域的影响，或从其他那些不是规划重点的部门人员那里征求可以跨部门使用的信息，这都是确保各方利益的正确方式。在进行专项讨论并参与优先事项决策的过程中，所有利益相关者都有机会了解资源竞争的本质，并了解如何决策。

3.1 规划的实施

规划的实施是一项重要的协调工作，因为高校是由多个独立存在的部门组成的网络组织。规划过程想要成功，必须要以战略眼光来审视组织结构，并根据高校的愿景来权衡各部门对资源的需求程度。

要想在高校内各部门真正实施这些决策，会面临很多挑战。除了从战略发展层面理解规划，并把它视为实现高校愿景的关键，还要使用操作和战术规划来为计划的实施提供工具和指导。

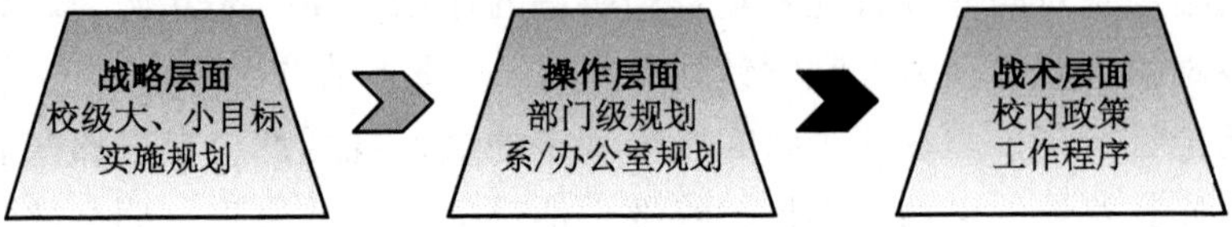

图 3　规划的各个层面

3.2　操作规划

操作规划是指高校内各部门进行的规划，具体而言就是，各部门制定自己的规划，并制订自己的资源需求清单。这意味着，在制订预算时，各个职能部门对学校资源都有自己的诉求，而且这些诉求不一定与其他职能部门的预算相关联。此外，各业务小单位倾向改进操作方案。业务单位制定的规划和愿景很少有战略性定位，通常是为了应对即时需求。譬如："如果我们有一台新的复印机，我们可能会更高效""如果我们有更多的全职教师，我们就可以增加在系的学生人数"或者"我们需要再招一个全职人员，因为部门的每个人都超负荷工作了"。在部门规划会议期间，常可以听见类似的讨论话题。

这种预算的实际结果就是"谁喊得最响，谁得的资源就最多"。这对那些没有获得资源的部门来说，不免产生苦涩的斗争情绪。任何高校的资源都是有限的，而对资源的需求是无限的，于是每年在进行预算时都会有赢家和输家。每年在资源分配上的博弈使得部门层面的操作规划受到限制，越来越无法进行战略性思维。如果各部门认为他们连最基本的资源都需要通过争抢才能得到，那么他们也会认为实现更大的梦想纯粹是浪费时间。

使用战略规划来分配资源的优势是，让每个人都能提前知道哪项活动有优先权，并将在哪个预算年度得到这些资源。另外，由于这些活动的优先次序是高校各方协商决定的，协定过程需要有足够的耐心。虽说不是万无一失，但是通过把预算直接与规划过程挂钩，这样不仅能更有效地利用资源，还可使校委会按规划要求开展活动，并对"如何"以及"为什么"做出这些决策有一些了解。

3.3 战术规划

战术规划指的是与有效管理、规划、预算和评估有关的政策和程序。除非法律明文规定或出于会计记录的需要，否则对于大多数高校来说，制定和维护书面政策和程序似乎是不值得花费大量时间的。最终，高校内各部门的操作程序和政策成了校园传统的不成文的规定，并且可以在任何时候由任何人以任何理由随意使用或变更。

在一些重要领域，书面的规划指南要求的操作步骤常常无法实现，这在规划过程中很常见。这种情况会让人们无视规则，漠视新项目，甚至制定竞争性质的规划，并导致高校无法制定操作标准。

在执行战略规划期间，当规划活动需要两个或者更多的部门一起工作，并以一种之前从未有过的方式合作时，战术问题扰乱战略规划实施的情况就会出现。这种情况往往很棘手，因为没有先例，同时部门间的交流也没有既定的程序，员工缺乏指导，合作时期望不统一，因此缺失的程序必须一一制定。然而，制定程序几乎全部基于一个假设，即某一部门的某个人会积极主动地承担这项活动。这样的假定通常是不现实的。

有这样一个州立大学系统，在州内拥有众多的卫星校园和学习中心，同时也有一个正在扩张的继续教育部。然而一段时间之后，大学校外课程负责人发现他们的入学率下降，且与地区内的继续教育课程有关。那些继续教育课程通常在当地高中授课，在当地做广告，学费较低，并且不与就近的本校校外课程授课点合作。因为校外课程的管理费用较高，并且必须要按标准收费，大学校外课程负责人认为他们在吸引当地学生方面处于不利地位。此外，州的拨款额是按公式计算的（formula-based funding），计算公式与入学人数直接相关。

一所私立大学希望在这个学期解决一直以来存在的注册排长队的问题。使用根原分析法（Root Cause Analysis），大学确定了排长队的原因是注册反弹（Registration Bounce）。这是在线注册前，许多大学都有过的经历。当学生准备注册时，发现他或她的账户处于查看状态，需要在学生账户处清除这个状态才能注册。学生被要求在学生账户处排队，却发现账户问题跟助学金有关。于是学生咨询助学金办公室，解决问题后，再返回到学生账户处排队，以清除账户的查看状态，然后返回到注册办公室继续排队，以完成最终注册。当大学的行政人员努力调整政策和程序，使程序和政策一致后，排长队现象消失了。在开学后的最初三个星期，无法注册的学生数从长达几页的名单减少到不到20。

3.4 战略与战术规划

考虑到包容性的理念在规划过程中的重要性，因此有必要区分战略规划和战术规划。在规划过程中，用自下而上（bottom-up）的组织结构取代自上而下（top-down）的结构时需慎重考虑。虽然战术规划是战略规划的产物，但除非用作在广阔功能背景下发现问题的手段，否则战术规划很少激发战略构想。

对于制定战略规划过程中的每一步，规划者都必须检查提议项目的范围，以确保他们制定的是战略行动规划，而不是操作层面的战术行动规划。在现实中，高校想要实现其愿景，仅使用战术规划是不现实的，待办事项列表（to-do list）最多只会产生短期收益。规划委员会要做的就是要求规划者修改每一条发展规划的内容，使其更趋近于战略规划。

3.3小节中举的第二个例子，即私立大学改进注册过程，就是一个恰当的例子。这所大学的愿景是为学生提供优质的服务和发放优厚的助学金。战略规划的目标包括学生服务部改进学生注册过程，以及行政事务部减少每学期因未付款而无法注册的学生人数。单凭某个办事处的力量是无法利用现有资源来重新设计出整个过程的。虽然每个办事处都承担各自的责任，但组织解决学校注册问题需要更大的战略视角。自上而下的行政过程往往会导致各项活动缺乏关联度，而战略规划能提供一个将各项活动整合起来的大环境，使人们对高校做出的决策有更深层次的了解。

3.5 理事会在规划过程中的作用

与大学相关的所有利益群体中，理事会对战略规划的战略性理解和定位是最到位的。理事会成员的决策会影响整个高校和各个决议委员会，例如预算、教学和基础设施，都有他们的身影。理事会对高校工作往往有独到的见解。他们对高校使命的理解具体而深切，例如高校信托和管理工作。然而，如果理事会没有参与或没有在恰当的时间参与规划过程，那么校长应该安排他人接受理事会培训，并安排他们从事相关工作。美国高等院校管理委员会（Association of Governing Boards of University and Colleges）是向其他成员提供理事会培训的组织，同时管理委员会成员也可以和理事们合作，并为他们出谋划策。

一般来说，理事会成员应确保规划的制定，并确保所制定的规划定期用于决策。在履行这些基本职责时，成员应当注意以下事项：

(1) 承认、支持、推广高等教育规划的有效性；

(2) 审查和批准学校的规划过程；

(3) 确保首席执行官对规划负责；

(4) 在规划的特定阶段，参与其中；

(5) 基于高校规划做决策，尤其是涉及优先级的设立和资源分配的决策[6]。

然而，理事会成员不应参与规划的实施。这种限制可能会使一些理事会成员感到沮丧。不论好坏，大多数理事会成员是能实施规划工作的，因为这些被任命的理事会成员在某些方面也是优秀的管理者，这使得拥有管理知识的理事会成员通常也会负责规划的实施工作。无论如何，整个规划过程务必让理事会明确监督和校园管理之间的界线。尽管偶尔被倡导[7]，但是如果理事会成员从监督转而干涉高校日常管理，组织冲突和干涉高校自主权的危险将无法避免。譬如：

有这样一所小规模学院，学院的部分理事会成员由跨国公司的退休工程师组成，其中一名理事深入参与了校内学生宿舍管理工作。理事会不希望校方为学生提供额外的住所，因为理事会不想为此掏这笔钱。其中一名理事对为什么学院每年秋天会有越来越多的学生超额申请住宿很感兴趣。他花费大量的时间来跟踪住宿的学生，并预测住房需求。在每次理事会会议上，他都会用他自己的一套方法来盘问学生宿舍主管，并断言该主管的想法是错误的。最终，经学院允许，并在院校研究主任和学生宿舍主管的帮助下，该理事了解了学校预测学生住宿需求的整个过程。经过六个星期的会议和讨论，该理事终于意识到此过程的复杂性以及他在计算中所忽略的各项数字。理事会成员试图绕过学院院长和主管学生事务的副校长来管理学生住宿问题，这不仅会耗费人力物力，而且会对整个学院造成破坏性的影响。

3.6 自上而下推动战略性实施

将校级规划与部门规划联系起来考虑，这是确保战略规划应用到操作层面最完善的方法。这要求各部门将其操作目标与每年分配到部门的发展规划相结合。部门规划应包含基本的预算需求，并说明是如何与校级发展规划相关联的。多数情况下，部门领导会发现被分配到的规划任务往往与部门期待完成的任务不谋而合。由于规划实施的时间由学校确定，因此部门完成项目的时限也被纳入校级考量系统。

战略规划和操作计划之间最直接的联系就是预算。将部门年度计划作为每年预算需求的基础，高校不仅可以监测规划实施情况，甚至可以按照部门在制订计划时的预算需求，制订预算假设，并通过预算来安排规划的优先次序。这些假设反映了下个财政年度的战略目标，以及除既定目标之外的资金限额，并帮助各部门根据其部门和整个高校的实际财政状况来提出他们的财政需求。另一方面，通过审查优先级和项目顺序，具有多年预算经验的高校可以准确预测出预算需求。

如上所述，基于规划的预算要求规划周期与预算周期相一致。由于预算日历几乎总是固定的，因此需确保年度规划周期的确定，每年规划指导工作的确认以及在全校范围内的推广要先于操作预算的确定。为了达成这种一致性，细致思考必不可少，在某些情况下，新规划周期的第一年会与上个财政年度的预算重叠。于是，大多数高校甚至在其战略规划制定期间就开始实施第一年的规划了。常见的是，第一年规划已经进行了几个月，官方规划文件却刚通过高校的理事会批准。

战略规划全面指导操作计划的最后一步是由年度人事评审完成。虽然这在企业中很常见，但在高等教育中则需要一个更复杂的程序。值得注意的是，高校的规划目标与人事评审之间的联系很少用于企业里设定产品目标。在高教领域，规划过程更多地被用作一种预期方式而非审查。

年度计划目标和问责制的制定方法同样适用于个人制定发展规划，也可为个人制定下一年计划目标作参考，但是最能体现年度计划价值所在的是，确定需要多少员工以及需要对哪种类型员工进行发展与培训。当一所高校确定其未来的愿景时，往往是期望将高校建设得更好、更强、更专业和更灵活。然而，在高校中很少有人已经准备好在这样的环境中教学和工作。例如，如果某高校希望将技术解决方案更彻底地落实到教室和办公室中，那必须雇佣技术人员，此外，教师和工作人员也需要接受相关方面的培训。或者，如果高校打算重新调整课程设置，工作人员就必须做好准备，更重要的是是否能找到合适的教师授课。此外，辅导员、职业服务人员、学生学习指导员和图书馆工作人员等，都必须纳入课程修改需考虑的范围。这些还只是一些对高校的工作人员的培训、发展和评审影响最明显的规划举措。

将规划有效地纳入高校各级决策是至关重要的。制订完整的实施计划，并要求高校按照计划开展工作，这种做法还需要完善。如果不整合其他方法，那么实施计划与日常琐碎的操作就没有区别，同时那些规划负责人会按照最低的要求去完成他们的日常事务，而不会从战略角度思考问题。而使用规划过程作为整合决策和远期思维工具则可以保持专注，安排资源并预测未来。

3.7　自下而上推动战略性思维

3.6 小节讨论的内容主要集中于如何在最高行政级别使用战略规划流程，以协调高校内部业务并确定优先级。“自上而下”的观点至关重要，为了维持组织平衡，需要用全局视角来协调各种工作孤岛。然而，使信息从操作层面流向上层同样重要。在大多数情况下，可以通过三种方式来收集和分析操作层面的问题：①部门计划；②战略规划委员会的年中形势审查；③规划年年初举行的目标确认会议。

部门需要提交年度计划作为他们预算申请的基准，同时必须附上操作上的问题。这些问题是部门目前正在处理或即将处理的问题。通过将这些项目纳入年度计划，它们将成为信息流的一部分，重新回到战略发展规划的协调职能之中。这些操作问题反映了各部门完成他们最基本的任务的能力，也体现了对例如空间、更多人力、政治决策等资源的需求。

在每年的年中规划审查期，有机会了解到哪些操作问题是高校必须处理的（图 1）。年中审查旨在为完成年度规划目标提供额外的支持。由于战略规划几乎涵盖了高校的所有领域，当规划委员会举行审查报告会议时，他会接触到来自校园各职能部门未解决的问题。尽管有些报告很鼓舞人心，如目标已经提前完成，但是另一些报告中往往涉及部门在完成特定目标时遇到的困难。无论如何，这些信息对理解高校内的操作问题和情况都十分重要。

最后，在每个规划年开始时举行的规划目标确认会议有机会将操作层面的问题与校级战略发展进程相结合。该性质与年中形势会议中举办的用于解决问题的论坛大致相同，在初次年度会议上，职能部门代表再次重申部门的观点，并与集体一同讨论内部各层级的问题将如何影响整体规划。讨论往往涉及校外环境、人事变动、新项目带来的困境。与年中会议一样，这些问题可能需要添加到该年度的规划活动清单中，并会对已定的规划目标产生影响。

无论信息进入规划过程的路径如何，重要的是这些信息最终会被讨论，并被理解和使用。高校由此获得的益处是，随着规划委员们分析信息的能力加强，成员将变得更加善于辨认模式、发现机遇、协同工作。

4 战略规划与高校其他规划之间的关系

各种规划的制定都是贯穿整个组织的，每个规划源于不同部门中独立的工作领域。在校园内，很少有教职工能够了解除教学以外的所有领域，因此每个部门都认为自己为完成学校的愿景目标付出的最多，然而获得的支持却最少。因此，每个部门都倾向根据自己部门的活动来制定规划，并且不断向校方申请更多的资源。如果高校的校级发展规划不够强大，无法协调范围很广的各领域活动，那么监管各种规划可能迅速成为“牧猫”(herding cats)① 的行动。

通过实施战略规划的方式来实现协调各领域计划的优势有很多。其中，两个最主要的优势是，可以预测预算需求并设定优先级，以及可以认识到或互补，或竞争，或矛盾的规划目标。

4.1 战略规划可以为其他计划提供什么

一个战略性发展规划至少应包含以下信息：

(1) 招生目标和招生管理提议；

(2) 学生管理目标，例如住读生所占的百分比，学生人口的变化等；

(3) 新的学位课程、教学项目、教学方法变化，以及教学设施需求；

(4) 入学人数、课程及入学学生变化给服务部门与设施带来的影响；

① “牧猫”指试图去控制或管理无法控制或混乱的群体。

（5）学生工作项目；

（6）教学和非教学人员的培训与职业发展需求变化；

（7）高校战略层面的部门计划目标或举措。

这些问题直接关系到资源的合理配置，包括资金、设施、人员、时间。因此，高校战略规划必须与高校预算周期保持一致，同时应纳入高校其他方面规划，如教学计划，IT 计划，总设施计划，以及各种高校拓展性计划等，并要求它们相互协调。

表 1 列出了战略规划的综合功能。行标题是以时间为序制定的各种类型的高校规划，列标题是与发展规划相关联的各类数据，圆点表示该因素是战略规划和其他计划都具备的。从圆点的数量可以清楚地看出，如果战略规划都不能协调并整合多方面的计划主题，那么就没有其他方式可以用来组织规划和分配资源了。

表 1　战略规划的协调与整合功能

	招生预测	学生人口变化	新学位课程	教学法改变	新创意与合作关系	学生工作项目	职工需求	职工培训与发展	社区关系	新设施项目	新 IT 项目
总教学计划	•	•	•	•	•	•	•	•		•	•
招生及学生管理计划	•	•	•	•		•	•		•	•	
预算计划	•	•	•	•	•	•	•	•	•	•	•
IT 计划	•	•	•	•	•	•	•	•		•	•
总设施计划	•	•	•	•	•	•	•	•	•	•	•
拓展计划	•	•	•		•				•	•	
学生服务计划	•	•	•	•	•	•	•	•	•	•	•
图书馆计划	•	•	•	•	•	•	•	•		•	•
住宿生活计划	•	•	•		•	•	•	•	•	•	•
体育活动计划	•	•			•	•	•	•	•	•	

4.2　长期预算

在所有与发展规划有关的活动中，长期预算是联系最紧密的。对于没有战略规划的高校，基于预算的决策导致的是增量的变化而不是战略的变化。也就是说，高校只能在预算允许的范围内做一些变动。更何况，主要的变革方案和倡议都被视为预算以外的要求。而基于规划变革而产生的资源再分配则给预算提供了一个背景。

在基于规划的预算背景下，资源的长期分配不仅由重新分配的实用性来驱动，并且它还为在预算内分阶段扶持新项目提供了蓝图。了解学校希望招收多少学生以及怎样的学生，有哪些学生项目来帮助这些学生，教学方案将如何改进，需要开发怎样的技术更新，预测人事需求和人员培训，以及有多少设施需要投入建设，这些都是高校预测预算的一部分。这些关于预算的信息并不会自动汇集到一处，只有战略规划能将它们整合到一起。部门规划所提供的额外信息也将有关操作方面的预算纳入其中。重要的是只有如此全方位的视角才能确保预算资源的再分配是恰当的，并能够支持高校的使命和愿景。

制订易于利益相关者理解的预算过程，有利于高校获得附加价值。Chabotar 指出："迫于压力，高校专注于目标的实现，而未能使预算过程实现透明化和参与化。相反，整合教职工、学生、其他团体的知识和经验，能让预算工作变得更务实，利益相关者也更能理解和支持高校的预算决策[8]。"

4.3 教学计划

教学计划与高校其他计划间的关系是最容易被人误解的。通常，教学计划被认定为反映教师工作量、教师管理能力和学术成果的政策文件。尽管对没有完善的教学计划的高校来说可能是真的，但对于拥有完善教学计划的高校，教学计划是支撑许多其他计划的信息载体。当然，对于教学规划者，其他各领域的大量信息同样有价值。

过去 20 年，教学事务和学生事务两者关系明显变化，近年来这种变化越来越明显。然而，两领域间的沟通并不总像希望中的那样顺利。通过加强课外活动可以促进两个领域的合作，如特别兴趣小组和团队活动等。但这些往往依赖个人而不是文字化的程序，譬如：

> 一所社区大学试图改善文艺专业学生的入学率。教学部门制定了一系列解决学生流失问题的举措，但似乎没有任何帮助。在战略规划会议期间，一名规划委员会成员阐明了问题所在：助学金办公室顾问建议新学生选择文艺专业，以便获得更高的助学金额。于是，即使原

本希望未来从事技术性行业的学生，也会选择文艺专业，最终，他们会获得文学学位或仅仅修习一些非学位课程，然后离开高校。规划委员会恍然大悟，并且数据也显示文艺专业中选择非学位课的人数令人吃惊。因为校园里没有现成的论坛来解读这种现象对教学课程的影响，所以规划过程整合信息之前，问题是一直存在的。

教学计划人员应确保校园内的其他计划人员能获得并了解教学活动的相关信息。当然，教学计划人员也应对校园内其他计划人员正在做的计划有一定了解。

4.4 总设施计划

战略规划通过提供关键信息指导高校发展，以确保设施满足学生、教师和工作人员当前和未来的需求。在总设施计划（Facilities and Master Plans）的实施过程中，若管理不善，可能会导致发生一些很糟糕的事情。出现这些情况的代价是巨大的，因为管理不善将耗费大量资本并会产生干扰校园正常活动的长期问题。

如果高校自认为拥有战略性发展规划，但其实并没有，那么它面临的困难是复杂的。一些高校发表空泛的宣言，用堂皇的语言描述一些发展价值观或哲学。在大多数情况下，这些言语并没有实际意义，但高校认为宣言起到了战略规划的作用。另一些高校收集所有主要部门的愿望清单，并认为将这些请愿堆放在一起就能构成一份战略规划。这两种情况都无法为高校规划者、设计者和最终建造者提供必要的信息。这样的例子比比皆是：

社区大学不会运用趋势分析法（trend analysis）来进行招生预测（enrollment projections），更不会制订相应的招生管理计划。于是，大学无法在新的规划期内决定所需教室的数量，它只能依靠教学部门主任的经验做出决策。不出意外，这个估算会远高于基于实际数据分析所得结果。

一个州立大学决定通过雇佣更多的全职教师并减小班级规模来降低其学生/教师比例（student/faculty ratio）。然而，在总设施规划的过程中，规划小组却被要求安排更多的大教室，而对教职工办公室空间大小没有额外的要求。

另一个州立学院要求所有院系提交战略计划，包括工作人员人数的预测，以改善操作和扶持新项目。高校规划委员会从未分析过提交的计划，当总设施计划小组根据部门战略规划来制订其工作计划时，才发现提交的新教职工职位申请数目大得惊人。该大学只能重新审查部门计划，并根据州政府可能支持的新职位数量一一修改。相较于提交时的职位数，修改后的职位数大幅减少。

如果高校内部没有在未来发展方向上达成共识，那么让教学计划人员和建筑师来预测需求是很困难的。为了解决这个问题，许多没有制定规划过程的高校期望规划顾问为他们描绘愿景，并解决问题。我一直认为这种方式等同于问一个陌生人你该如何做好你的工作。高校的未来取决于高校领导对校园的愿景。询问顾问“校园应该有多大?”或者“我们应该提供什么学位课程?”无异于将高校的未来寄托给与校园没有联系的业外人士。另一个问题是，指导该决策过程的顾问是否具备足够的知识以及是否经过特定培训。在许多情况下，顾问也许在某个领域受过培训或工作过，但那个领域所需的技能和经验与战略规划需要的技能截然不同。

一所高校想要制订总设施计划或设施项目，应该先制定战略规划。这样总设施计划面临不确定事项的数量将大大减少。此外，这也有助于高校对校园需求有更加全面的了解，对设施计划中的提议做更有效的评估，并能完全投入设施计划的过程，最终可以更好地完成规划。如果战略规划已经完成，总设施计划小组取得所需要的数据将会更便捷，并且他们需要获取该数据的目的也会更明确。

4.5 信息技术计划

考虑到技术成本以及硬件和软件更新的需要，即便没有战略规划的高校通常也会制订信息技术（IT）计划，制订了 IT 计划却没有相应的战略规划带来的问题是：IT 计划如在真空中创立，就与其他计划失去了关联。而使用战略规划来支撑 IT 计划有两大优势。

首先，也是最重要的，校园内一切活动的运行都依赖于 IT 部门，并且这些活动也会反作用于 IT 部门，从教学课程到学生服务，再到行政。无论是教学还是行政，IT 部门的职责都是采用最先进的系统使操作流程能够顺利运行。IT 计划者们必须知晓校园整体规划，不仅是为了当前学校的正常运行，而且也有助于捕捉未来出现的新的技术需求。

对 IT 部门也是对高校的第二个优势是，协同合作的氛围能被带到整个规划过程中。虽然也有一些 IT 工作人员，他们抵制变革，似乎每个提案对他们来说都有阻碍，但这样的情况是例外而不是常态。大多数 IT 人员渴望合作，乐于帮助解决问题，并且愿意为了学校而修改方案。让他们参与战略规划讨论不仅有助于扩展他人的思维眼界，也有助于规划委员会对成本、时间和培训进行合理估测。与其他类型的校园计划一样，IT 计划将受益于战略规划过程提供的整合功能。

4.6 拓展计划

在竞争激烈的高校拓展（institutional advancement）项目里，任何筹款都依赖高校为捐赠者提供的信息是否足够有诱惑力。若涉及建筑物，这个概念尤其真实。当然，捐赠人对砖块水泥以外的东西也会感兴趣。尽管拓展计划并不像 IT 计划那样，追求高质量和及时的校园规划信息，但必要的规划信息也是不可或缺的。拓展部随时准备好向捐赠人推广学校的新项目和新服务，旨在让捐助者认为自己是高校的一分子。拓展部成员对高校战略规划能提供的信息充满期待，无论该信息是否会在下一轮筹款活动中引起校友、企业合作伙伴或捐赠者的关注。同时，拓展部门常常可以为新项目提供可能的资金支持。这种支持也许来自正在寻找投资项目的捐赠者，也可能来自慈善基金会提供的各种经费支持。

5 结语

虽然在理论上战略规划是线性的，但从本文可以得知，它实际上并不是。高等教育的诸多变量使得战略规划过程更类似于指挥乐团。

规划过程中常常存在以专家思维作为核心能力的现象。但凡是曾经为战略规划出过力的人都可以证明，规划委员会成员最难学的一件事是在战略和校级层面上进行思考。虽然这种思维方式与大多数人日常工作的思维方式不相同，但它不是专家思维，而是整合思维。然而，教育领导者一贯暗示的是整合思维是如此“专业”，一般的教职员工无法在日常工作中使用此概念。

对规划失败的反思，容易忽视的一点是，规划是一个转型过程。它为确认和实现高校的愿景提供了一个论坛和一种方式。这并不容易。在成功的战略规划过程中，参与的人们为整个组织创造了让人惊叹的能量，并赋予其更强大的能力。随着有效、到位的战略规划的制定和实施，校园内所有其他的计划都能更有效地实施。

规划成功的秘密，如果有的话，那便是确保有人能够调控整个规划过程。在没有外部支持的情况下，大多数高校对实施全面的高校战略规划既没有专门的经验，也没有必要的理解。缺乏经验和培训可能导致规划只是小范围的发展计划，或无法实施，或因某个强势部门而在发展中偏向。还有可能导致聘用一些顾问，尽管这些顾问可能有，也可能没有适当的背景来改善这一进程。而规划专员，不管是内部的还是外来的，都可能为规划过程带来经验、直觉和创造力。

参考文献

[1] Hollowell D, Middaugh M, Sibolski E. Integrating Higher Education Planning and Assessment: A Practical Guide[M]. Ann Arbor, Michigan: The Society for College and University Planning, 2006.

[2] Norris D M, Poulton N L. A Guide for New Planners[M]. Ann Arbor, Michigan: The Society for College and University Planning, 1991.

[3] Cohen M D, March J G. Leadership and Ambiguity[M]. New York: McGraw-Hill, 1974.

[4] Schoenfeld C. Campus Cultures in Conflict[J]. CUPA Journal, 1994, 45:29-33.

[5] Robertson P J, Tang S. The Role of Commitment in Collective Action: Comparing the Organizational Behavior and Rational Choice Perspectives[J]. Public Administration Review, 1995, 55:67-79.

[6] Haas R. Understanding the Planning Process (The Board Basics Series)[M]. Washington, D.C.: Association of Governing Boards of Universities and Colleges, 1997.

[7] Calareso J. Successful Process to Engender Board Ownership of Strategic Planning[J]. Planning for Higher Education, 2007, 35(4):12-21.

[8] Chabotar K. Strategic Finance: Planning and Budgeting for Boards, Chief Executives, and Finance Officers[M]. Washington, D.C, Association of Governing Boards of Universities and Colleges, 2006.

附录一：有关规划的名词解释

使命	高校的使命就是简洁明了的对使命的陈述。用一两句话说明学校为何而建，想要实现的理想，以及期望实现的最终目标。使命中使用的词语多是描述无止境的动词，例如增进、提高等。同时，使命也需指出可能的问题或情况的变化等
愿景	高校的愿景是指在战略规划期间有望实现的目标。愿景中需要描绘出，当愿景实现时，高校的具体状态。愿景用来鼓舞士气，激励人心，所以听者应同意愿景是可以实现的
差距分析	差距分析指的是分析高校当前的状态与愿景之间的差距。它也包括认定高校需要采取怎样的措施才能使此差距减小
SWOT 分析	SWOT（优势、劣势、机会和挑战）分析被用于为环境扫描提供分析框架。同时，它也为规划者在做差距分析时提供更多的信息
环境扫描	大体上来说，环境扫描为规划者提供对环境趋势和面临问题的基本了解，之后规划者才能对高校的愿景有大概的把握。环境扫描也为校内对未来的讨论提供基础。一个较好的环境扫描并不需要有详尽的数据和市场分析，也无须由目前的趋势推导出对未来的预期，除非这些趋势势必发展成重大问题。环境扫描的目的是为了给愿景提供信息，并指出战略性发展目标的方向，并为具体的战略计划提供导向。环境扫描包括内部扫描和外部扫描两部分。在两部分扫描中，教职员都需在高校未来方向上达成一致，并思考高校是否有资源向那个方向发展

附录二：给战略性发展规划的一些提示和技巧

为了帮助高校制定并促进战略规划，该附录为高校提供了一些关键阶段的提示和技巧。

规划前

- 高级教职人员在规划过程中将扮演什么角色？
  - 校长是否承诺为规划提供必要的领导？
  - 高级教职人员是否愿意领导规划的实施？
- 如何选择规划委员会成员？
  - 需要多少委员会成员才能有效权衡学校各方意见？
  - 如何组织规划委员会持续地工作？
- 规划过程如何做到广泛包容各方观点？
  - 在过程的哪些时间点需要邀请高校各团体参与规划过程？
  - 采取什么形式参与？
- 会雇佣规划顾问来支持规划过程吗？
  - 规划顾问向谁汇报？合同范围的责任有哪些？

  - 如何挑选一个了解高校各方业务的顾问？

认识资源

- 预算是多年计划吗？
  - 如果是，是否与战略规划的周期一致？
  - 如果不是，需要怎样来制订一个多年预算过程？
  - 当前资源分配的流程是怎样的？
    - 要怎样做才能使这个流程由战略规划驱动？
    - 在一个新的多年预算过程中，部门和系预算请求需要做怎样的调整？
- 在预算过程中，怎样使用环境扫描？
  - 内部和外部扫描
  - 一般趋势分析和基准法分析
- 有哪些已经存在的院级计划需要纳入新的战略规划的制定？
- 在一般认证和学科认证的认证报告中将如何描述战略规划？

战略规划的管理

- 谁是正式审批该规划的人？
  - 审批过程是否恰当？
  - 审批的过程是怎样的？谁负责提交和说明规划？
- 谁负责起草规划草案？
- 谁负责监督实施？
- 在规划周期内，谁管理和更新规划文档？
- 谁将是学校的规划协调员？

第二章 大学认证

美国高等教育认证体系概述

美国地区认证机构的共通与不同

美国高等教育认证体系概述

Overview of Accreditation System of U.S. Higher Education

李　岱 博士
院校研究与规划主任
美国匹兹堡州立大学（Pittsburg State University）

摘要　本文介绍了美国高等教育的认证体系，对认证体系的主要构成，包括系统、理念、核心价值、步骤和各种认证决定都有描述。另外，本文还简短回顾了美国认证系统的发展历史，讨论了目前面临的挑战，以及将来可能的发展趋势，目的是为全球读者建立对美国高教认证系统的基本了解。

Executive Summary　This chapter provides the overview of the accreditation system of the U.S. higher education. The key components of the accreditation including the structure, the core values and rationale, the process and the decisions are introduced. In addition, the chapter briefly reviews the history, current challenges and future trends. The chapter aims to build an overarching concept for the overseas readers to understand the U.S. accreditation system.

1　引言

什么是高校认证体系？高校认证体系的定义因国别的不同而千差万别。其定义深深根植于它最初形成时的文化和历史环境中，并且因为长久的历史变迁而发生着演化。在美国形成的定义和实施规范并不一定适用于所有国家，但美国的认证体系已经历了百年的演化变革，学习美国的认证体系对中国建立自己的高校质量保障和提升体系不无裨益。

获得认证，在美国高校系统中是高质量的标志。为获得认证，高校必须为它们提供的教育质量负责，也为它们得到的各种公益投资负责。获得认证是高校的一种公示，是昭显它们提供的教育、学位及学习体验值得公众投资的一种公示。是否有资格获得这样的公示将对高校的财政、招生和各种学术行为产生极为广泛深远的影响。几乎所有美国高等院校都经历过认证、再认证与定期复查的过程。然而，并非所有院校都能获得认证，认证也不能自动保证再认证。如果有证据显示教育质量有明显退步，认证或者再认证将有可能被取消。

2　认证的目的

高校获得认证的目的有四个方面[1]。第一，认证的审核过程保证了高校提供教育的高质量。若能获取认证，高校给学生与社会传递的信号是其在教师资格、课程设置、教学服务、学生服务、学习资源、财政健康等各方面长期持续达到认证标准。

第二，高校若想获得美国联邦政府和州政府在助学金或其他方面各种财政投资，必须要获得认证。联邦政府的助学金只对有认证资格的高校在校学生发放；州政府的财政拨款也通常与高校是否持有认证挂钩。在2013—2014学年，联邦政府对已获得认证的高校学生发放助学金总额达到2 383亿美元[2]。同期，各州和地区政府对高等教育的财政拨款总额也超过了863亿美元[3]。政府对于学生与高等教育的巨额投资对高校发展至关重要。换言之，获取认证对高校发展极为重要。

第三，在被认证的高校就学，学生转校时的课程能尽可能地无缝连接。美国学生转校比中国学生频繁许多。一份全美范围的研究报告发现，在2006级的本科生中，有三分之一的学生在毕业前至少转校一次[4]。转入方的高校会查看转出方高校的认证资格，进而估判学生学习期间的教学质量和学分的真实有效。当然，转出方的认证资格并不能保证学生一定能被接收，也不能决定转入学分的多寡。但即便如此，转出方的认证状态在转入方做接收决定时无疑会起到关键作用。

第四，能取得认证的高校给予公众尤其是行业内雇主以足够的信心相信，毕业生在校完成课程是真实有益的。如果雇主想要求证求职者提供的毕业证明和资格证书的有效性，或是雇主想资助雇员进一步深造，抑或雇主考虑投资一个与高校有关的新项目或新创意，认证资格是雇主们的首选依据。持有认证的高校显然是更值得投资的。

3 认证系统的结构

正如美国教育系统一样，美国认证系统也同样组织权力分散。教育部并不直接操作认证过程，而是指定可靠的第三方组织从事这项工作。被指定的第三方组织必须被美国教育部或高等教育认证理事会（Council for Higher Education Association）认可。

美国高等教育认证理事会是一个全国性的非营利性组织，致力向美国国会、教育部、公众和国际社会倡议推动自我规范性质的质量保障活动。认证便是这种自我规范活动的一种。理事会是认证协会的首席代表，也是全美高等教育组织中最大的一个，超过 3 000 所高等学府都是它的会员。理事会的管理机构是一个由 20 人组成的董事会。董事会成员有可能是大学校长、学校工作人员或者公众人士。

想要被教育部或高等教育认证理事会认可，认证机构必须符合他们的认可标准。认证机构需首先根据认可标准提交自我评定，之后教育部或理事会将派遣一支考察团来进行实地考察，考察团将上交一份考察报告，教育部或理事会的决策人将根据考察报告决定认证机构是否能被认可。教育部或高教认证理事会都有权做出给予或剥夺认可的决定。认证机构获得最初的认可决定后，还需经过定期复查以保持认可状态。

认证机构基本可以分为两大类：一类是院校认证，负责评定学校整体教育质量；另一类是专业认证，负责评定专业专项领域的教育质量。院校认证的机构又可细分为三小类。第一类是区域性认证机构，负责区域内大部分非营利学位制综合大学。根据地域的划分，这类高校被划归六个区域认证机构负责，其中西部认证又将四年制大学和两年制专科院校分别认证（表 1）。第二类是宗教信仰认证机构，顾名思义，主要为学位制宗教性大学认证。这类院校包含神学院、基督教学院、犹太教学院等。第三类是职业和远程教育认证机构，主要为营利性职业培训学校认证，为其行业从业人员设立教学标准，并监控教学质量。并非所有职业教育都有专门的认证机构。这些机构中的大部分都为健康、工程、法学、教师培训、美容艺术、厨艺等职业领域存在。

表 1　区域性院校认证机构及所辖地区

简写	认证机构	所辖州和地区
MSCHE	中部高等教育委员会	特拉华州、华盛顿特区、马里兰州、新泽西州、纽约州、宾夕法尼亚州、波多黎各以及美属维尔京群岛
NEASC-CIHE	新英格兰高等教育委员会	康涅狄格州、缅因州、马萨诸塞州、新罕布什尔州、罗得岛州、佛蒙特州
HLC[1]	中北部高等教育委员会	亚利桑那州、阿肯色州、科罗拉多州、伊利诺伊州、印第安纳州、爱荷华州、堪萨斯州、密歇根州、明尼苏达州、密苏里州、内布拉斯加州、新墨西哥州、北达科他州、俄亥俄州、俄克拉荷马州、南达科他州、西弗吉尼亚州、威斯康星州、怀俄明州
NWCCU	西北部高等教育委员会	阿拉斯加州、爱达荷州、蒙大拿州、内华达州、俄勒冈州、犹他州、华盛顿州
SACSCOC	南部高等教育委员会	阿拉巴马州、佛罗里达州、佐治亚州、肯塔基州、路易斯安那州、密西西比州、北卡罗来纳州、南卡罗来纳州、田纳西州、德克萨斯州、弗吉尼亚州
WASC	WASC-ACCJC 西部高等教育委员会——专科院校	加利福尼亚州、夏威夷州、关岛、美属萨摩亚、北马里亚纳群岛、帕劳共和国、密克罗尼西亚联邦、马绍尔群岛共和国
	WASC-WSCUC 西部高等教育委员会——本科院校	加利福尼亚州、夏威夷州、太平洋盆地

截至 2013 年，全美总共有 18 家院校认证机构被其教育部或高教认证理事会认可。这些认证机构为 7 896 所大专院校进行了认证，被认证过的大专院校在校学生总数接近 2 500 万人[5]。被认可的 18 家院校认证机构包括六家区域性认证机构、四家宗教信仰认证机构以及七家职业和远程教育认证机构。美国的认证机构并非只为美国领土上的学院或学科进行认证，它们也为美国院校在领土外运营的分校，或是外国高等院校和培训学校进行认证。同样截至 2013 年，有 11 家院校认证机构共为 331 个位于超过 100 个国家的美办大学和职业培训院校进行了认证。另外，37 个国家的 55 所高等院校也获得了美国院校认证机构的认证。

4　认证的资金

认证机构的被认可也许是一项政府性活动，但学院的被认证却是一项完全的非政府性活动。美国政府完全不参与认证活动本身，所以认证也基本不依靠政府的拨款或资助。那么，认证的资金从何而来？认证机构的运作主要依靠学校或学科会员的年费而自给自足，年费主要用于支付认证评审人员实地考察或其他评审活动的费用。有时，认证机构也会接受来自其他组织、私人基金或政府对特别项目的经济资助。大多数的时候，认证机构的财力和人力都比较精简。2012—2013 年度，六大区域性学院认证机构总共只有 161 名全职工作人员，活动预算总额约 3 200 万美元。因此，认证机构极大地依赖于约 2 万名无薪志愿者的积极支持和参与[5]。

5 认证的步骤

认证并不是一锤子买卖，而是一项长期的、持续的、周期性活动。根据不同机构设置的不同规则，认证的周期从数年到十年不等。一个认证周期基本包含以下五个步骤。

第一步，自我诊察（self-study）：等待认证的院校或学科首先需要根据认证标准和院校或学科各自的办学目的提供一份书面总结。

第二步，同行审查（peer-review）：自我诊察的书面总结上交给认证机构之后，同行审查团随后便成立了。同行审查团通常由高校教师、高校行政人员和认证机构的工作人员构成。这些人将细致认真地审阅院校提交的诊断总结，并前往院校进行实地考察。

第三步，实地考察（site-visit）：同行审查团将携带审查意见前往待认证的院校。除去审阅过诊断总结的审查团以外，实地考察的团队还会包括不在高教领域内任职，但自愿参与高教事务的公众积极人士。实地考察的审查团基本都是无偿活动。

第四步，认证决定（judgement）：认证委员会将根据诊断总结、审查团书面意见，以及实地考察团的反馈意见提出是否给予认证的决定。与审查团队的组成类似，认证的决策委员会成员也由高校行政人员、高校教师与公众人士组成。认证决定包括给予或否决新兴院校的初次认证意见，也可能是给予或否决对已获得认证资格的院校的再认证意见。

第五步，定期复审（periodic review）：在两次认证之间，院校需进行定期复审。在复审过程中，院校也要提交自我诊察的书面总结，审查团也须进行实地考察。

正如高等教育认证理事会主席朱迪斯·伊顿（Judith S. Eaton）说的那样："认证是一个基于信任、基于标准、基于证据、基于判断、基于同行意见的过程。"[6]

6 认证的决定

当所有认证的证据信息汇总到认证委员们面前时，根据对信息内容的考量，委员会可能对一个院校的质量状态产生五种不同的决定：授予认证、认证再确认、认证延迟、认证否决，或认证撤销。此外，委员会也可能给予通知或警告，说明理由或查看的决定。这些认证决定的定义和解释详见表 2。

表 2　认证决定及其定义解释

认证决定	定义和解释
授予认证	初次申请认证的院校充分证明其满足认证要求时，院校将被授予认证
认证延迟	认证委员会对院校是否达到某项具体认证要求存有疑问，院校必须在得到认证延迟的决定后，提供满足此项要求的更多证据，以证明达到认证要求
认证再确认	对于一个已经获得过认证的院校，当其再次满足认证要求时，院校将被授予认证再确认
认证否决	当一个初次申请认证的院校不能充分证明其满足认证要求时，院校将得到认证否决的决定。如果申请院校对这项决定不认同，院校可以进行申诉
认证撤销	当一个已经获得过认证的院校不能再次满足认证要求时，院校的认证状态将被撤销。如果申请院校对这项决定不认同，院校可以进行申诉
通知或警告	虽然申请院校没有满足一项或几项认证要求，但认证委员会相信申请院校有能力在一段期间内做出合理提高，并将持续满足认证要求
说明理由	申请院校没有满足认证要求，认证委员会要求申请院校在规定时间内做出调整并满足认证要求。认证委员会保留将说明理由的决定向公众公开的权利
查看	申请院校没有满足认证要求，认证委员会要求申请院校在规定时间内做出调整并满足认证要求。认证委员会保留将查看的决定向公众公开的权利
申诉	申请院校申请对认证委员会之前做出的认证否决或撤销决定的重审

7 认证的理念

美国认证的核心理念与其高等教育的核心理念一致共通。对处于美国历史与文化背景之外的读者来说，需时刻牢记美国的高等教育和认证是游离于政府以外的社会活动。其理念前提有两个：第一，认为高教事业只有在组织权力分散的体系下才能繁荣发展；第二，认为院校职能的多样性需得到保护和尊重。所以，获取认证也是自愿行为，院校或学科并不是一定要获得认证不可的。

认证理念的一个重要支撑是高等院校才是高等教育的最终责任方。认证过程将高等院校同时放在评判与被评判的位子上，并让业内人士做出判断，而不是用一种单一的、囫囵的标准去简单评判教育质量。同时，认证过程充分肯定了院校的独立性是提升教育质量和引领高教发展的重要因素。

尽管现今美国的高等院校已经接受认证是一项正规的保障教育质量的方式，但认证现行的理念和方法步骤与其最初的样貌已大相径庭。认证的规则经历了上百年的演变才成为今天的模样。了解学习认证所经历过的历史演变的意义不仅仅在于了解它始发时的文化根源和历史背景，更在于了解它的理念、规则和变迁因何而来。最重要的是，了解它的哪些特点值得被借鉴。

8 认证的历史

8.1 1950 年之前的认证

美国教育质量保障体系对于美国文化之外的读者来说也许难以理解。在美国，管理全国教育质量并不是某一个政府单位的责任。联邦政府在其中只扮演一个间接的角色，行使有限权力；而州政府更关心的是全州人口享有公平的教育机会，对教育质量保障只进行有限监督。于是，区域性认证机构，即表 1 列出的区域性高等教育委员会，作为独立非政府团体，成为监管其辖区内院校的教育质量的首要机构。六大区域性认证机构共同承担起对全美高等院校进行质量监督的责任。

美国教育认证系统的建立可被追溯至 20 世纪初[1]。那个时候，全美约有 170 所高校，23.7 万名在校生。那时的高校基本是私立院校、私立专科或师范学院。仅有的几所公立高校在南部和中西部刚刚成立，规模比私立院校小得多。1900—1930 年间，高等教育发展迅速，在校生人数持续增加。然而，在 1930 年的经济大萧条和接踵而来的第二次世界大战的接连影响下，高教的发展显现出迟滞不前，甚至倒退的现象，在校生人数不升反降。直至 1940 年代后期，美国国会在议院的要求下，开始为从战场归来的退伍老兵提供获取高等教育的机会和经济支持。1944 年，《士兵福利法案》（*GI Bill*）正式立法通过。大量退伍老兵进入高校校园，这才扭转了在校生人数下降的趋势。1950—1980 年的 30 年间，在校生人数从 116 万人上升至 270 万人。

之所以将在校生人数的变化逐一说明是因为学生人数与认证系统建立的过程发展息息相关。在19世纪末到20世纪初，在校生人数逐年持续增长，高校间的协调合作需求日益明显，但也还没明显到需要跨地区协作的程度。当时区域性高等教育委员会已成立了四个，分别覆盖新英格兰、中大西洋、中北部和南部四个地区。这些区域性高等教育委员会建立的最初目的与认证完全无关，只是为了建立一套统一的高校入学标准。彼时，中学教育还未形成标准体系，甚至学生需要接受多少年的中学教育才能开始高等教育也没有统一的答案。大多数的高校录取时使用本校出的入学考试题，只有新英格兰地区的高校例外[7]。在20世纪初高教迅速发展的时期，高校的录取工作人员已经不可能逐个了解评估申请人的个人素质了。于是，四个区域性高教委员会共同建立了一套标准来评估中学教育，这些高校只录用符合标准的中学的毕业生。这套最初的标准后来成为定义中学标准化教育及中学评估的基石。

中北部高等教育委员会于1905年成为第一个给中学认证的高校协会。这项活动迅速在高教领域拓展开来。到1913年，该组织公布了有史以来第一份被其认证的高等院校名单。中北部高教委员会认可了名单上高等院校提供的教育，称这些高等院校无愧于成为该组织的一员。这种给高等院校提供认证的活动很快获得了其他区域性组织的赞同。1919年，南部高教委员会公布了被其认证的高等院校名单，而其他区域性高教委员会也在积极讨论成员资格和认证准则。

与此同时，高校意识到另一个问题。当有学生从其他地区的中学毕业，或从其他地区的高校转学而来时，录取工作人员可能对学生及毕业院校的情况一无所知。高校急需一种跨区域性的标准对其区域以外的高校有一个基本判断。在1906年召开的一次跨区域会议上，有人提议，如果整个高教领域认可一套通用的教育评定标准，那么一个区域性高教委员会的成员学校应该认可其他委员会成员学校的教育。于是在接下来的20年里，如何确定并实施通用的教育评定标准被反复斟酌讨论。

需要注意的是，在20世纪初，教育评定和认证还在胚胎状态。那个时期的认证主要目的是将高等教育和中学教育区分开来，确定委员会成员的资格，并方便录取从另一个高教委员会成员学校来的学生[1]。高教委员会成员资格通常由教学资源和学校政策决定的，例如高校的教员人数，学生毕业所需学时，以及录取标准如必须习满多长时间的中学教育等[2]。这些资源政策的信息由申请学校自行申报，高教委员会并不派遣团队实地考察审核，也没有周期性复查。学生的学习体验和成绩也不在成员资格的考虑范围内。成为高教委员会的成员学校并不能认为教育质量达标了。而且，除了专科和师范院校被排除在外，也并不是全美所有的高等院校都有被认证的资格。到1948年，覆盖加利福尼亚州和夏威夷的西部高教委员会才开始认证活动，而新英格兰高教委员会在1952年才开始这项活动。

在20世纪30年代初，各高教委员会逐渐认识到这种简单评判成员资格的局限性，于是启动了一套更严格的认证程序。经过调研，中北部高教委员会提议，与其用几项硬性数字来做出简单评判，不如根据高校自述的办学目的来做出判断。于是，评判的重心从判断事实信息是否达标转移到整体教学活动是否达成办学目的上来。其他地区的高教委员会也先后实施了这种重心转移。这项思路的转变奠定了当今美国认证体系的理论基石。认证的重心被平均放在两项标准上，一是高校的办学目的和规划，二是高校的资源与能力。

第二次世界大战后，高校就读人数的高速增长刺激了高等教育的飞速发展。在1950年至1970年的20年间，区域性高教委员会，也就是认证机构，在不改变认证理念的前提下，将认证标准和程序反复修改。20世纪80年代，美国高等教育迎来了前所未有的多样化的学生人群，从而开启了一个全新的时代。新的认证标准开始将学生学习体验和学习成果纳入评定项目。

1950年后的一个重要改变来自认证的评判标准。在高教委员会认证委员们做出是否授予认证的决定前，摆在他们面前的是汪洋一般的各种信息证据，包括高校的自我诊察书、高校的质量保证证据、同行意见、实地审查团带回的意见，等等。然而认证决定并不会从信息和证据里自然浮现。认证委员们必须依照评判标准对收集来的证据做出对高校、学生和公众负责任的决定。

认证标准的重要改变分四个阶段。在最初阶段，认证的重心被放在学校组织特点达标上；接着认证对学校是否有认证资格提出新的要求，并要求学校的重大改变需在高教委员会备案；然后认证的重心移至评定教育成果上；最后的改变更多来自学校内各部门的协准与效绩[1]。

8.2 1920年后的重要改变——结构的达标

正如前文所述，在20世纪初，高校需将学校的各种指标自行申报到区域性高教委员会。这些指标通常是关于学校结构和资源的一些硬性测量数据。高校认证组织通过判断这些数据是否达标来决定高校是否能得到认证。20 年代的一份普遍认证标准会包括高校有多少教学楼和教室，能容纳多少学生，图书馆的藏书量，教职工的人数、学位和资历，还有年教学经费等[2]。这些标准设立的目的是判断高校是否有足够的教育资源和稳定的经费来提供高质量教育。值得注意的是，这些标准中并不包括教学质量和学习成果。

这样的认证标准收到各界的批评和质疑[1]。第一，标准仅用几组数字描述教学的部分活动，即便组合在一起也不能拼凑出高校活动的全貌。第二，标准没有充分考虑不同类型高校和不同办学目的。第三，这些数字标准注重描述教育投入和资源，而不是教育产出。认证机构和被认证的高校在成长中积累经验，他们渐渐发现有一些高校即便是没有达到数字标准，甚至也没有获得认证，但这些学校依旧为学生和社会提供良好的教育。于是，单薄的硬性数字标准并不是衡量教育质量的最好方式似乎得到了业内的共识。

30 年代，中北部高等教育委员会首次放弃使用简单的数据达标方式来判定认证资格。中北部高等教育委员会决定在认证活动中主要考察教学活动的整体模式，并且充分考虑学校的办学目的。一个规模较小的教会学校的办学目的和一个综合性州立大学的办学目的一定会大相径庭。认证决定必须考虑到学校特色，并以学校自述的办学目的为判断基础。跟之前数字达标的认证要求相比，中北部高等教育委员会将判断重心改为审核学校整体教学模式。在这种整体判断方式下，一所高校即便在某些方面不能达到硬性数字标准，但可以用其他方面的优势弥补。

中北部高等教育委员会的这种整体判断模式在 30—40 年代被其他高校组织采用[8]。在其他高校组织采用中北部高等教育委员会的判断模式时，他们在高校如何解读评判标准方面给予更多的灵活性。尽管数字式的定量衡量仍被沿用，但在判断时不再作为唯一标准；定性衡量在认证判断时开始起到越来越重要的作用。

8.3 1950 年后的重要改变——资格与变更通知

第二次世界大战后高等院校如雨后春笋般纷纷成立，在读人数的再次激增将高等教育认证引入了一个新的更替时代。为适应新成立院校的多样化，认证机构在整体评判的基础上做了两点重要更新[1]。第一，认证机构添加了认证资格的要求。如果高等院校不能达到这些最基础的要求，高校就没有被认证的资格。第二，认证机构添加了变更通知的要求。对于那些已经得到认证的院校，在复查周期以外，如果高校有重要更新也应通知所属认证机构。

认证资格的基础审查成为进入认证程序的第一步。它使得认证机构可以将审查资源放在那些能够在教育资源和科系设置上做到基本达标的高等院校上。认证资格审查和基础标准被沿用至今。有几个区域性认证机构，比如南部高等教育委员会，要求成员高校将他们满足基础标准和认证标准的依据都写在高校自我诊察书中，审阅通过后才能开始正式的认证评定。

变更通知也是为适应高教多样化所采取的一种举措。第二次世界大战后，美国高等教育的改变日新月异，从最平常的课程修改，到学校结构、地址或教学方法，甚至新的卫星学校或新分校的成立等，新形式层出不穷。有时候，一些学校设置了普通教学时间以外的课程，例如周末学院将所有课程压缩到周五晚和周六来教授。再如，除课堂授课以外，其他补充的教学方式越来越受到欢迎，如实地授课、实习、工读结合等。

为了及时了解高校在教学中实施的各种变更，认证机构列出了一系列清晰的指导说明，详细列举什么样的变更应知会认证机构，什么样的变更无须知会。几个区域性认证机构还进一步制定了条例，说明认证标准会根据高校产生的重大变更而做出调整。条例详细说明怎样的变更将被认为是重大变更，应由院校在实施变更之前就通知其所属的区域性认证机构。

以新英格兰高等教育委员会为例，其规定，当高校在几方面产生重大变更以至学校性质发生改变时，应及时通知委员会。变更包括：建校使命、办学目的、院系设置，或资源配置。新英格兰高等教育委员会在认证标准中这样写道："在最近一次评定之后产生的重大变更，如不通知委员会，变更并不会在下一次评定中被自动认可。"高等院校有发起和实施这些变更的权利，然而委员会有决定这些变更是否会影响院校认证的权利[1]。

新英格兰高等教育委员会也有非重大变更无须通知的有关规定。当然，这些非重大变更没有在规定中一一列举出来。委员会的工作人员会对这些非重大变更做出初步判断，有时会要求高校对这些变更做进一步说明。

并不是所有区域性认证机构都使用同一套对变更的定义[1]。中北部高等教育委员会对重大变更的规定与新英格兰高等教育委员会就稍有不同。中北部高等教育委员会规定高校的重大变更包括：院系设置、校址、学生/教员/行政团体间关系、财务和道德有关事务。除知会之外，对于一些特定变更，中北部高等教育委员会有可能派出实地考察团或审评组作长期跟踪了解。对特别重大的变更，高校不但要对中北部高等教育委员会提出书面通知，并需等待至少六个月的时间由中北部高等教育委员会对变更做出评审。在中北部高等教育委员会做出回复之前，高校不可实施该变更。

8.4 1980 年后的重要改变——关注教育成果

自 1980 年之后，认证机构开始实施重大的理念上的改革。因之前的认证标准只关注高校投入和资源，忽视成果和产出，公众对此已有长期的批评。认证组织因此将标准的重心从评估最好的组织结构转移到评估实实在在的教育成果。

自 20 世纪 70 年代起，区域性认证机构陆续开始对各自的认证标准回顾反思，也先后发展了对教育成果和产出评定的不同认识和方法[1]。为了实施这样的新举措，高校组织开始号召用新的量化数据来衡量学生学习成果。

认证重心的转移和量化方法的使用有几个重要意义。首先，这种量化方法不仅仅要求高校有一套成熟的科系和课程设置，更要求高校能够持续提高教学质量。其次，重心的转移有可能打破了以往认证过程中对定性证据和定量证据使用的旧平衡。为适应新的认证要求，高校需要改变已存在的数据收集和整理的工作，使之能搜集到更具体的教学数据[9]。当认证机构开始在方法上的重心转移时，他们并没有对具体实施方法达成一致。一些认证机构允许高校逐步发展旨在评定具体教学成果的方法，但并不做出评定细节上的要求。高校可以自行决定如何制订和实施这些改变。

学位完成率，也就是毕业率，可以作为一个典型的、有争议性的使用定量评定的例子。完成率是指一批新生在一定期间内完成目标学位的比率。这个期间可以为四年、六年或八年不等。其中，六年最为常用。这个看似简单的计算在实际操作中并不容易，因为许多美国的大学生或半工半读，或多次改变专业和学位目标，或多次转学甚至在数个学校间轮转，或间断学业。这种武断的计算方法被批评是片面评价一所高校的教学成果，因为它忽视了学生在求学过程中的各种变化，并忽略了学位完成以外的各种学习成果[1]。

于是，一些认证机构决定在评定教学成果时，更偏重学生完成学习目标的过程。认证机构要求高校制定并实施一套评估机制。对于教学成果如何被追踪、存档和申报，认证机构并不做具体要求。认证机构要求高校说明评估机制制订和实施的整个过程，以及在评估机制下，高校持续提升了教学质量，提高了学习成果的具体成绩。

8.5 1990年后的重要改变——精简整合

进入20世纪90年代后期，繁复多样的评估过程和认证标准激发了高校要求精简整合的呼声。当越来越多的高等院校加入到呼声中，数个区域性认证机构提议共同对认标准则进行全面的反思和改进。在这些改进中，两项主要的改变值得强调。第一是为高校减负，简化那些为了达到认证要求而特别存在的活动。认证机构努力去认证高校的日常教学，使获得认证的高校是“天天好学校”，而不希望高校仅为认证而存在。第二是侧重成果。认证机构在认证过程中更重视反映院校成效和学习成果的事实依据。

这几个区域性认证机构率先对认证过程和标准进行实验性改革，尝试了多种新方法，并逐步修改正在使用中的认证标准。这些逐渐成型的新方法将认证长期以来的终极目标与近期侧重融合一体，不但继续关注高等院校的组织结构，同时也侧重体现高等教育能给学生与社会提供的教育和服务。

1999年，教育成为美国国家质量奖评奖领域之一。获奖组织或单位将向公众展示其领域内的国家级高质量业务操作，并将有可能得到美国总统认可。2000年，中北部高等教育委员会发布了教学质量提升计划(Academic Quality Improvement Program，AQIP)。此计划的一个首要目的就是以高校自述的办学目标为基准，提供更有弹性的认证程序和标准。在新认证程序和标准下，高校自我诊察和质量提升将获得认证机构的更多支持和帮助。AQIP将致力于探索高教领域和认证过程是否能受益于国家质量管理标准。这是一项极有前景的，将开创全新有利局面的项目。与此同时，AQIP也将保证中北部高等教育委员会在质量提升方面的持续关注。

AQIP是一个为期三年的侧重高校自我诊察的实验计划。在AQIP计划下，高校在邀请同行审查这个步骤中，将获得更多的自由。高校可以选择在认证周期内的什么时候邀请同行审查。值得注意的是，同行的反馈不但包括对被审查的学校的意见，还包括该校与其他类似学校的比较结果。这样的比较结果将产生新的质量评定标准，也就是AQIP计划的实验目的之一。此外，AQIP的另一个新形式是将高校自我诊察的结果向公众发布，真正实现公众知情和监督。

除中北部高等教育委员会外，其他一些认证机构也进行了重大改变，西部高等教育委员会就是其中之一。它将之前的认证标准数量从九条精简为四条。这四条新的认证标准将减少高校在回顾审查基本运作所花的时间，而将更多的注意力转移至提高教学环境和自我诊察上。

西部高等教育委员会新标准的核心有二，即高校潜能和教育成效。针对这两个核心的四条认证标准和评定分别是：第一，确定高校有明确的办学目的和教育目标；第二，是否有效达成已确立的目标；第三，高校的组织结构和教育资源分配能保证可持续达成教育目标；第四，高校有专门负责提高教学质量和学习成果的部门。

需要注意的是，西部高等教育委员会的新标准既有明确的目标，也有细致的规则。这种新结构清楚明确地体现了认证的重心已从之前的教育资源撤离，转而投向了保证教育资源投资在达成教育目标和提高效绩的具体工作上。同时，新标准也将认真考虑因由一些高校独特的办学目的和教育目标而有可能产生的组织结构和资源能力问题。

在过去的50年间，美国高教认证机构为评定学院教育，制定评定标准尝试了各种不同方法。他们的经验表明单一检验学校组织结构特色、教学程序或资源，或是仅依靠几种定性定量测量指标都有各自的缺点或限制。最近使用的方法——深入检测学生的学习成果和学校的教学产出——也许可以为所有环境下的制定评定标准做出特别贡献。这种评定思路的转型不仅仅是向公众或政府表明高教的出色工作或是业绩的提高，更重要的是检测高校成效。在新思路下，高校收集大量证据说明学校为提高教学质量提供各方面足够的组织支持，由此证明院校成效。并且，定性的证据也被认证评定纳入考量范围。当然，最终的认证结果将由认证委员会做出专业判断。

美国认证标准的历史变迁反映出定义优秀的高等教育是十分复杂的，而认证成功的教育更是如此。美国的经验告诉世人，任何一种狭窄且精致的定义，或是过分地雕文琢句只能得到肤浅的、形式上的质量保证。美国认证的核心在于在广阔定义的质量框架下，整体衡量高校业绩和成效，邀请对高教质量有不同见解和理念的人士，综合他们的看法，最终得出结论。

然而，当下对教育产出和学习成果的关注引发了关于明确认证标准的新问题。既然对于学生学习成果已有了明确认证标准，那是不是就不需要衡量教育投入和资源这些早被批判的标准了呢？基于几个区域性认证机构发布的最新认证标准，这些机构并没有停止使用对教育投入和资源的衡量，也不支持学习成果完全决定认证结果的做法。例如，西部高等教育委员会明确表示学习成果并不足够成为评定教育质量的唯一标准。并且，高校的教学能力和学生的学习成果在评定学院教育质量上享有相同等量地位。

所以，在理解了美国认证多年来对教育质量定义和评定标准的演变之后，我们对于认证是否能找到唯一正确的标准要慎之又慎。高校的组织结构、办学目的和教学目标可能是极为复杂的。也许找到明确单一的衡量标准，然后对评定教育质量实施“一刀切”的想法从一开始便是一件不可能完成的任务。

9 认证的将来

目前最困扰美国高等教育认证的是两个相互关联的因素：高速发展的科技与联邦政府的介入。21 世纪开启了科技创新风起云涌的时代。各种形式的网络教学对习惯了面对面传统教育方式的高教领域是一次翻天覆地的震动。时时创新的电子化教育和开放的教育资源给高教管理和认证带来了前所未有的压力和思考：教育到底能以怎样的方式触及并影响更广泛的人群？这些科技创新刺激了在校人数的又一次激增。然而这一次，学生不再受限于地域和国界。高校与学生一起同时经历教育转型的新纪元。

认证机构自然也发现他们必须时刻跟上最新科技在教与学中运用的新动向。更重要的是，认证机构必须思考：通过令人眼花缭乱的科技方式传播的教育，其质量究竟该如何评定？

9.1 改变中的教学方式

计算机和网络被运用在教学中并不是一则新闻，但以网络为首要教学媒体却是在 21 世纪才蓬勃发展的新生事物。网络教学自诞生起便迅速席卷了教育领域，并为 E 时代学习方式开启了宽广的大门。如今，全美有约 200 万学生每年至少修习一门通过网络或其他远程方式教授的课程[1]。各种远程方式从最传统的函授到最新颖的即时教学，琳琅满目不一而足。有超过半数以上的美国高校设置不同形式的远程教育。有些在远程教育上的先锋院校甚至开始将所有的课程内容通过网络教授。

因为教学方式发生了巨大改变，目前认证面临的挑战是为高校保证网络教育的教学质量提供可行的正确引导。面对这项挑战，认证机构已经采取了行动，例如提供一些新的评定网络教育质量的准则。比如，国际管理教育协会（AACSB）在1999年发布了一份关于远程教育存在的主要质量问题的声明。因为网络教育通常是打破州界甚至区域边界的，当区域性高等教育委员会评定远程教育质量时，跨区域的合作是必然的。区域性高等教育委员会也在努力制定既鼓励合作又具有政策连贯性的、跨地域的、关于远程教育质量的评定准则。

西部州长大学（Western Governors University，WGU）是一所成立于1997年，完全线上教学的大学。WGU，这个旨在建立一所将远程教育科技运用到极致的线上大学，在19位州长的资助下成立。WGU现为来自全美50个州的超过5.5万名学生提供网上教育。因为WGU不受州界的限制，一个由四个区域性高等教育委员会联合建立的认证委员会专门为WGU成立。2003年2月，这个特别的认证委员会为WGU颁发了在四个区域内的联合认证。WGU的例子前无古人，却将后有来者。将来会有更多的新型大学，为全美乃至全球学生提供更广泛的学习机会。这些大学将很有可能按照WGU模式获取认证。

当然，将每一所远程大学都按个案处理是不具备可操作性的。为避免这种情况，认证机构接下来要面对的挑战是制定系统性评定远程教育的章程和标准操作。全美六个区域性高等教育委员会已经建立了正式的合作方式，成立了一个名为区域认证联合会的组织（Committee of Regional Accrediting Commissions）。2001年3月，该认证联合会出台了一份关于如何评定电子学位和证书的指导意见的联合声明。此声明将为种种新的教学方式的质量评定提供细致的指导。

在这份声明中，六个区域性认证组织共同明确陈述了远程学习的质量评定标准将与传统的面对面课堂教育的评定标准一致。教学的方式有不同，但质量评定的标准没有不同。声明列举了五个评定远程教育的核心准则：

（1）教学环境和保证；

（2）课程设置与教学；

（3）对教员的支持；

（4）对学生的支持；

（5）自我诊察和评定。

正如美国认证在过去漫长的历史中所经历的一样，在面对飞速发展的科技在教学中的运用，认证机构通过精诚合作为面临的问题寻求解决方法。除远程教育外，其他教学形式，如分校和卫星学校、夜校、周末大学等，都逐步在清晰明确的评定标准下一一被认可认证。

9.2 政府干预的扩大

如何处理政府，尤其是联邦政府对高教的更多干预是整个美国高等教育面临的另一大挑战。如前文所述，美联邦政府对高教的干预一直以来是比较边缘性的。政府一直将认证和监管高教质量的重担交托给区域性认证机构。然而，因为近年来科技在教育领域中的应用和飞速发展，新的认证和质量评定的问题接踵而来。公众对高教的信任因为没有跟上科技发展的认证制度一度陷入低谷，因此政府对高教的干预也逐年提升。认证机构意识到他们面临的是与政府关系的新局面。在面对政府提出的新问题和新要求时，认证机构必须反思与政府之间关于高教质量监管的新关系。

科技创新带来的不仅仅是学生学习方式的复杂化，更是学生人数的激增，而学生人数的激增对联邦政府来说是对高教投资的巨大增长。对于长久以来以提供更多更公平的教育机会为己任的联邦政府，承担如此大的教育投资意味着提高税率，并将税收的更高比例投资在学生贷款、奖学金和其他方式的助学方式上。2010 年，联邦政府对高校学生的助学金的投入高达 1 750 亿美元[6]。然而，如此巨大的投入并没有缓解多少学生就学时的经济压力，至少不如学生希望的那样。学杂费年年递增，甚至已经超过了居民医疗费用。在 2007—2009 年的经济萧条时期，公众对无法负担大学费用的担心加剧，达到一个高峰。在这种情况下，联邦政府开始更密切地关注高教事务。

也正是因为高等教育费用的增加，公信力成为另一个压力因素使得高教认证机构在面对政府干预时放弃了一部分决定权。普通民众希望高等教育通过实实在在的学生学习成果和高校工作成绩，再加上透明的决策程序，来重新获得信任。以往公众对于高教和认证机构的要求通常是学生有平等并充足的入学机会。这些已是过去，公众开始认识到，入学机会并不等同于学业的成功。现今，一个本科学位几乎是得到一份好工作的必备条件。如果高校不能帮助更多的学生完成学位并取得学业上的成功，高校就会被公众认为没有尽到责任。

朱迪斯·伊顿认为，政府对高教事务的干预也许是不可逆的，但也许可以被限制在一定程度内[10]。为此，她对整个高教领域提出了四项建议。

第一，更坚定更强力地倡导高教认证自制。如伊顿说的那样，现在对于更强力的倡导的需求已是刻不容缓。认证，历史上长久以来都是高等教育为取得更高的成效、更大的成功而自我运作、自身规范的。这样的自我规范和运作随着教育情形的不断变化也在更新进化，并且这样的进化取得的成功也是令人满意的。在高教领域倡导认证自制时，需要强调认证在当今社会中依旧扮演的重要角色。一所高校是否被认证过，依旧是学生、家长和雇主决定对其投资时首先会问的问题。

第二，长久以来，高教的传统是由领域内专业人士来评定教育质量的，评定决定由高教人士做出，而非政府。这一传统需要再一次加强。高校教员和院校行政人员在历史上一直担任评定教育效绩、学生学习成果、教学和科研成绩的重任。当政府打算扩大他们在教育领域的影响，插手高教事务时，学界应当坚持不削弱高校的历史角色。高校教员和院校行政人员应当坚持高教事务的决定出自业内人士，而非没有高教工作经验的政府人员。

第三，认证必须充分考虑公众要求高等教育问责的需求，如此才可能改善高教公信力下降的状态。在过去，高教忽视公众逐日高涨的问责需求已经被事实证明对高校不利，且后果恶劣。认证机构和高等院校需为公众提供更多关于高教业绩和基本教育成效的信息，且在做相应决定时更公开更透明。

第四，必须对目前应对政府政策影响的战略进行重新审视。高教组织能与政府携手合作，认可目前高教和认证上关键步骤的价值和特色自然是最理想的结果。高教自制、同行审查、学术自由和业内人士领军的传统需要进一步加强。学界和政府都应认识到，当前对高教组织的较低评价并不能提高他们工作的成绩，也不能帮助他们更好地评定教学质量，更不能帮助院校提高教学成效或帮助学生提升学习成果。所以，认证只能由学界自己完成。

科技创新和政府干预模式是美国认证目前面对的两大主要挑战。美国认证机构认识到必须紧跟最新科技创新在教育中的应用，更重要的是，必须对这些创新和应用提供质量保障的引导章程。而在另一方面，考虑到来自公众和政府对高教问责的高涨需求，未来的认证需详尽考虑如何调整并控制政府对高教的干预，并在全球化和教育科技化的大背景下，提升高教与认证的公信力。

参考文献

[1] El-Khawas E. Accreditation in the USA: Origins, developments and future prospects [M]. International Institute for Educational Planning, UNESCO, 2001.

[2] Peterson D G. Accrediting standards and guidelines: A profile. Educational Record[M]. 1978, 59(4):305-313.

[3] State Higher Education Executive Officers (SHEEO)[DB/OL]. State higher education finance, 2014. http://www.sheeo.org/sites/default/files/project-files/SHEF%20FY%202014-20150410.pdf.

[4] Hossler D, Shapiro D, Dundar A, et al. Transfer and Mobility: A National View of Pre-Degree Student Movement in Postsecondary Institutions[M]. National Student Clearinghouse, 2012.

[5] Council of Higher Education Accreditation (CHEA). Almanac online[DB/OL]. (2013). http://www.chea.org/Almanac%20Online/index.asp.

[6] Eaton J S. An overview of U.S. accreditation[M]. Washington, D.C.: The Council of Higher Education (CHEA), 2012.

[7] Rudolph J, Davis J, Jackson F. Redesigning regional accreditation: The Impact on institutional planning[M]. Planning for Higher Education, 2010, 38(4):9-19.

[8] North Central Association of College and Schools (NCA), Higher Learning Commission (HLC). Handbook of accreditation. Second edition[M]. Chicago, IL: NCA, 1997.

[9] Banta, T.W. and associates. Making a difference: Outcomes of a decade of assessment in higher education[M]. San Francisco: Jossey-Bass, 1993.

[10] Eaton J S. The future of Accreditation[M]. Planning for Higher Education, 2012, 40(3):8-15.

[11] College Board. Trends in student aid 2014. Trends in Higher Education Series[R/OL]. (2014). https://secure-media. collegeboard. org/digitalServices/misc/trends/2014-trends-student-aid-report-final.pdf.

美国地区认证机构的共通与不同

The Comparisons of the U.S. Regional Accreditation Agencies

李　岱 博士
院校研究与规划主任
美国匹兹堡州立大学（Pittsburg State University）

摘要　美国各地区认证委员会实施的认证过程、法规与准则并非一夜而成。本文将比较学习各地区认证委员会的历史成因、认证过程和规则的演变。另外，本文还比较了各地区认证委员会在自我诊察报告、同行实地考察、认证报告、认证决定、初始认证和认证费用等各方面要求的共通与不同。最后，本文回顾了在过去的20年间，美国高教认证所经历的重大变革。了解这些重要改进能进一步帮助我们理解认证理念的发展更新，并对未来可能发生的变化有更好的预估和期待。

Executive Summary　This chapter introduces the historic events and evolvement of regional accreditation agencies of higher education in the United States. It also compares the commonalities and differences in self-study report, peer review and site visit, accreditation report, accreditation decisions, initial accreditation and the related charges of regional accreditation agencies. At the end, the significant changes over the past two decades of U.S. accreditation rationale and core values are discussed. Together with the last chapter, readers could develop comprehensive and coherent understanding of current higher education accreditation in the U.S., its past and its future.

1　引言

在前文《美国高等教育认证体系概述》中，我们认识了美国认证理念的历史变迁和基本认证步骤。本文则将比较各区域认证机构在认证活动过程中的共通与不同，以及美国认证领域最近几年的重要改变。我们已经知道美国高校根据地域划分由六个区域认证机构负责认证，其中加利福尼亚州的认证机构为本科和专科院校分别设立了专门机构。这六个认证机构因历史原因、区域差异和发展侧重点的不同，并不是一直使用完全相同的认证标准的。因此本文中我们将进一步阐述这六个区域认证机构及其认证标准的发展，比较它们的异同之处。

2　六个区域性认证机构

2.1　中部高等教育委员会

中部高等教育委员会的成立最早可追溯至 1887 年 2 月的一次会议[1]。会议的主旨是寻求校间合作，为了“寻求高等院校间更紧密的关系，并探讨为取得预期的教育成果而建立某些法规的可行性”。与会者包括高校的校长和教育积极分子。与会的高校校长们将这次会议产生的组织称为宾夕法尼亚州大学联合会，但很快组织更名为中部及马里兰州大学和预备学校联合会。而专注于高等院校教育的委员会最终于 1919 年正式成立，并更名为中部高等教育委员会。

委员会最初的目标是制定成员高校统一的入学标准、课程建设方案，强化高校、中学与政府间的关系。在那些年间，委员会对学位内容标准化和学位课程的设立展开过热烈的讨论，并成立了专门的机构以保证成员学校的教学质量和授予学位的信誉。自 1919 年起，认证就是委员会的执行任务之一。在委员会创建之初，并不是所有的高等院校都能够被委员会认证，如预备学校、技术培训学校、师范院校和专科院校都不在认证范围内。直到 1937 年，新泽西的一所州立师范院校（Montclair State Teachers College of New Jersey）才获得了委员会对原来划定范围外高等院校进行的第一次认证。这次的认证在委员会和公众中产生了广泛的讨论。于是在 1938 年，这些以单一、专业教学为目的的院校开始与委员会进行交涉，希望被划入认证范围。然而，这些学校正式开始被认证已是 16 年之后的事了。

在成立的第二年，也就是 1920 年，委员会便出台了一份关于如何获得认证的指导，并组织成员高校回答“是否满足认证定义和标准”的调查问卷。问卷基本是问诊式的关于高校全方位的问询。这种问诊式的认证一直沿用至 1953 年，并要求高校提供各种教育投入的数据，如图书馆藏书量等。这种问诊式调查问卷无疑会引导区域内高校的发展变得千篇一律。

在早年间，申请认证的高校需迎接一名来自委员会的观察员的实地考察，这名观察员会在考察后准备一篇考察报告。如果一所高校未能得到认证，那很可能由于这几种原因：失败的投资、录取不满足入学标准的学生、不合格的教员、混用高中或专科学校的教师，或者不怎么“平衡”的课程设置。直到 1943 年，委员会才开始使用多名观察员进行实地考察。1945 年，委员会对认证过程和标准进行了一次大范围的改进，将认证的重点从要求所有高校满足最低认证标准转移至对各种类各层级高校进行分别测评。

自 1971 年 7 月，问诊式的调查问卷终于从认证过程中彻底退出，取代它的是由高校撰写的一份描述性的报告，也就是如今的自我诊察报告(self-study report)。在这份报告中，高校需对学校建校目的、教学目标、学生和教员、学科设置、教学资源和设备、组织结构、行政人员和教育成果等方面进行详细描述。而后，高校可以只选择一项或数项认证项目在总结中进行具体描述。现在，高校可以选择只对学校的几个方面进行陈述，或选择进行一个对已有资料回顾的方式来评定学校是否满足再认证标准。

1996 年，委员会的认证程序又一次进行了全面的改进。结合从成员高校收集来的问卷结果并经过委员会的批准后，《杰出的要素》（以下简称《要素》）一书问世，并于 2002 年开始实施[2]。在《要素》一书中，认证根据高等教育不断更新的现状和需求，将认证的重心转移至评测学生学习成果，并为学习成果另外制定了一套衡量标准。此外，《要素》同时也承认教育资源的重要性，扩大并更新了通识教育的范畴，提出信息素养(information literacy）的理念，并承认了远程及其他非传统的教学方式的应用。并且，应成员高校的要求，书中更加详细清晰地举例描述在做认证决定时，认证委员会希望看到的由高校提供的信息证据，并且为各种认证决定提供了更详细的注解，并为高校建议了可能有用的信息收集渠道。

2.2 新英格兰教育委员会

新英格兰教育委员会成立于 1885 年，是美国最古老的认证委员会。它为六个州内（康涅狄格州，缅因州，马萨诸塞州，新罕布什尔州，罗得岛州，佛蒙特州）的近 2 000 所学校以及在 60 个国家内的美属院校进行认证。新英格兰教育委员会是六个区域性认证机构里唯一一个为从学前教育到博士教育提供认证的委员会。其他几个区域性认证机构也许始于全层次认证，但都逐步地将高等教育认证分剥出来，成立独立的认证机构，但新英格兰教育委员会是个例外。教育委员会由四个分委会组成，分别负责高中及高中以前、国际院校（包括网络院校）、独立院校（私立小学、寄宿学校、特殊学校和宗教学校等）和高等院校的认证工作。到1990 年，它已成为全美唯一一个面向全层次教育，致力推进全层次教育合作与提升的认证机构。

2.3 中北部高等教育委员会

中北部教育委员会（The North Central Association of Colleges and Schools，NCA）曾经是美国最大的区域认证机构，成立于 1895 年，为美国中北部 19 个州区域内的院校提供认证服务。2001 年，负责高等教育和高中及高中之前教育的认证委员会正式从 NCA 分割开来，分别成为中北部高等教育委员会（The Higher Learning Commission）与中北部学校认证与进步委员会（The Commission on Accreditation and School Improvement）。母机构 NCA 解散。2014 年的 7 月，中北部高等教育委员会正式宣布 NCA 的解散将不会使高等教育的认证过程和认证标准产生任何改变，也不会影响其被联邦政府认可的状态。

中北部高等教育委员会认证的高等院校类型广泛，从只有几百或人数更少的小型学院，到有超过 10 万名学生注册的综合性大学。这些学院的教学类型也从授予专科学位的社区大学（专科院校）直至设有大量博士点的研究型大学。此外，高教机构的类型包括公立大学、私立非营利性大学、私立营利性大学、部落学院、神学院和网络大学等。相对于职责范围内的所有需认证的高校来说，委员会的工作人员人数非常少，所以认证工作主要依赖志愿参与的同行协助。委员会的员工按照工作性质分为小队，其中包括：行政领导、高校联络员、认证事务、通信、财政、信息技术、法律和政府事务、同行审查团和特殊事件。对于委员会尤为重要的是高校联络人小队。小队由 10 个工作人员组成；每个联络员分管一定数量的高等院校，并作为这些高等院校的主要联络人和认证资源点。同时，每所成员高校都必须任命一名本校的工作人员担任认证联络官，负责与委员会的联络负责人进行一对一的沟通。委员会由一个有 18 名理事成员的理事会管理。

鉴于委员会负责认证的高校类型广泛，中北部高等教育委员会提供了三种不同的认证途径以针对院校不同的情况进行认证与再认证。三种认证途径分别为：标准路径（Standard Pathway），认证周期为 10 年；学术质量改进途径（Academic Quality Improvement Program Pathway），认证周期为 8 年；开放路径（Open Pathway），认证周期为 10 年。其中，学术质量改进途径要求的认证活动和材料最多。然而，这三种路径一致紧扣中北部高等教育委员会认证的核心要素，并共同提出了对院校两方面的认证要求：质量保证和质量提升。各路径之间的差异则是对院校如何处理质量提升部分提出了不同的要求。

2.4 西北部高等教育委员会

西北部高等教育委员会为在美西北部的七个州（阿拉斯加州，爱达荷州，蒙大拿州，内华达州，俄勒冈州，犹他州，华盛顿州）内的 157 所高等院校进行认证。西北部高等教育委员会是西北部教育委员会专注于高等教育认证的分部。西北部教育委员会成立于 1917 年，而西北部高等教育委员会于 1952 年被美国教育部认可成为区域性高教认证机构之一。

西北部高等教育委员会的决策团由至少 14 名委员、一名委员长和一名名誉主席组成。大部分的委员来自被认证过的高等院校，但至少七分之一的成员是公众人士，与区域内需要认证的高等院校没有任何工作关系。委员们的任期通常为三年，在任期内没有任何薪资。西北部高等教育委员会与教育部和其他联邦政府机构的关系较为紧密。

西北部高等教育委员会授予的认证许可是对其认证高校完成建校使命、教育质量、行政架构、教学资源和学科支持的认可。当一所高校在下一轮的认证中获得新的认证许可时，证明委员会再一次认可了该高校的整体建设和教育成果，也意味着这所高校能够持续性地完成它的建校使命，相关办学条件也达到了委员会制定的认证要求。

2.5 南部高等教育委员会

南部高等教育委员会是南部 11 个州的区域性高等教育认证机构，成立于 1912 年，已为 822 所高等院校发放认证。它的母机构，南部教育委员会，成立于 1895 年，由高中及以下教育委员会和高等教育委员会共同组成。除却美国本土的高等院校外，南部高等教育委员会也为一些位于拉丁美洲的大学提供认证，如墨西哥、波多黎各的大学。此外，委员会还为在迪拜的美国大学提供认证。

委员会的成员由每一个获得过认证的大学选出一名代表组成，这些成员再选出 77 名理事组成理事会来决定组织工作和认证。理事会选出由 13 名理事组成的执行团来实施日常工作，并为委员会的各项规章制度提供最终解释。执行团的 13 名理事成员分别是一名主席、一名公众人士和 11 名分别代表了区域内 11 个州的理事。

南部高等教育委员会每半年发布一次网上简报，列出获得认证或再认证的学校名单，同时发布未达标准而受警告的学校及其收到警告的原因。质量提升是委员会对认证所定下的核心理念。每一个寻求认证或再认证的高校都需要上交一份质量提升规划（Quality Enhancement Plan）。在这份规划中，高校需寻求校内外学术和非学术团体的广泛支持，着重为一个或数个质量提升相关问题提出简明的规划。规划需明确描述高校正面对的关于提升办学效绩或学生学习成果的挑战，并提出具体的解决策略和行动计划。

2.6 西部高等教育委员会

西部高等教育委员会是六个区域性认证机构中唯一一个将专科和本科院校分别认证的机构。事实上，它的母机构，西部教育委员会（Western Association of Schools and Colleges）下属三个认证机构，分别为高中及以下学校、专科院校、本科院校进行认证。为专科院校认证的机构（WASC-Accrediting Commission for Community and Junior Colleges）经高等教育理事会于 2003 年 1 月认可，并经美国教育部根据高等教育机会法案于 2008 年批准运行。同样，为本科院校进行认证的机构（WASC-Senior College and University Commission）也于同年经高等教育理事会认可并批准运行。

西部教育委员会成立于 1962 年，致力于推动西部地区，主要是加利福尼亚和夏威夷州的高等教育发展。2012—2013 年，西部教育委员会进行了结构上的重新调整，将不同层级的认证正式分成三个独立的认证机构。这三个认证机构有各自不同的侧重，有独立的行政和财政结构，但在名称中都含有 WASC 的字样。

在 1962 年 1 月的会议上，西部教育委员会通过了第一部会内法案。在法案中，委员会对专科和本科认证分会的组织结构做出了如下规定。专科认证分会的认证团由五人组成，任期为三年。认证团主席一名，由加州专科院校联合会的执行委员任命；两名认证员由本科认证分会任命，一名由高中及以下认证分会任命，一名由加州教育厅任命。专科认证分会的执行秘书长由此认证团任命。本科认证分会的认证团的结构类似，由六人组成，任期也为三年。认证团主席一名，由加州本科院校联合会的执行委员任命；一名认证员由高中及以下认证分会任命，一名由专科认证分会任命，并且加州本科院校联合会的主席将作为名誉会员列席。本科认证分会的执行秘书长由此认证团任命。此外，法案还说明各认证分会使用独立的认证规则，只要西部教育委员会批准即可。

3 认证的共通与不同

因为六个区域高等教育委员会都必须得到教育部或高教理事会的认可，方可进行认证工作，所以它们在认证过程中有许许多多的相通之处。例如，它们的组织结构、认证标准和认证过程都有相似之处。大体上，它们都要求待认证的高校进行自我诊察，要求高校记录所有有效地实现建校使命的举措，做出的认证决定也都依据同行审查团递交的实地考察报告和建议等。虽是如此，在大体一致的组织结构和程序下，各个高教委员会在具体操作中或有细小的特别要求，或有不同侧重。接下来，我们将结合各高教委员会的成立背景和地区特性来一一认识这些共通与不同。

3.1 自我诊察报告

自我诊察是各区域高等教育认证过程的第一步。在诊察报告中，高校通常需要明确陈述其办学是符合联邦政府的各项规章制度的。然而，各区域对报告的要求都略有不同，有可能体现在自我诊察的广度、深度、细致程度，也有可能体现在认证委员会如何在认证决定中利用自我诊察报告的内容。

中部高等教育委员会要求的自我诊察是一个全面性的，高校各层各单位都必须参与所有步骤中的全方位论述。诊察必须在学校制订的计划下认真执行，需反映学校对教育成果评估的重视，记录所有问责项目，以及提升学校质量的计划[3]。在这个看似全方位无死角的诊察要求下，其实高校可以使用三种模式中的任意一种完成论证。第一种是完全的全方位诊察；第二种是学校在保证符合联邦政府要求的情况下，选择主题，重点诊断并对结果进行阐述；第三种是邀请同区域内其他院校合作诊察。像中部高等教育委员会的第二种自我诊察模式——选择主题，重点阐述——一样，南部和中北部高等教育委员会同样允许区域内高校选择一种或几种质量提升计划进行阐述。

新英格兰教育委员会对自我诊察报告有一些比较有意思的要求。与其他区域的教育委员会一样，它也要求自我诊察报告是一份着眼全局，有机整合学校各部门工作的文件。但是，委员会要求这份文件应该讲述"一个学校整体性的故事，它要比各部门的小故事加在一起更加吸引人"[4]。高校可以根据其以往的论述风格，选择一个与自我诊察相关的主题深入阐述，独立成章；也可以选择将一个主题编入整份报告中。抑或是，正在进行重要战略规划的高校可以选取至多三个当下面临的挑战，进行深入分析。

西北部高等教育委员会的自我诊察要求与其他委员会的不同。它要求区域内高校在自我诊察的周期内按时间顺序对五个诊察标准分别做出证明论述，"第一年论述第一项标准；第二年论述第二项标准；之后依次类推"[5]。这样的方式是为了保证各项标准层层相扣，并且不间断地向高校提出不同方面的质量提升要求。另外，西北部高等教育委员会认为，与其让高校在认证结束后将所有的质量证明依据束之高阁，等待 7 或 10 年之后下一次认证的到来，不如将高校放在不间断的自我诊察、自我提升的循环内。并且，高校在对上一个诊断标准论述时收集的信息和分析处理可以被更新、扩展和修改，并有效地利用在下一个标准的诊断论述中。于是最终的自我诊察报告将会包含对全部标准的论述，成为一份整合性的报告。

3.2 同行审查和实地考察报告

所有的区域性高等教育委员会都依靠同行审查以及他们提供的实地考察报告得出认证决定。参加同行审查团队的成员是来自各方面的志愿者。他们校验高校提供的信息，审查自我诊察报告的全面性和真实性，按照认证标准来衡量高校表现，并提供他们的想法和建议。除去对高校表现的批评和建议，同行审查团队也会对待审高校展现出的工作效绩、极有前景的创新、杰出的学生学习成果等瞩目成绩提出鼓励和表扬，并提供可进一步提高质量的建议。然而，各区域性高教委员会招募同行审查员的方式，培训他们的方法，以及在实地考察前、考察中和考察结束后对审查员的期望也呈现出些许的不同。

从中北部高等教育委员会在2012年使用的同行审查员的招募要求中可以看出，它对同行审查员的职责期望在增加更多弹性的同时，也提出了更明确的要求。比如，在之前的招募要求中，中北部高等教育委员会要求90%的同行审查员必须是高校的全职员工。而2012年的要求则欢迎州教育系统、教育厅、法律从业人士、商业从业人士等公立事业人员志愿参加。在广开招募之门的同时，遴选的要求也变得更加严格。新录用的审查员先要通过为期两年的“试用期”。根据试用期的表现、待认证学校的反馈和其他审查员的评语，新录用的审查员才会被任命进入一个为期四年的审查团队中。之后，审查员必须每三年重新培训一次才能保持审查员的资格，而在中北部教育委员会采用新的认证标准时，培训更新是每两年一次[6]。

西部高等教育委员会要求审查员必须每年参加两次培训中的一次，可以实地参加，也可以通过网络授课的方式参加。训练的内容包括审阅待认证学校实地考察的各项准备工作，复习认证标准，更新关于认证政策或认证过程的认识等。另外，西部高等教育委员会的审查员有可能会被邀请参加认证决策委员会。这样，审查员和委员会的工作人员协作会更加紧密，尤其在某些专业方面，例如高校财务健康方面，对认证结果提供意见。正如中北部高等教育委员会邀请非高教人士参加审查团队一样，西部高等教育委员会也会邀请非区域内的人士参加他们的审查团队。西北部高等教育委员会也是同样的。而新英格兰教育委员会从1 500位资深教授、院长、高校行政人员或校长中仔细挑选合适的人参加实地考察（如果他们愿意参加深入培训的话）。

所有参加实地考察的审查团队最后都要提交一份实地考察报告给认证决策委员会。虽然实地考察报告的格式、提交方式，以及在认证决定中的权重在各地区间稍有不同，但这些差别非常小。南方高等教育委员会的方式尤其与众不同。他们有两个团队分别负责审阅高校提交的自我诊察报告和实地考察报告。审阅自我诊察报告的团队在收齐数个学校递交的报告后，初审团队成员各自分别审阅报告，然后团队聚集在亚特兰大市召开一个为期三天的审查会议。会议对学校的报告是否符合认证标准进行全面深入的讨论，最后达成一致意见，并对每一所学校出具一份报告。之后另一队实地考察的审查团队会到学校考察他们质量提升计划部分的工作，并就之前审查团队提出的疑问听取学校的回复。在将学校的回复和两个审查团队的意见综合考虑之后，认证决定委员会才会宣布最终的认证结果。除了南方高等教育委员会这种比较复杂的决定形式之外，其他的区域高等教育委员会都是由审查团在实地考察之后，直接向认证决定委员会提交考察报告的。认证决定委员会也将综合审查团队的意见和学校回复，并同所有认证相关的材料一起，最终做出认证决定。

3.3 认证决定

认证决定不仅仅是通过或不通过两种结果那样简单。不同的认证机构根据高校的情况不同，在不同的区域内有可能产生数种不同的决定。而且，同样的情形在一个区域内得到的认证决定，换做是在另一个区域也许会得到相反的结果。

例如，在南方高等教育委员会区域内的高校有可能得到 10 种不同的认证结果：①—②给予或不给予初次认证；③给予再次认证；④不给予再次认证，警告或查看；⑤—⑦给予、不给予，或取消认证资格；⑧警告或查看取消；⑨警告或查看继续；⑩取消会员资格。而西北高等教育委员会则有九种认证决定，其中还包括一些处罚性的决定：①给予认证资格或初次认证；②保留认证资格或再次认证；③要求学校出示对问题的改进或说明报告，并再次实地考察；④对认证资格和再认证的延迟决定；⑤警告或继续警告；⑥查看或继续查看；⑦在有可能取消认证资格和认证的前提下，继续查看；⑧不给予认证资格或不给予认证；⑨取消成员资格。

受篇幅所限，这里无法将各个区域性教育委员会的所有认证决定一一列举。各认证组织的决定都略有区别。归根结底，这些区别是各组织对他们所坚持的最深刻的认证理念的体现。举以上两个区域为例是为说明不同区域认证机构在对待和决定院校在认证中存在问题严重程度时所采纳的不同方式。认证决定的目的是以事实为依据，引起高校对问题的重视，从而达到解决问题，帮助提高教学质量、行政效率和保持学校的财务健康的目的。

3.4 初次认证

高校获取初次认证的过程可能是让人十分困惑的。区域认证机构作为高等教育“看门人”的身份在初次认证的审查过程中得到充分体现。即便是有人批评一些区域认证机构在再认证时的标准过低，他们也会承认初次认证审查时的高标准和严要求[7]。长久以来，各区域认证机构在审查初次认证时的步骤名称、委员会结构、收费和决策层级各有各的不同，但整体审查过程是相似且严格的。

第一次寻求认证的高校往往都会面临三大挑战：经济上的、程序上的以及时间上的。

初次认证的费用在各区域不同，但都价格不菲。在2017年，中北部高等教育委员会向申请进行初次认证的大学收取6 600美元，不包括三次实地考察的费用。此费用跟高校是否通过初次认证无关，即便没通过也不退款。但是，中北部高等教育委员会不要求高校在申请和通过初次认证前交付年费。南方高等教育委员会对初次认证高校收取10 000～15 000美元，而且等待认证的高校还须另付年费[8]。

对于寻求初次认证的高校来说，明晰认证步骤也并非易事，尤其是在遵循规定做自我诊察和收集认证材料等方面。中部高等教育委员会为更有效帮助初次认证的高校，将整个程序分为四个步骤：①探知；②申请；③初认证候选；④获取认证。在探知过程中，高校通常的做法是参加一个研讨会，学习整个认证流程。南方高等教育委员会也有类似的培训步骤。中北部和新英格兰区域教育委员会要求高校必须明确他们是否愿意遵循委员会制定的认证过程和标准，是否愿意成为成员高校。申请成为成员高校的过程可以是非常精细的，如新英格兰、中北部和南部区域那样；也可以是非常简明的，如西北部高等教育委员会只要求一封来自申请高校CEO的申请信和六份阐述申请资格的材料就可以了。一旦高校决意取得认证并开始申请，那么它将准备迎接彻底的审查、实地考察、初认证委员会的审查报告（南方高等教育委员会），以及所在区域认证机构认证委员会的初审决定。

初次认证需要的长时间跨度对任何一所高校来说都是挑战。如果一所高校被认为有申请认证的资格，便需要申请成为初认证候选高校，此过程需要一至两年。高校通常需要依据区域认证机构的标准进行自我诊察，需达到认证的各项标准；然后认证成员审阅高校提交的自我诊察报告和支持性材料。如果通过，认证成员会进行实地考察，并向认证委员会提交考察评估报告以及其他方面的评估报告，最后认证委员会才做出是否给予初认证候选的决定。

接下来，成为初认证候选的高校要跟认证委员们保持密切的联系，而认证委员们也在一定程度上会对候选高校进行监督指导。所有的区域认证机构都要求高校在候选期间接受中期审查或认证委员会的实地考察（南方高等教育委员会），来决定高校是否能够取得初次认证，或者评判高校向初次认证合格方向发展的速度。整个过程包括多个细节步骤（中北部高等教育委员会要求13个细节步骤），而所有步骤的完成需要坚持不懈的努力。在此之上，中北部高等教育委员会明确指出，如果高校在任何一步出现错过期限、中途放弃或没有完成规定任务的情况，高校都必须从头开始整个过程[9]。

高校取得了初认证资格并不意味着所有审查和报告的结束，而是新一轮监察和各项报告准备工作的开始。一般不超过五年时间，第一次取得认证资格的高校就必须进行重新一次的自我诊察、审查报告和评估。只有在高校第二次获得认证资格后，高校才能开始按照相对宽松一些的一般再认证步骤进行资格维护。这种看上去十分繁复的步骤正是区域认证委员会作为“看门人”的职责所在。当然，如果参加初次认证的高校在认证考察中表现优异，在一些区域内，如中部和西部高等教育委员会辖区内，这样的高校可以较快地获得认证。

各区域认证机构因地域和历史发展产生了或多或少的不同，本文也无法将所有的共通和不同都　　列明。通过比较我们会发现，美国的认证机构之间的共通处大于不同处。它们从最初具有极强的地域差别到如今的趋同经过了上百年的发展，也经历了各种挑战，最终选择了如今的认证理念与核心价值。在过去的20年间，各区域性认证机构面临了前所未有的公众质疑，从而在认证的标准、原则、侧重和程序上都做出了重要改进。接下来，我们来了解认证机构在面对质疑和挑战后所做出的重要改变。

4　20年间的重要改变

Gaston在他2013年的著作《高等教育认证》中回顾并总结了美国高等教育认证在过去数十年发展过程中的重要改变，侧重强调了高教对于公众职责、管理、文化和质量评审的理念变迁[7]。本节挑选四条最具代表性且有重要意义的内容进行学习讨论。

4.1 认证应强调教育质量

毫无疑问，确保高校的教育质量是认证部门制定认证标准的基石。尽管各区域认证机构采用了略有不同的方式评定一所高校的教育质量，但质量评估在认证过程中首要地位在任何区域都是相同的。就拿西部高等教育委员会出台的五评委会制度来说，五个评委会分别从五个不同方面来评定高校的教育质量是否满足评估标准。其中，资格评委会（Eligibility Committee）对申请院校进行初审，决定它是否满足认证的最低要求，是否有资格进入更细致的审核活动；之后财务评委会（Financial Committee）针对院校的财务健康进行审查，并对其中存疑的方面进行更细致的审查；另外返校和毕业率评委会（Retention and Graduation Committee）和审查院校对委员会在中期审核中提出问题作出何种改进的中期评委会（Interim Report Committee）在这两个方面进行专门的审查，最后重大改变评委会（Substantive Change Committee）就院校提交的重要改变申请进行审查。西部高等教育委员会的五评委制度对教育质量进行五个方面的审查评定只是诸多方式中的一种。事实上，各个区域性认证机构都有专门的机制对申请院校进行质量评定，例如南部高等教育委员会要求的质量提升计划（Quality Enhancement Plan）和中北部高等教育委员会提出的质量提升倡议（Quality Initiative）方案等。

4.2 认证应强调产出而非投入

早在 20 世纪 80 年代，认证机构就将认证的重点放在了产出上，而其核心便是对教育质量的核准评估。而到了 21 世纪之初，学生学习成果的评估更是作为评估高校整体教育质量中的重中之重被各认证机构在认证过程中反复强调。2010 年一份面向全美国区域性认证机构的问卷调查表明，几乎所有的区域性认证机构都存有切实的证据表明目前的认证方向已经由教育投入转移至教育产出，尤其将学生学习成果作为最重要的教育产出之一。

为了让成员高校按照认证标准对教育质量进行合理的自检评估，各认证机构积极提供各种讲座、咨询服务和指导性文件。新英格兰教育委员会实施的两段式评估就是一个典型例子。在 2010 年出版的针对高校成果产出评估的文件中，新英格兰教育委员会明晰了对成果评估的两段式要求[10]。

第一阶段要求高校“明确有专门对教育质量进行评估的机制”；第二阶段则要求高校“证实学生取得的学习成果”。换句话说，第一阶段明确高校有责任了解学生在校期间内到底学习到了什么；第二阶段则明确高校有责任提高学生的学习成果。除了提出上述要求之外，委员会为各成员高校分别举出了不同阶段的具体例证以供参考，并要求高校完成三张关于学习成果的数据表格，作为自我诊察报告的附件内容上交。而在如何引导高校更好地重视并提高学生学习成果方面，委员会的执行主管芭芭拉·布里廷厄姆（Barbara Brittingham）也在她 2013 年的著作中做出了表态，认为认证机构以往对于产出和学习成果的要求不够明确，应该“问更好的问题，以便引出更好的答案”[11]。

中部高等教育委员会采取的认证方式异曲同工。在第 12 版的认证手册《杰出的要素》中开宗明义地指出，认证将高校的质量评定和学习成果的评估作为首要任务[2]。在其十四条认证标准中的两条，即第七条和第十四条，就院校效绩和学习成果评定给出了明确的标准。其中，第十四条用超过 2 000 字的篇幅透彻细致地描述了对于学生学习成果评定的四部分要求，包括：①以书面方式清晰阐述高校认定的主要学习目标；②课程设置、学科建设和学习体验以服务学习目标为目的，明确这些设置可以为学生提供足够的机会完成学习目标；③有特设的评估机制评定学习目标的完成；④评估的结果会被用于进一步提高和完善教学过程。

4.3 认证应保护高等教育的多样性

高等教育为公众提供侧重点不同的教育。即便不是专科教育的院校，根据历史因由、教育资源、地理位置、科系设置，或是教学方法等不同，高校间会产生不可忽视的多样性。而对于各有特色的高校，认证机构应尊重并保护高校的特点特色，并在认证的过程中充分将高校的建校使命和教学目标考虑在内。

南方高等教育委员会一向以认证要求精细繁杂闻名于认证领域。在 2001 年前的认证手册版本中，南方高等教育委员会的再认证有 12 条核心标准、52 条普遍适用要求，以及 8 条联邦法规规定（Federal Compliances）。在认证要求的描述中，一共使用了 462 个“必须”。南方高等教育委员会的成员高校必须使用统一的测评方法，其测评结果必须达到所有的认证标准才可完成再认证。而在 2011 年使用的最新版本中，再认证标准有了非常大的改动。高校只需完成两个自我诊察报告，一个用来重点陈述高校满足委员会认证标准和规定，另一个则着重指出高校所面临的具体问题和解决措施。经过改革后的认证程序充分承认了各申请高校的建校使命和教学目标的不同，并在高校自我设立的使命和教学目标的框架内评定教学质量。同样在这个框架下，委员会对高校在面对具体问题时所采取的解决措施和产生的结果进行评定。

在西部高等教育委员会最近的一次认证手册修改中，对高校间的多样性也做了更明确的尊重和保护。在 2012 年的修改中，西部高等教育委员会一方面强调了在认证中实现对“透明、成果和教育质量”的重视，另一方面也展示了对“院校的多样性和自主性”的尊重[12]。委员会要求所有待认证的高校清晰明确地陈述建校使命，从而为之后对教育成果和质量是否和使命一致的测评建立框架。西部教育委员会的这次认证改革为高校阐述其学位价值、设立质量标准、选择评估方法、描述发展愿景，并在高校各有特色的建校使命的框架下定义了成功的标准。

4.4 认证应对公众提供更多有效信息

2012 年，西部高等教育委员会在网站上公开发布了他们对所有申请初认证或再认证的高等院校的全部评估报告和认证决定[12]。这是一项前所未有的创举，是西部高等教育委员会建立更高问责度、更高透明度的认证程序的决心，也是对公众的严肃承诺。时任委员会主席的拉尔夫·沃尔夫(Ralph Wolff) 指出这是确保委员会能够真正达成认证目的的几项重要改革中的一项。认证的最终目的即是保证：当一个学生从一所被认证的高校毕业时，这意味着他/她完成了一个高质量的学位，并且他/她在这所高校接受的专业教育足以为他/她步入社会后的成长做好长足准备。

如果只能用一个词语概括 2013 年中北部高等教育委员会的重要决策变更的话，那这个词应该是“透明”。自 2013 年起，中北部高等教育委员会也决定公开发布与初认证、再认证或与认证资格有关的认证决定和各成员高校认证状态，其中高校的联邦法规合规报告也将发布在互联网上。其他区域的认证机构也在积极实施提高透明度的举措。例如南方和新英格兰地区的委员会规定，高校应尽量避免只在学校网页上发布认证有关决定的节选内容，而应将认证决定的完整文件和认证状态公诸于世。同时，新英格兰教育委员会不但在自己网站上发布对于高校自我诊察的审查意见，也鼓励成员高校在委员会做出决定之后积极公布与认证相关的文件。

5 总结

本文概括比较了美国高等教育认证制度的共通与不同，并总结了在过去的20年间所发生的重要变化。经历了从发生到发展的不同路径，时至今日，各区域性认证机构在认证标准、认证理念，以及对公众和高等教育领域所承担责任的认知上已近趋同。如今的认证机构将定义教育质量和产出的部分责任交给申请认证的高校。然后，再引导高校采用合理的方法对自身的教育质量和产出做出分析判断。这样做，一方面是出于对高等教育多样性的保护，另一方面也是为了促进高校成长，激励动力，将认证中产生的认知迅速、不间断的转化为质量提升。认证，应尽量减少对高校日常活动的影响，不应促使高校为了认证而认证。

需要指出的是，并不是所有的区域性认证机构都经历了本文描述的所有改进。而且，即使是做出了改进，各认证机构的改进程度也不尽相同。想要了解各区域的认证细节还应以其公布的最新认证指导文件为准。

参考文献

[1] Middle States Commission on Higher Education. 90th Anniversary 1919—2009: Highlights from the commission's first 90 years[DB/OL]. Philadelphia, PA: MSCHE, 2009. https://www.msche.org/publications/90thanniversaryhistory.pdf.

[2] Middle States Commission on Higher Education. Characteristics of excellence in higher education: Requirements of affiliation and standards for accreditation [DB/OL]. Philadelphia, PA: MSCHE, 2006. https://www.msche.org/publications/CHX-2011-WEB.pdf.

[3] Middle States Commission on Higher Education. Self study: Creating a useful process and report [DB/OL]. Philadelphia, PA: MSCHE, 2012. http://www.msche.org/publications/SelfStudy2012FINAL.pdf.

[4] New England Association of Schools and Colleges. The self-study[DB/OL]. Bedford, MA: NEASC, 2017. https://cpss.neasc.org/sites/cpss.neasc.org/files/downloads/2017_Accreditation_Handbook/Self_Study.pdf.

[5] Northwest Commission on Colleges and Universities. Standards for Accreditation[DB/OL]. Redmond, WA: NWCCU, 2010. http://www.nwccu.org/Pubs%20Forms%20and%20Updates/Publications/Standards%20for%20Accreditation.pdf.

[6] Higher Learning Commission. Standards of conduction: PEER. A. 10. 040[DB/OL]. Chicago, IL: HLC, 2013. https://www. hlcommission. org/Policies/standards-of-conduct.html.
[7] Gaston P L. Higher education accreditation: How it's changing, why it must[M]. Stylus Publishing, LLC, 2013.
[8] Southern Association of Colleges and Schools. Dues, fees and expenses: Policy statement [DB/OL]. Decatut, GA: SACS-COC, 2016. http://www.sacscoc.org/pdf/081705/Dues.pdf.
[9] Higher Learning Commission. Seeking accreditation[M]. Chicago, IL: HLC, 2017. https://www.hlcommission.org/Accreditation/obtaining-accreditation.html.
[10] New England Association of Schools and Colleges. Focusing on Outcomes[DB/OL]. Bedford, MA: NEASC, 2010. https://cihe. neasc. org/sites/cihe. neasc. org/files/downloads/PUBLICATIONS/Focusing-on-Outcomes.pdf.
[11] Brittingham B. Author's notes on panel discussion at annual meeting of the Association of American Colleges and Universities (AAC&U)[C]. Atlanta, GA, 2013.
[12] Western Association of Schools and Colleges. Postsecondary accreditation manual[DB/OL]. Alameda, CA: WASC, 2013. http://www. acswasc. org/pdf_postsecondary/PostsecondaryManual2013.pdf.
[13] Southern Association of Colleges and Schools. Handbook for institutions seeking reaffirmation[DB/OL]. Decatut, GA: SACS-COC, 2011. http://www.sacscoc.org/pdf/081705/Handbook%20for%20Institutions%20seeking%20reaffirmation.pdf.
[14] Western Association of Schools and Colleges. WASC sets example of accountability, transparency in higher education[DB/OL]. Alameda, CA: WASC, 2012. https://www. wscuc. org/annoucements/wasc-sets-example-accountability-transparency-higher-education.

第三章 高等教育问责

美国高等教育问责制及其工具

美国高等教育财务问责制

美国高等教育问责制及其工具

Accountability and Its Tools in Higher Education in the U.S.

艾琳·霍姆斯 博士
院校研究副教务长
美国阿拉斯加大学-安克雷奇校区 (University of Alaska Anchorage)

蔡三发 博士 编译
同济大学发展规划研究中心主任、研究员
于梦婷 编译
同济大学经济与管理学院

摘要 美国高等教育问责制运动可追溯到20世纪80—90年代。但也有证据表明，自1636年哈佛大学成立以来，问责制一直是高等教育讨论的主要话题。过去30年，高等教育问责制承受的压力确实有所增加，并且在可见的未来，这种趋势将会持续下去。本文首先讨论了问责制的定义，然后以政治问责模型视角讨论了美国独特的问责制工具，例如，美国高等教育数据系统、联邦记分卡、学院导航和州政府效绩机制等。最后，本文将讨论院校研究在问责制中发挥的作用。

Executive Summary While literature traces the higher education Accountability movement to the 1980s and 1990s there is evidence that accountability has been a topic for higher education since the founding of Harvard in 1636. The pressures to be accountable have certainly increased over the last three decades and the trend continues for the foreseeable future. This chapter begins by discussing the definitions of accountability. The chapter discusses the unique accountability tools in use in the United States such as the Integrated Postsecondary Education Data System

(IPEDS), the Federal Scorecard, College Navigator, and State Performance Mechanisms through the lens of an accountability model developed for World Politics. Finally, the chapter discusses the role played by institutional research in accountability processes.

1 引言

> “教育是作为自由公民存在所必需的。”
>
> ——托马斯·杰弗逊(Thomas Jefferson)

自1636年哈佛大学及其董事会成立以来，美国高等教育问责制便已存在，并一直承担其责任[1]。如今，大学需对学生、董事会、公众或私人捐助者、认证机构以及政府负责[2]。高校是公共和私人财产的管理者，并且最重要的是，高校应该对学生的学术成果负责[3]。人们对高等教育机构的评价褒贬不一，一些人认为高等教育机构是美国最负责任的机构之一，而另一些人则持反对意见[4]。

高等教育是为了公共利益还是个人收益已成为问责制关注的焦点。可以先从高等教育是“对个人……和经济及社会保障都是至关重要的”的话题入手来寻求答案[5]。从公共角度看，高等教育问责应侧重于劳动力开发、经济增长和公共资金投资回报。如果高等教育被理解为私人财产，那么问责制侧重于实现个人利益，如顺利毕业、掌握特殊技能、找到一份好工作或拿到更高的薪水[6]。

无论侧重点是什么，问责制都越来越受关注，导致院校研究工作面临巨大压力。值得注意的是，院校研究专职人员并不对学生或院校的科研成果负责，他们只代表高校，向公众传达有关此方面的信息。

院校研究中用于交流院校信息的方式越来越多，且越来越复杂。随着高校问责侧重点从规范性(Compliances)报告转向了解和预估学生学术成果，相互沟通对院校研究越来越重要[7]。事实上，美国教育委员会指出，“(问责)所使用的证据必须能被公众理解，而不是只需业内人士能理解即可”[3]。

本文首先讨论问责制相关定义，将出自文献中的问责模型应用到高等教育中，并讨论院校研究在各种模型中的特殊地位。最后，本文将举例说明美国在实施高等教育问责制时使用的一些具体工具或方法，并介绍这些方法是如何与模型以及问责制中院校研究所扮演的角色相匹配的。

2 问责的定义

严谨的问责定义应包括以下要素：谁在问责，问责什么，对谁问责，如果发现问责人缺失，会发生什么？这是 Keohane 和 Grant 在 2005 年提出关于问责的定义，其中更明确了："问责……意味着一些行为人有权要求另一些行为人按标准行事……若不遵守标准，他们将受制裁。[8]"

牛津英语词典将问责定义为，对其个人的行为负责。这个定义包括了谁是问责人，以及他/她对什么行为负责。但这个定义并不完整，因为它既不涉及对谁负责，也未涉及潜在的制裁方式。公共管理文献中的问责制定义进一步概述了"对谁问责"和"为什么问责"："就特定的组织职务或社会行为，人们必须就某个行为向上级——法律或组织——做出答复。[9]"

Kearns 对高等教育的定义是："教育机构需承认，公众享有更高的权威……必须对公众的信任和声誉负责。"[10]美国教育委员会给出了一个狭义的问责制定义：问责制"向公众展现和解释目标达成情况"[3]，该定义能对院校研究时的学术交流做出指导。然而，这些定义都没有提到，如果高校行为不符合标准，它将受到怎样的制裁，这是问责制定义不可缺少的一部分。

3 改进的授权问责模型

为什么要开发问责制模型？模型帮助学者构建概念，定义角色，并了解事物的运作方式。换句话说，模型有助于理解院校研究在问责制中起到的间接作用。之所以是间接作用，片面地看，是由责任人的制裁措施决定的。一般来说，如果高校审核未达标准，那么公众以及认证机构制裁的是高校而不是院校研究部门。但如果报告不准确或有误导性，那院校研究部门需承担责任。

不幸的是，高等教育文献中缺乏相应的问责制模型。因此，本文作者试图在政治领域的文献中寻找已有的模型，来帮助理解高等教育问责制，并说明院校研究在问责制中发挥的作用。Koehane 和 Grant 构建了两个基本模型用于解释政治领域中的问责制：参与模型和授权模型。在参与模型中，个人或群体被机构行为影响从而拥有对机构问责的能力或者权力。此模型假设所有参与者与其相关者之间具有对等的权力[8]。由 Rubenstein 提出的参与模型假设，权力持有者"不能对责任人做一些责任人不希望他们做的事"[11]。然而在学校，教师可以确定学生的成绩，并决定他们能否继续学业，这就削弱了权力持有者（学生）与责任承担者（教师）间的权力关系。在这种情况下，由于学生制裁能力有限，他们唯一制裁学校的方式是弃学。这种制裁很大程度上不被高校重视。因此，参与模型不适用于理解高等教育问责制，因为高校行为影响的主体是学生。

最合适的高等教育问责模型是 Keohane 和 Grant 提出的授权模型。在该模型中，首先筛选出遭受过不平等权的人，然后从中选出代表，并将高校问责权赋予这些代表。在授权模型中，负责人或负责机构被称为权力持有者（power wielder）。在高教领域，权力持有者往往是高等院校。问责权力持有者（accountability holder）是由学生、公众或捐赠人授予权力的实体构成。问责权力持有者可以是政府或认证机构，他们与权力持有者（高等院校）协商制定问责标准。一旦标准达成，院校研究专职人员便会向问责权力持有者——政府或认证机构提供相关信息，如果信息不可信或缺失，问责权力持有者有权对权力持有者实施制裁。

Keohane 和 Grant 指出，在问责过程中，由院校研究提供的信息和沟通渠道起到了至关重要的作用[8]。后文中将讨论的高校教育问责机制（财务、法律、市场、同行和公共声誉等）将依赖此渠道来推动院校研究进程。在《院校研究的志向实践声明》一文中，院校研究协会（the Association for Institutional Research）再一次强调了院校研究的地位和作用，并提出院校研究专职人员的工作内容更多地是创建一个便捷式存取数

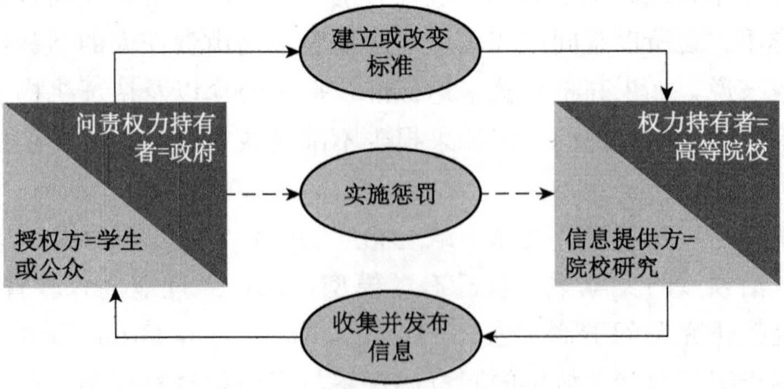

图 1　调整后的授权问责模型

据平台，以激励决策者利用数据做出决策[12]。

Keohane 和 Grant 在定义授权模型时，将问责概述为七个方面：等级制、监督、财务、法律、市场、同行和公共声誉[8]。尽管所有这些问责的领域可能高等教育中都存在，但其中五个方面尤为重要：财务、法律、市场、同行和公共声誉。下文将叙述问责工具是如何运用于这五个方面的。

4 问责工具

高教文献中关于高教问责所使用的工具已有详细讨论。然而，很少有文献对目前正在使用的工具类型及其特性，以及院校研究在沟通和发展中所起的作用进行详细阐述。本节将概述这些工具的特性与用途，并描述这些工具在院校研究中的使用。

首先，工具的定义是“手持的，用于执行某个特定功能的装置”。在公共行政中，公共工具被定义为“通过集体行为来解决公共问题的一种特定方法。”[11]。

正如锤子和螺丝刀具有不同的特性和用法，问责工具同样具有不同的特性与使用方法，这取决于它们所要解决的问题。一些工具，例如美国教育部高等教育数据系统（The Integrated Postsecondary Education Data System，IPEDS），为高等教育提供特定问题的解决方案，而另一些工具，旨在向公众提供信息，例如高校记分卡（College Scorecard）。下面对各种经常使用的工具进行具体的描述，如权利持有者、问责权力持有者、问责机制、标准和制裁（如果有的话）。

4.1 学生工具

如前文所述，学生制裁大学的能力有限。他们并没有上述的问责工具，制裁大学的唯一方式是弃学。除非影响整体入学率，否则这种基于市场的机制很大程度上不被大学重视。

4.2 联邦工具

1965 年，美国总统林登·约翰逊签署了《高等教育法》（*Higher Education Act*），扩大了联邦财务助学计划的范围，致使联邦政府开始收集和整理关于高等教育机构的各类信息。1998 年高教修订法要求收集更及时有用的高教信息，包括要求高校上报全日制本科生学费和其他费用等。通过改进 1966 至 1987 年的高教一般信息调查（Higher Education General Information Surveys）数据收集系统，联邦政府逐渐实现了其收集大学数据的目的[13]。这些报告综合起来，形成了目前的美国教育部高等教育数据系统，通常称为 IPEDS。2002 年，《教育科学改革法》（*Education Sciences Reform Act*）授予国家教育统计中心"收集、报告、分析和传播与美国教育有关的统计数据"的权利。2008 年，美国国会通过了高等教育机会法案（*Higher Education Opportunity Act*），并明确要求参与联邦助学计划（Title IV Financial Aid Program）的各大高等院校必须要实现财务和大学信息透明化[14]。以下提到的有关美国教育部的联邦问责工具都是为了确保高等教育机构提供的信息符合这些法案，并且促使高校信息对学生和学生家长更加透明。

(1) 高等教育数据系统（IPEDS），是美国高等教育问责制的支柱。IPEDS 是涵盖高校一系列基本特征的总称，包括学位授予、新生录取、全年和秋季入学人数、财务、学生助学金、毕业率、图书馆和人力资源。国家教育统计中心（the National Center for Educational Statistics，NCES）是负责收集和管理该系列调查的政府机构，也就是问责权力持有者。院校研究部门每年向 NCES 提交三次数据。数据在通过 NCES 验证后可提供给研究人员、政策制定者等使用。这些数据也成为其他问责工具的基础，包括学院记分卡，学院导航（College Navigation）和院校可负担能力及透明度中心调查（College Affordability and Transparency Center）。按照财务问责机制，美国教育部要求所有参与联邦助学计划的高校每年都如实提交这些调查数据。高校若未按照要求提交数据，则无法加入联邦助学计划，并对该院校处以 35 000 美元的罚金。联邦助学计划是向学生发放联邦助学金的法规总称，目的是使学生能担负起大学学费。尽管助学金的受益人是学生，但助学金需要通过高校发放给在这所学校就读的学生。如果高校不能参与到联邦助学计划，学生在该校就得不到这笔资助，于是学生就不会选择来这所高校就读，那么这所高校就会面临停运的危机。

(2) 高校记分卡。参照高等教育机构法案，美国奥巴马政府于 2013 年 2 月发布了高校记分卡。高校记分卡为学生及家长提供更多关于学院教育的信息，以便为学生及家长择校做参考。记分卡提供关于学院费用、毕业率、贷款违约率、平均贷款总额和毕业生就业结果的一站式信息[15]。高校记分卡的数据来自 IPEDS，并以图形的方式呈现给学生和家长。高校记分卡由美国教育部负责，并且 IPEDS 调查的数据也由他们负责管理。学生和家长根据高校记分卡的信息选择目标院校。

两种机制迫使高校必须为自己的效绩负责：市场问责和公共声誉问责。市场问责是指行为人（学生或家长）有权拒绝权力持有者（高校）的要求。市场问责机制向学生和家长提供足够信息，使他们能在择校时做出明智的选择。高校记分卡被用来捕捉使用者的偏好，这刚好与公共声誉问责制的执行标准相匹配[8]。两种机制均能影响学生的选择，可能造成低入学率以及低学费收益。

这两种机制都不直接影响院校研究，院校研究专职人员负责审查相关的院校信息，并通过 IPEDS 来更新这些信息。如果 IPEDS 提交的信息是正确的，那么院校研究专职人员可以认定包含在记分卡中的信息是正确的。

（3）学院导航。学院导航主要是面向用户的，并在择校时起指引作用的网站，学生及其家长能在学院导航中搜索到超过 7 000 个院校信息。院校信息依旧由 IPEDS 提供，并由美国教育部维护。学院导航为即将步入高校的学生提供院校的各方面信息，而不仅仅是院校的科研成果（如大学记分卡）。该网站允许学生搜索符合特定标准的学校，如授予学位类型、学科设置、公立或者私立等。与学院导航相匹配的问责机制是市场问责。同样，学生根据搜索结果选择是否就读某所学校。学生弃学可能会导致较低的入学率和学费收入，这点类似于高校记分卡。学院导航的主要问责权力持有者依旧是美国教育部，因为他们要求有资格参与联邦助学计划的高校向 IPEDS 提交数据。

（4）有酬就业。为了避免学生被某些营利性教育机构欺骗，奥巴马政府在 2011 年颁布规定，要求美国教育部公示教育信息，帮助学生了解自己在学校得到的教育是否与他们支付的学费等值[16]。对于所有参与联邦助学计划的学科项目，高校都必须向美国教育部和可能就读的学生提供“所有营利和非营利教育机构提供的所有非学位教育项目，以及所有培训机构提供的培训课程”相关的信息[17]。同时，需要公示的信息包括学生待入的行业、学费和杂费、正常完成学业的时间、毕业率、就业率和教育贷款总额[18]。信息公示旨在帮助学生做出明智选择，避免被营利性教育机构欺骗。该部分主要的问责机制依旧是市场问责制。与前两个工具，大学记分卡和学院导航一样，美国教育部是主要的问责权力持有者。院校研究员是主要的信息提供者（通常与学生助学金部门合作）。但是有酬就业的问责方式没有设置最低门槛。即使教育机构提供的信息不符合标准，他们也不会直接受到教育部的制裁。

（5）院校可负担能力和透明度中心。获得大学学位的重要性和成本连年递增。联邦政府正面承认这两方面的增长，并通过大学负担能力和透明度中心向学生、他们的父母和公众提供关于每年教育成本增加的信息。该中心每年会列出大学学费、杂费和生活费增幅最大的高校名单，这在高校研究圈中称为“黑名单”。关于学杂费和生活费的信息均来自 IPEDS。这里使用的依旧是市场问责的机制。

4.3 认证机构和认证工具

有关高等教育认证的地位和作用将会在本书的其他部分讨论。在美国，认证是实施问责的重要工具，我们将结合授权问责模型进行研究。根据 1965 年《高等教育法案》的要求，高校必须取得认证才能参与联邦助学计划。认证失败会对高校及其学生造成巨大的财务影响。认证过程是在同行间进行的，即由其他院校相关人员进行评审。评审内容包括，高校是否履行其使命，以及是否为学生提供优质教育[19]。评审过程体现了授权模型中的同行问责机制。地区性认证机构是责任相关者，并与高校人员、组织成员和董事会成员合作制定标准。另外，认证造成的庞大的财务影响不可忽视，因此，必须将财务问责机制也纳入其中。制裁方法显而易见，“当委员会认为该高校严重违反一项或多项认证标准时”，该高校将被认定为认证失败[2]。

一般来说，地区性认证机构每年都会要求已认证高校递交年度报告和自检报告。院校研究专职人员是否能在提交报告过程中发挥核心作用，这点不得而知。然而，随着认证的重点从教育投入转向教育产出，院校研究所的职责，正在从提供关于学生、教师和工作人员的一般数据，转向学术成果的相互交流。

4.4 州政府问责工具

IPEDS 数据中心显示，截至 2015 年，美国由州政府管理的高校有 1 541 个。在问责制模型中，每个州的问责制实施要求不同，各所高校在某种程度上都受州政府资助，导致州政府及其相关部门成为责任人。因此，基于效绩的问责措施以及临时州政府报告包含复杂的问责机制。全美有35个州设有基于效绩的财务问责机制，如果高校未能达到或超过预期的效绩，州政府将削减资助[20]。根据州法令和制度问责机制，州长或州立法机关可以解雇效绩不佳的高校行政人员。值得注意的是，正如州级授权法会被国家级授权法取代，州级法定问责机制也可能会被取代。

5 授权模型中的院校研究

基于问责制，授权模型中的院校研究仅限于向责任人（无论是联邦政府、州政府、管理理事会或政府机关）准确和及时传达信息。院校研究专职人员不直接对高校学生以及高校财务状况负责，但并不意味着院校研究与高校毫无关系。随着高校间教学以及科研交流变得越来越频繁，院校研究专职人员们承受的压力也随之增加。如今，一名合格的院校研究专职人员必须具备更加全面的预测分析以及研究设计能力。在学术交流时，以业外人士容易理解的方式表达，避免使用术语，这也是院校研究专职人员必备的技能。

6 结论

尽管本文列出的责任人和问责工具并不详尽，但从授权问责模型的视角，本文论证了问责制如何在美国高等教育中发挥作用，以及它是如何应用到实际研究中的。不幸的是，授权模型也揭露了高校在面对学生时是如何规避责任的。学生与高校间的不平等权力关系以及学生的有限的制裁权，造成了高校应承担的责任转嫁给了其他责任人。这些当事人构建工具和机制，旨在设立标准、获取信息以及代表学生实施制裁。值得肯定的是，责任人在向学生提供信息方面起着巨大的作用。如果这些组织和团体不采取措施，那么有些信息就无法得到。尽管当事人会收到许多投诉，但他们最终的目的是服务学生和整个社会。

授权模型的观点肯定了院校研究在高校问责制中的作用。正如文献所述，对于要向学生学习成果负责的高校来说，与学生或公众相互交流是极为重要的。授权模型突出了相互交流在院校研究中的作用，并促使院校研究专职人员改变呈现院校信息的方式。

表 1　问责工具列表

问责工具	描述	问责机制	问责权力持有者	授权方	惩罚
高等教育数据系统	调查包括：高校概况、学位授予、新生录取、秋冬季入学人数、财务、学生助学金、毕业率、图书馆和人力资源。数据可以通过 IPEDS 数据中心获取	财务问责制	美国教育部、国家教育数据统计中心	学生、家长及一般公众	不申报数据的高校将不被允许参与联邦助学计划，并处以 30 000 美元罚款
高校记分卡	高校记分卡旨在向学生及家长提供充足的高校教育信息，以便他们做出更明智的选择。记分卡提供关于高校费用、毕业率、贷款违约率、平均贷款总额和毕业生就业结果的一站式信息	公共信誉问责制	美国教育部，国家教育数据统计中心	学生、家长及一般公众	学生根据记分卡显示信息决定选择哪所高校就读
学院导航	高校搜索网站，旨在提供信息，便于学生和家长了解 7 000余所高等院校相关信息，以便找到合适的学校。院校信息由 IPEDS 提供，并由美国教育部维护	公共信誉问责制	美国教育部	学生、家长及一般公众	学生根据学院导航显示信息决定选择哪所高校就读
州内效绩拨款制	高校定期向州政府汇报效绩，并以效绩作为州政府拨款的依据	财务问责制、法规问责制、领导问责制	所在州立法机关、州政府和高校领导	学生、家长及所在州居民	可能失去部分或全部州政府拨款及其他财务支持
认证	认证是美国高校为验证教学能力和学位价值而必须取得的业内资格。认证由同行做出，并对学校进行全方位质量评审	同行问责制、财务问责制	认证机构	美国教育部、学生及其父母	取消认证，失去认证的高校将失去高教领域的信誉度并失去进入联邦助学计划的资格
弃学	学生选择他校或主动放弃学业	市场问责制	无	学生（无授权）	学费收入降低
院校可负担能力与透明度中心	向学生及其父母或公众提供关于每年教育成本增加的信息，每年列举出大学学费、杂费和生活费增长最大的高校名单，信息来自学院导航网站，每年 7 月 1 日更新	公共信誉问责制	美国教育部	学生及其父母或一般公众	无

参考文献

[1] Hall P D. A historical overview of philanthropy, voluntary association, and nonprofit organizations in the United States, 1600—2000[M]. Nonprofit Sector: A Research Handbook, 2006, 32-59.

[2] National Commission on Accountability in Higher Education. Accountability for better results: A national imperative for higher education[DB/OL]. (2005). http://www.sheeo.org/resources/publications/accountability-better-results.

[3] American Council on Education. Public accountability for student learning in higher education issues and options[M]. Washington, DC, 2004.

[4] Eaton J S. Accountability: An 'old' issue in a new era[M]. Inside Accreditation, 2009, 5(4).

[5] Council for Higher Education Accreditation. Accreditation, professional interest and the public interest: Conflict or convergence? [M]. Inside Accreditation. 2(6), 2006.

[6] McPerson P, Shulenburger D. Improving student learning in higher education through better accountability and assessment[M]. National Association of State Universities and Land-Grant Colleges, 2006.

[7] Fuller C. The history and origins of survey items for the Integrated Postsecondary Education Data System[M]. National Postsecondary Cooperative. Washington, DC: US Departement of Education, 2011.

[8] Keohane R, Grant R W. Accountability and abuses of power in world politics[J]. American Political Science Review, 2005, 99(01):29-43.

[9] Shafritz J M. Dictionary of Public Policy and Administration[M]. Colorado: Westview Press, 2004.

[10] Kearns K P. Institutional accountability in higher education[J]. Public Productivity & Management Review, 1998, 22(2):140-156.

[11] Rubenstein J. Accountability in an unequal world[J]. The Journal of Politics, 2007, 69(3):616-32.

[12] American Council on Education. Public accountability for student learning in higher education issues and options[M]. Washington, DC, 2004.

[13] Fuller C. The history and origins of survey items for the Integrated Postsecondary Education Data System[M]. National Postsecondary Cooperative. Washington, DC: US Departement of Education, 2011.

[14] National Center for Education Statistics. Statutory requirements for reporting IPEDS data. [DB/OL]. (2015). https://surveys. nces. ed. gov/ipeds/ViewContent. aspx?contentId = 18.

[15] College Scorecard. Federal Student Aid[DB/OL]. (2016). https://studentaid.ed.gov/

sa/about/announcements/college-scorecard.

[16] Hamilton J. Obama administration announces new steps to protect students from ineffective career college programs[DB/OL]. (2011). https://www.ed.gov/news/press-releases/obama-administration-announces-new-steps-protect-students-ineffective-career-college-programs.

[17] Dear Colleague Letter. Federal Student Aid[DB/OL]. (2011). http://ifap.ed.gov/GainfulEmploymentInfo/.

[18] Dear Colleague Letter. Federal Student Aid[DB/OL]. (2012). http://ifap.ed.gov/eannouncements/112312GEAnnounce42DisclosureofGEPrograms1112.html.

[19] Council for Higher Education Accreditation. Statement of mutual responsibilities for student learning outcomes: Accreditation, institutions, and programs [M]. Washington, DC, 2003.

[20] Hilman N. Why Performance Based College Funding Doesn't Work[R/OL]. (2016). https://tcf.org/content/report/why-performance-based-college-funding-doesnt-work/.

[21] Salamon L M. The tools of government [M]. New York: Oxford University Press, 2002.

美国高等教育财务问责制

The Financial Accountability of U.S. Higher Education System

汤姆·休斯（Tom Hughes）博士
机构效绩与研究主任
美国亚瓦派学院（Yavapai College）

克林特·尤厄尔（Clint Ewell）博士
财务与行政副校长
美国亚瓦派学院（Yavapai College）

蔡三发 博士 编译
同济大学发展规划研究中心主任、研究员
于梦婷 编译
同济大学经济与管理学院

摘要 本文探讨了美国高等教育财务问责制，以及美国高教为了提高财务透明度，将成本效益与成功的学生学习成果相结合所付出的努力。本文首先讨论了财务问责制的定义；然后概述高等教育经济状况的关键要素，以便了解目前在大学推行的财务问责制的活动和项目；接下来进一步阐述高等教育为提高使用公共投资产生的成效所做出的努力。本章的结尾扼要强调了一些关键要素，并提出对未来高等教育财务问责制的愿景。

Executive Summary This chapter investigates the expanding scope of financial accountability in U. S. higher education and the efforts to increase transparency, and to link cost effectiveness with successful student outcomes. The first section considers the definitions of financial accountability. Next, we outline the key elements of higher education economics necessary to understand financial accountability movements and projects used in colleges and universities today. The ensuing section presents efforts to improve efficiency and cost effectiveness related to public investment in higher education. We end the chapter with a recap of key elements and share our vision for the future of higher education financial accountability.

1 引言

在美国，高等教育财务问责制的呼吁空前高涨。与财务相关的问题，诸如学费上涨、州政府资助减少、学生债务增加以及教育质量问题，都引起了学生和政府等的关注[1-2]。也许更重要的是，就读大学成本的快速上涨推动了对于财务问责制的迫切需要。美国大专院校委员会（The College Board）报告称，公立两年制和四年制大学在过去 30 年实际的学费和杂费（通货膨胀调整后）分别增加了 142%和 222%[3]。由于大学学费的上涨和工资的停滞，许多美国人怀疑大学教育是否是一项值得的投资。

据美国大专院校委员会报告，州政府对每个全日制学生的资助额几乎创 30 年最低[3]。在最近的经济衰退期间，各州为保证必选的项目投资（例如医疗保健、道路、监狱和中小学教育），对公立教育缩减了资金投入。这与奥巴马政府展望的美国拥有大学学历人口的比例将提高至 60%的目标背道而驰[4]。奥巴马认为受过大学教育的劳动力在日益全球化的经济中具有竞争优势。

1970 年，美国拥有高等教育学历的人口比例居世界第一。但是在那之后，教育程度停滞不前[5-6]。而今，最新的经济合作与发展组织（Organization for Economic Cooperation and Development）的报告称，据 25 至 34 岁的成年人中拥有高等教育学历的人口比例排名，美国位列第 12 位，这意味着国家经济在未来的竞争中将处于劣势。没有大学学历，6 000 万美国人将被困于低收入工作中，无法支撑家庭开销[5]。

为了应对州政府财政支持的减少，公立大学选择提高价格，而不是削减成本，于是导致学杂费大幅度增长，远超过通货膨胀率的状况。而另一方面，学生选择用贷款来支付大学的费用，支持他们取得大学文凭，从而得以享受大学文凭带来的更高工资[7]，但与此同时，学生债务也达到顶峰。2014年，学生累计学费债务几乎达到1.3万亿美元[8]。如果学生能够及时毕业，及时还款，这也许会是解决债务的一个方案。然而，大多数高校毕业率偏低。虽然学士学位被称为四年制学位，但是只拥有学士学位授予权的高校学生的四年毕业率在19%至36%之间[9]。据美国国家学生数据交流中心（the National Student Clearinghouse）2015年的报告，本科学位六年的毕业率为52.9%[10]。由于毕业率太低，决策者对州政府给予大学的拨款是否得到有效利用产生了质疑。同时，学生和他们的家庭也在承担他们担负不起的债务。表1阐释了净学费、平均补贴和学生分担成本的趋势。

表1　2012年净学费、平均补贴和学生分担成本报告（以2012年美元计）

净学费	2007年	2008年	2009年	2010年	2011年	2012年	年平均百分比变动
公立研究性大学	7 864	8 012	8 420	8 961	9 464	9 844	4.7%
公立四年制大学	5 360	5 487	5 693	5 998	6 254	6 402	3.9%
公立两年制大学	3 140	3 156	3 268	3 417	3 524	3 702	2.9%
平均补贴	2007年	2008年	2009年	2010年	2011年	2012年	年平均百分比变动
公立研究性大学	8 264	8 560	8 322	7 638	7 015	6 641	-4.0%
公立四年制大学	8 325	8 654	8 358	7 577	7 392	7 206	-2.9%
公立两年制大学	7 792	7 793	7 552	6 532	6 229	6 371	-5.2%
学生分担成本	2007年	2008年	2009年	2010年	2011年	2012年	年平均百分比变动
公立研究性大学	51.0%	50.5%	52.3%	56.2%	59.7%	62.1%	2.2%
公立四年制大学	42.1%	41.5%	43.1%	46.9%	49.0%	50.1%	1.7%
公立两年制大学	30.4%	30.2%	31.9%	36.2%	37.9%	38.8%	1.9%

表1显示了消费指数调整后的学生学费成本分担报告，资料来源于三角洲成本项目（Delta Cost Project）使用美国教育部的IPEDS系统的数据得出的结果。所有的美元数额对应于每个全日制（Full-time Equivalent）学生的平均值。

由于价格上涨、对质量的关注以及州政府和联邦政府介入高等教育成果，大学财务问责制的本质发生了改变。高等教育的现状要求大学对在校学生和公共资金透明的财务管理。

2 财务问责制的定义

财务问责制是高等教育普遍使用的一个术语，在社区大学和四年制本科大学中都是如此。剑桥词典对财务问责制的定义是“资金使用和管理方式的责任”。我们认为如今高等教育的财务问责制要比简单遵守政府会计标准委员会（Governmental Accounting Standards Board）或财务会计准则委员会（Financial Accounting Standards Board）的标准复杂得多。使用可靠、透明的财务报表是最起码的要求。在当今的环境中，高校必须具有会计管理方面的专门知识，向内部、外部利益相关者展示资源使用的效率和效益。这些工具和技术可用于优化有限的资源，以更好地实现每个高校的独特使命，同时向学生和立法者证明大学教育物有所值。在讨论这些工具之前，探讨相关的术语和概念对理解这些工具的使用将有所帮助。

3 高等教育经济学

1998 年 1 月，美国国家高等教育成本委员会（the National Commission on the Costs of Higher Education）做出了最后报告《直击大学成本和价格》[11]。报告的贡献之一是澄清了高等教育成本和价格之间的差异和关系。高等教育定价基于 Winston 的经济模型：价格 = 成本 − 补贴（Price = Cost − Subsidies）[12]。价格是学生上大学时支付的费用，而成本是大学为提供课程和相关服务的花费[13-14]。补贴可能有许多形式，包括州政府拨款、财产税和有补贴的联邦贷款等。此外，低成本的专业学费收入可用于补贴高成本的专业。图 2 展示了在 Winston 模型下，2008 年美国社区大学学生支付的学杂费的收入和使用状况，数据来源为美国教育部的 IPEDS 系统。在社区大学，学生支付的学杂费是课程教育和运作成本的 31%，其余的成本则依靠补贴[15]。

如果假设价格代表受教育机会[16]，那么由于成本增加或补贴减少而导致价格上涨时，接受高等教育的机会也会减少，因为能够负担得起大学费用的人会减少。来自美国国家学生数据交流中心的最新招生趋势表明：总体而言，在 2013 年至 2015 年期间，高等教育在校生人数每年下降 1.5%。

另外，高等教育的成本由各种内部和外部的补贴分担。内部补贴的例

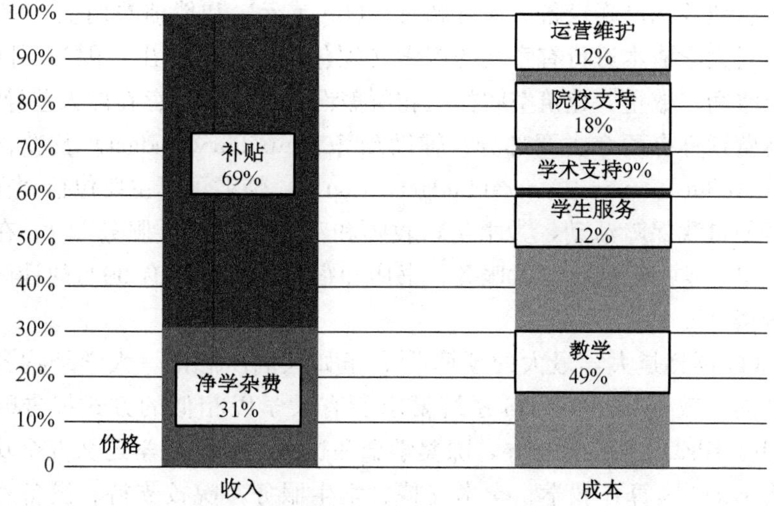

图 1　高等教育经济的 Winston 模型

子如：大班低年级的授课经常用于补贴小班研究生的研讨授课。同样，富裕的学生支付全额学费，而不那么富裕的学生可以获得学校设立的奖学金——实际是，富裕的学生为较不富裕的学生补贴课程费用。还有，许多通识教育课程（如哲学）比医疗保健和工程专业的课程成本低，因为后者需要专门的设备，而且授课教师的薪金，根据人力市场的薪资水平，也更高[15,17-21]。然而，大多数大学继续执行“瑞典自助餐式”的学费政策——固定的价格可以得到菜单上的任何东西。实质上，选修低成本专业的学生在补贴选修高成本专业的学生。正如我们稍后将探讨的，建立会计结构，获得学科的收入和开支数据非常重要。

外部补贴也当然存在。私立大学通常享受捐赠的补贴，而许多公立大学通过州政府拨款或地方税收的形式获得补贴[12,22-23]。公立和私立教育向所有学生提供普遍性补贴，因为大学教育的公开价格（学费）低于提供教育的成本。这些普遍性补贴非常重要。由于私立大学的捐赠和公立大学的政府拨款的存在，高等院校可以只收取授课成本的 45%（私立院校）和 12%（公立院校）而开设大学课程。虽然外部补贴正在减少，但是它们仍然占私立学校成本的 30%和公立学校成本的 69%[23]。这些外部补贴降低了大学本身为学生提供入学机会的花费[24-25]。

大学的支出分为几种不同的预算。从广义上讲，有资本预算（capital budget）和运营预算（operating budget）[26]。资本预算集中在建造新建筑、维护现有建筑和昂贵设备（通常超过 5 000 美元）和偿债费用上。Winston 认为，对大学成本进行有意义的探索必须包括资本性支出，因为不同专业在建筑空间、数量、建筑空间类型和所需设备类型方面存在巨大差异[27]。

运营预算有两个主要部分：辅助预算（auxiliary budget）及教育和运作预算（education and general budget，E&G）。辅助预算主要包括“在校园内进行的自我保障活动，为学生，教师和工作人员提供服务”[26]。在大多数大学里，这一般包括餐饮服务、书店和宿舍。不过只有 30%的社区大学有宿舍楼[28]。

E&G 预算是大学最大的预算[15]。正如人们所想的，大学结构各有千秋。然而，教育部的 IPEDS 系统要求所有大学以相似的方式报告财务信息。根据 IPEDS 的报告指导，除奖学金和折旧之外，大学还从五个功能类别报告 E&G 预算：教学、学术支持、学生服务、院校支持、设备及运营维护（图 1 和图 2）。

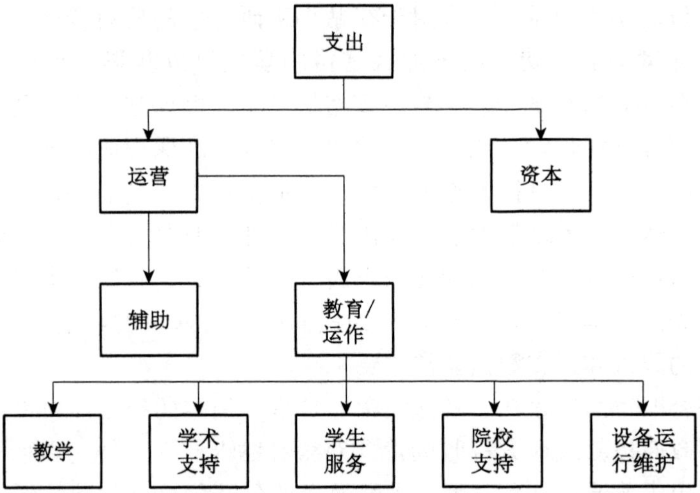

图 2　以支出分类的预算类型

教学功能预算是最大的单项功能预算，几乎占 E&G 预算的一半，包括与大学教育活动直接相关的支出，通常是课程教学支出，如教师工资和课程教学用品。学术支持预算直接支持教学，如图书馆、视听支持服务和主管教学院长的工资。学生服务预算包括非教学性质的，与服务学生相关的成本，例如注册服务、助学金服务、咨询和职业服务。院校支持预算包含了行政管理开销，例如院校领导薪资、采购、会计、人力资源和信息技术。设备及运行维护在许多校园被称为设施部门，包括土地维护、清洁和（非资本的）维护服务[29]。

4 公共投资相关成本效益

将高等教育的质量（产出，价值和一致性）和成本联系在一起的研究很少，而研究质量和教学成本的少之又少。美国国家高等教育管理系统中心（the National Center for Higher Education Management Systems, NCHEMS）进行了一项综合研究，分析了产出质量（即每100个全日制本科大学生的学位产出率，三年毕业率，和每1 000名25～64岁的成年人的学位授予率）和所有50个州教育系统中每个全日制学生的可利用资源[30]。他们不仅从整个州的层面评定，而且从高等教育产业包括社区大学层面进行评定。他们发现，每个全日制学生的支出相近的州有不同的产出质量；相反，具有相似产出质量的州为达到这些产出所付出的费用也不相同。NCHEMS的报告称："并不是所有的高校都需要更多的资源，有些高校可以用现有的资源达到更好的效绩，有些高校可以用更少的资源来维持甚至提高效绩"[30]。Kelly在以上研究的基础上，继续评估授予文凭占注册学生的百分比、学位或培训证书的市场价值（收入潜力），以及培养毕业生的总成本。与先前的研究一样，"这种分析也反驳了只有更多的资金才能带来更好的效绩的论点"[31]。

Harvey和Green提出，政府拨款机构将质量定义为教育的有效性（产出）与教育的效率（成本）之间的平衡[32]。Bok也持相同观点："面对高等教育的拨款增加，并急于享受高素质劳动力的益处，州政府官员开始关心他们给予大学的钱是否创造了足够的价值"[33]。

有些人认为质量和成本是一致的："在大学中，如果授课教师是诺贝尔奖获得者，有一个配备最先进科学仪器和设备的实验室和藏书丰富的图书馆，那么学生可能会有极好的教育结果"[32]。换言之，消耗的资源越多，质量越高[18, 20, 22, 34-35]。《美国新闻和世界报道》（*the US News and World Report*）的大学排名是一个最好的例子，其排名公式的27%基于财政相关的指标，包括全日制学生的平均支出、班级规模、教师工资、学生教师比和全职教师的比例[36]。从本质上讲，《美国新闻和世界报道》的大学排名告诉读者，更高的成本等于更高的质量，虽然这个前提不断遭到大多数财务官员的质疑。

与此形成鲜明对比的是，Crosby 提出“质量是免费的”理论[8]。Crosby 描述了对质量的五种误解，包括“错误假设”，即质量经济学需要更高的成本来保证更高的质量。事实上，Crosby 认为，低质量教育的成本高于高质量教育的成本。制造业中的低质量的成本包括以下几种：质量保证（即高校中的院校研究）、失去客户（即课程退学率、学生保留率）、返工（即重修课程、补习教育、成人基础教育）、不合理的设计（即学士学位的要求超过 120 学分，超过学位要求的多余学分、低效率的排课）和碎片（中断学业，通识教育课程学分不清晰）。所有这些问题在高等教育尤其是社区大学都存在，这是低质量教育如何导致高成本的典例。

目前，一小部分研究正在挑战“取得更高教育质量需要更高成本”这一概念，并且类似研究越来越多[30-31,37-43]。这些研究似乎表明，虽然需要一定的资源来实现预期的结果，但资源的使用方式比单纯的资源数量更重要。Zemsky 和 Finney 认为，在成本上升和质量下降之间可能存在一种关系[44]。特别是，他们坚持认为课程的激增导致更高的成本和更低的完成率。同样，Jones 和 Wellman 提出了几条建议，旨在从根本上改变高等教育的成本结构，包括消除或整合高成本低需求的培养专业，提高教学和学习效率并限制选修课程[45]。

4.1 铁三角

在许多大学校长看来，高等教育的三个主要因素——成本、质量和教育机会存在铁三角的关系（图 3）[46]。这些因素牢不可破地直接联系在一起，使得其中一个因素的任何变化都不可避免地影响着其他因素[6]。高校质量与学生的教育机会成反相关关系。高质量的学校竞争激烈，只有最好的学生才会被录取。同样地，更高的质量对应更高的花费。如果学校有最好的设施、最好的图书馆藏、最先进的设备和获得诺贝尔奖的教师，他们的质量比没有这些条件的学校更高。相反，如果学校寻找到了降低成本的途径，那么从定义看，这是在降低质量。当然，新模式摒弃这种观点，

图 3　教育机会、成本和质量的相互依赖关系

认为质量与学习和学习完成情况有关。

铁三角信念体系可能源于几种理论，这些理论强调质量和成本之间权衡。我们将简要回顾三个理论，包括 Baumol 和 W. Bowen 的成本病论 (Cost Disease Theory)[47]，H. Bowen 的收入论（Revenue Theory）[7] 和 Pfeffer 和 Salancik 提出的资源依赖论（Resource Dependency Theory）[48]。

4.2 成本病论

1966 年，Baumol 和 Bowen 在研究表演艺术时引入了成本病理论[47]。在这个理论中，工作的性质限制了提高生产力的能力。换句话说，“对于所有的实用目的来说，劳动本身就是最终产品”。例如，舞台上一小时四重奏音乐会需要四个工时的努力。此外，随着制造业通过技术提高生产力，制造商以加薪的形式来分享部分增加的生产利润。为了在劳动力市场保持竞争力，根据成本病理论，服务提供商也必须加薪。然而，如果没有生产力的相应增加，就会导致单位成本增加，并开始出现“成本病”。

这个例子忽略了一个事实，即技术也可以用来提高服务业生产力。四重奏最初可能只是为国王和朝堂里少数几个人演奏，但建筑设计的改进使之有了数百听众；电子扬声器和音频放大器使之可以在容纳几千人的空间中演出；电视能够将现场音乐会传送到数百万观众；同样，数字录音可以把一小时的四重奏表演呈现给更多的听众。

Baumol 具体谈到了成本病理论在高等教育中的应用[49]。他说，“随着生产力在其他经济体系中的持续增长，运行教育机构的成本将相应增加，因此无论目前高等教育需要多少数量级的资金，我们都有理由相信他们将来会需要更多……”。后来，Baumol 表达了他的疑虑，“……我们将剥夺自己的教育机会和由成本病论影响成本的其他任何产品……”

在高等教育中还存在与成本病论相关的另一个问题。许多四年制大学是“多产品厂商”，不仅生产教学，而且生产由学校资助的研究和公共服务。学术棘轮理论（Academic Ratchet Theory）认为，教师在自主时间专注他们自己的研究，这反而减少了他们的教学工作量[50-51]。这个理论的第二部分是行政格子（Administrative Lattice），指的是大学行政人员的扩张。由于高校高级管理人员寻求优化教师生产力（教学和研究）的方法，因此会雇用额外的低成本职员来承担一些以前由教师担任的行政职责。这两种做法导致教学成本增加，高校高管继而提高价格，要求更多补贴[21,50,52]。

此外，虽然教师的研究工作是有价值的并受学术界奖励，但一些研究表明，研究工作不是有效教学所必需的技能[53]。

不同利益相关者的优先级大不相同。例如，低学费和完成学位的数目受到包括学生和立法者在内的各种利益相关者的日益重视。根据《公共议程》，超过一半的公众认为大学可以在不影响质量和价格下花更少的钱，服务更多的学生[6]。

Archibald 和 Feldman 使用 Baumol 和 Bowen 的成本病理论研究了高等教育的成本[47,54-55]。将 50 年来扣除物价上涨因素的高等教育成本增长与同一时间内其他产品和服务类别的价格上涨对比，他们证实了 Baumol 和 Bowen 所声称的："服务价格趋向以高于通货膨胀率的速度增长，而商品价格增长速度低于通货膨胀率[49]。"如此推测，这些差异可以归因于制造业所享有的生产率的增长，而服务业的生产率增长要少得多。基于 Griliches 的资本技能互补理论（Capital-Skill Complementary Theory），Archibald 和 Feldman 接着指出，使用新技术进一步加剧，而不是控制了成本病[54]。先进技术设备需要高技能劳动力，这反过来又需要更高的工资。Archibald 和 Feldman 认为新技术在高等教育中用以提高质量而不是控制成本，虽然他们没有质量提升的证据。这支持了 Baumol 和 Batey-Blackman 在 1995 年的观点——应用技术提高高等教育的生产能力是有限的，高等教育的相对价格会持续增加[56]。

然而，并不是每个人都认同成本病论。Twigg 在与美国国家学术改革中心（the National Center for Academic Transformation，NCAT）合作时，反对成本病论和资本技能互补论[41-43]。她与 30 家大学合作，利用新技术重新设计大型新生基础入门课程，以提高质量和降低成本，直接挑战了铁三角理论。这 30 个项目中有 19 个显示了学生学习成绩的提高，剩余项目没有显著的统计差异。并且，30 个项目成本节约了 20%至 86%不等，平均为 40%。NCAT 开发的方法在试点院校以外的大学也取得了类似的结果[57]。

Massy 断言铁三角的成本质量联系是建立在"有效边沿"（Efficient Frontier）的前提下，即高等教育的运作在一定支出水平下有可实现的质量上限[58]。Massy 指出，为了打破铁三角理论，高等教育需要利用成本分析工具，如基于活动的成本模型（activities based costing models），以便发现在教育过程的"黑匣子"中哪些活动花费最多，哪些可以在保持或提高教育质量的同时通过自动化降低成本。

Jones 和 Wellman 认同这一观点，他们说：

> 首先，（高校和州政府）需要重新审视关于高等教育财务的假设，找到那些阻碍资源利用新想法的假设。我们首先要颠覆的陈腐思想是：为维持教育质量，高等教育成本必须逐年增加。这种传统的观点植根于非营利性机构“成本病”的经济理论，认为服务行业的成本不可避免地上升，因为劳动力成本逐年增加，服务行业不能在不损害服务的情况下减少支出。
>
> 在高等教育中，这种成本观点将教师的开支等同于所有支出，而实际上教师的支出不到整个高教支出的一半。它忽略了通过技术扩大服务范围的潜力，并不是所有的教学和学习都必须在课堂上完成。[45]

Wellman 认为成本病得以推崇的原因之一是“关于支出（成本）和质量之间的关系的假设未经检验”[23]。Sullivan 主张在开放招生的大学中谨慎定义成功的标准[59]。因此，在他的文章中，他使用文献中已证实的、与学生成功或教学成本相关联的变量，构建一个预测学生成功（即完成率、转学率，或在读率）的逻辑回归模型，来检验这些假设。

4.3 收入论

1980 年，Howard Bowen 讨论了高等教育成本的收入论[60]。他断言，一般来说大学的使命是在所有方面取得成功。大学寻求在其现有资源的约束下优化教育质量的方法。因此，大学尽其所能地筹集资金，并全部花掉。换句话说，学校不计成本地、不断努力提高质量。这个理论与铁三角理论很好地吻合起来。随着收入（资源）的增长，铁三角的一侧或多侧可以延长。然而，检验收入理论在高教中是否有效的研究并没有产生统一的结果。

为了测试 Bowen 的理论，Seybert 和 Rossol 对社区大学的教学成本进行了一项研究，但没有发现资源和成本之间的关系有统计学意义[61]。在另一项研究中，Archibald 和 Feldman 也没有找到收入论的证据[62]。与此相反，Robst 发现，总收入是一个在统计学上有显著正相关，并能预测低效能的指标[63]。

4.4 资源依赖论

简单地说，资源依赖论断言，随着原有收入的消失，机构为了完成使命，将寻找新的收入来源。控制和提供资源的一方将影响接收这些资源的组织。为了最大限度地发挥他们的力量，机构应该尽量减少对其他机构的依赖[48]。因为非营利机构通常提供无法全部收回成本的服务，这个理论至关重要[58]。换句话说，非营利机构，包括高等教育，往往是受补贴的影响，因此依赖提供补贴的外部实体。

有证据表明，高等教育的成本正在从州政府转移到学生，因为高等教育越来越被立法者视为私人利益，而不是公共利益[15,64]。资源依赖论表明，由于大学获得来自州政府的资源减少，而随着入学学生数量的增加，大学可能更倾向于市场驱动，以满足学生的需求。如果我们认为大学是公民的私人利益，而不是整个社会的公共利益，那州政府对高等教育有多大的影响和控制力？实际上，如果公立大学从州政府获得的资源极少，那这些公立大学怎么可能花时间、精力和金钱来帮助实现州政府的目标？

5 提高效率和生产力的工作力度

因为政府越来越多地介入高等教育，各大学开始参与问责制的讨论。高等教育也开始确定和实施自己的问责措施。各级大学在高等教育协会的支持下，建立了问责制度，为利益相关者提供信息。

卢米纳基金会（the Lumina Foundation）赞助了三角洲成本项目(Delta Cost Project)，以更好地了解大学价格上涨情况[15]。与国会的看法相反，这项开创性的研究表明，价格上涨并不意味着成本的增加。“虽然公立大学的学费增长百分比最高，但是这些新增收入不会促使支出增加，因为学费收入从根本上替代了州政府拨款”[65]。换句话说，公共政策和决策降低了州政府给予每名全日制学生的补贴。使用 Winston 的高等教育经济定价模型，价格＝成本－补贴，高校领导选择提高价格而不是降低成本。虽然公众的看法是高等教育的价格和成本失控，但实际上每个学生的成本 20 年来相对不变[66]。使用这种工具，高校可以将其功能成本与同行进行比较，并从正面和反面差异中学习。

因为州政府对高等教育院校的拨款持续减少，高校现在使用很多工具评估生产力和效率[67]。一些工具利用收入和支出评估效率[37,68-71]。Mohave社区大学开发了一个模型，在四象限矩阵中绘制他们的培养专业，坐标轴代表效率（利润）和有效性（产出质量）[72]。图4给出了其中护理专业数据的矩阵示例。

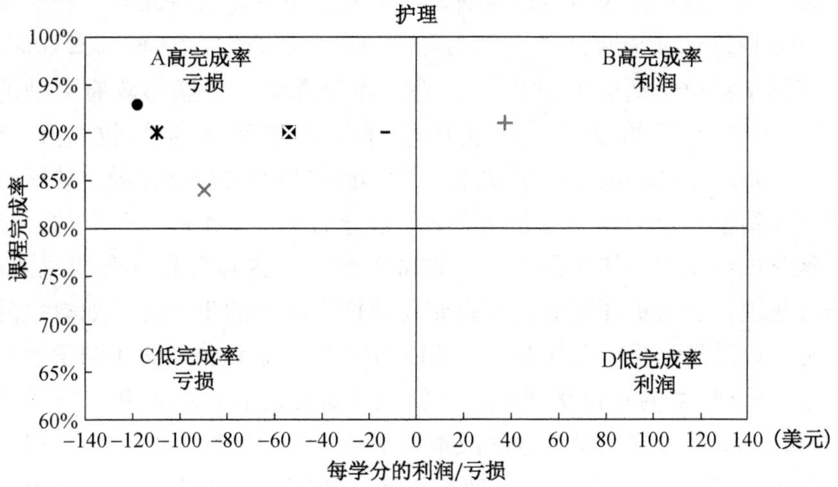

图4　以护理系为例的象限矩阵

为了应对20世纪70年代的经济衰退，宾夕法尼亚大学首先尝试了以责任为中心的预算模型（Responsibility Centered Budgeting，RCB）[73]。RCB还有很多熟知的名称，包括责任中心管理、收入中心管理、价值中心管理和激励型预算（Incentive-based budgeting）[74]。包括印第安纳大学，哈佛大学，加州大学洛杉矶分校，俄亥俄州立大学和密歇根大学在内的相对较少却非常知名的私立和公立大学均采用了RCB模型。就学校使命和可变收入而言，RCB模型把教学功能作为学校的核心[75,76]。正如高等教育经济学部分所讨论的，非营利性高等教育采用补贴模式，其中价格不反映经营的总成本。RCB旨在通过将收入与支出联系起来，使财务状况更加透明，部门更具成本效益[77]。支持者认为它提高成本效益和项目效绩，而反对者认为它可能减损战略规划、共同管理（在这里的含义是部门间合作）和教育质量[74,78]。此外，一些人认为RCB没有把焦点放到高校的核心使命，例如学习和研究活动，RCB试图将大学转变成一个企业——这与学校内很多人的观念背道而驰。值得注意的是，在分配收入和非教学成本（包括资本）时必须做出许多假设。将这些成本算入预算工具（如 RCB）的一部分，可能会产生误导[77,79]。

目前有一种方法逐渐得到重视，那就是测算每一学分的教学成本，并以被教授的学生学分（student credit hour）、学术报告和研究文章计算教师生产力[61,80]。应用这种方法的最有影响的两个研究项目首先是“特拉华研究”（the Delaware Study）[79]，然后是“堪萨斯研究”（the Kansas Study），后者复制了特拉华研究的方法[61]。特拉华研究是一个联邦政府资助的项目，从 1996 年开始以来，就被用于评估四年制大学的教学生产力（instructional productivity）。由特拉华大学院校研究办公室主导，该研究设计出用于衡量每个学科中每个单位学生学分的教学成本的一种方法。该方法使教学成本元素，如教师工资、教师工作量、教师背景（全职或兼职）和班级规模，变得更加明显。该研究还评估了教师的生产力，如教授的学生学分，以及学术报告和文章[79]。超过 170 所私立和公立四年制学校自愿参加了 2009 年度的特拉华研究。在特拉华研究之后，2009 年，堪萨斯研究对超过 130 个社区大学的教学成本和学科生产力进行了评估[61]。以下是亚瓦派学院（Yavapai College）使用堪萨斯研究数据来报告，证明财务问责制的示例。亚瓦派学院是一个两年制的公立大学，开发了一个教学成本仪表盘（Instructional Cost Dashboard），将学院数据与堪萨斯研究数据相结合。图 5 为亚瓦派学院 2013—2014 学年的教学成本仪表盘示例。

仪表盘上方表格为教学成本和教师工作量，表格下方的条形图显示了亚瓦派学院排名前十的受补贴的学科和与之对比的堪萨斯研究结果。条形图对照亚瓦派学院（图 5 左）和堪萨斯研究（图 5 右）数据，可以看出护理是享受补贴最多的学科。从堪萨斯研究结果可以看出，如果亚瓦派学院的教学成本在堪萨斯研究的平均水平，学校则可以节省 50 多万美元。由于这一发现，亚瓦派缩小了护理专业班级的规模，并且不补充由于辞职和退休而空缺的教师职位，以此来控制和降低成本。宏观上看，在学科层面上，成本仪表盘加深了大学教职员工对教学成本、教师工作量、全职和兼职教师授课情况的了解。成本仪表盘还促进了教师和行政职员之间对话，加深对教学成本和教师工作量的了解。仪表盘上的信息帮助学院重新分配成本、确定学费、调整班级容量、传达人员配置决定、专业规划、利润和损失报告，并激发创新、创业的新思路，以增加额外收入。随着对问责制需求的增加，教学成本仪表盘已被用作质量认证中的重要依据，凸显学院规划是以事实数据为基础进行的。从资金角度来看，自从项目开始以来，教学成本仪表盘帮助学院降低了约45万美元的教学费用；在同一时期，教职员工工资提高了68万美元，每年的净增加额超过100万美元。成本仪表盘在帮助学院确定降低成本、再分配的着手点方面发挥了很大的价值。

学科领域	学生注册学分	每学分教学成本	每学分教学补贴	总教学补贴	全日制就学人数	兼职教师比例	使用基准成本后的教学补贴
工商与计算机科学	16 353	$ 102	($ 23)	($ 371 088)	307	46%	($ 333 093)
基金研究	32 453	$ 78	($ 1.5)	($ 47 726)	381	49%	($ 465 301)
终生学习	123	$ 1 576	($ 681)	($ 83 808)	106	100%	
科学、健康与公共安全	25 686	$ 165	($ 67)	($ 1 719 343)	211	41%	($ 617 507)
职业与技术教育	23 832	$ 126	$ 34	$ 819 785	239	61%	($ 68 110)
视觉艺术与人文科学	29 420	$ 122	($ 39)	($ 1 155 125)	229	39%	($ 226 646)
学院总和	127 866	$ 119	($ 20)	($ 2 557 306)	261	47%	($ 1 710 657)
堪萨斯研究基准		$ 105		156		43%	

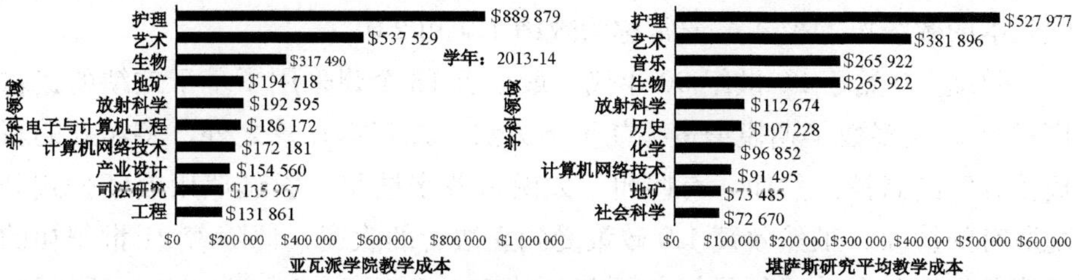

图5　亚瓦派学院教学成本及教师工作量仪表盘

一些不太知名的大学生产力测量方式也存在。例如，大学可负担力与生产力中心（the Center for College Affordability and Productivity）指出，用授予学位的数量对全日制雇员（full-time equivalent employees）的比例来测量大学生产力。与之类似，Kelly建议使用每个学位的总E & G成本来衡量生产力[31]。他恰当地指出，增加大学毕业生人数的真正成本是与以下问题相关的：学生退学、学生重修课程，以及学习超出培养计划要求的更多的课程。当学生为同一门课程多次支付学费，延期毕业时，会产生额外的教学成本。除了学费和杂费，交通费、住宿费和放弃的工资对学生的成本也有很大的影响。以上提到的许多生产力成本，在他提出的测量方法中得到了体现，包括学位和证书的数量、毕业率、授予的文凭占在校学生的百分比。然而，他的方法在社区大学中应用，会夸大每个学位或证书的成本。许多学生因为各种原因就读于社区大学。一些学生想要拿到大专学位，想选修课程，为上大学做准备；有些学生选修一些课程后转学；有些需要一两门课以提高技能；还有些学生只是选修低价的课程以丰富个人生活。

从历史上来讲，高等教育保持了独特的文化，与美国社会中的商业和其他领域不同[81]。诸如终身制、学术自由、学习是一种商品等概念，高等教育的文化是独一无二的，并且高等院校在培养计划和成果方面自主运作[81-82]。因此，高等院校在面对新出现的关于高等教育问责制的问题时，由于大学没有经验而显得准备不足。20 世纪 80 年代后期，各州政府迅速实施效绩指标，一些州将效绩与拨款挂钩[83]。

基于效绩的模式植根于州政府的努力，为提高大学的效率和有效性，州政府从根据注册学生人数拨款转向根据成果付费。由于各州每年高等教育的总投资为 750 亿美元[84]，高等教育与 12 年义务教育、卫生保健和监狱的资源竞争日趋激烈，效绩拨款无疑逐渐赢得了支持。在美国有两个不同版本的效绩拨款模式，通常称为效绩 1.0 和 2.0。

效绩 1.0 始于 20 世纪 90 年代，最早有 18 个州采用了基于效绩的拨款模式[85]。大多数早期模型遵循胡萝卜方法，在基本预算之外，将额外的新拨款分配给高校。然而，有些州，如南卡罗来纳州，尝试使用效绩公式分配所有的拨款。虽然效绩 1.0 政策受到立法者的欢迎，但随着 21 世纪初的经济条件恶化和政治领导层的更替，效绩 1.0 逐渐消逝。Hillman 还提到，早期模型没有考虑到大学的使命和教育产品的多样性，这是导致效绩政策中断的一个因素[85]。出人意料的是，虽然超过三分之二的早期效绩模型以失败告终，这并没有阻止这些政策的复苏。

根据以往的经验，各州更新并重新启动了效绩 2.0 模式。截至 2015 年，有 26 个州已制定了效绩拨款条例，另有 10 个州正在制定此类政策[86]。近年的政策把重点放在学生毕业率、提供优先受教育机会、有经济困难的学生入学、承认高校使命和财政资源方面的差异，并灵活地制定具体且可衡量的成果指标上。人力资本管理（Human Capital Management，HCM）是一个公共政策和咨询公司倡导的，正在帮助许多州制定或改进效绩资助的模式。HCM 采用基于成果的拨款模式（outcome-based funding）[86]。基于成果的拨款模式的目标包括：①将高等教育拨款与州政府的教育目标和优先事项保持一致；②调整高校与州政府的优先设定，使其保持一致，扩大有据可依的成功实践；③使高校对其效绩负责。第二波效绩拨款模式的效果很小，且尚无定论。

效绩拨款的支持者援引了田纳西州，佛罗里达州，俄亥俄州和华盛顿州的成功经验。田纳西州所有公立大学的学习收益都有提高，虽然财政激励比早期的效绩拨款相比还要少[86]。同样，与之前的效绩拨款相比，佛罗里达州和俄亥俄州均提高了学生学业完成率。HCM 相信，以效绩为基础的拨款政策促使华盛顿州的社区大学提高了学生动力点（student’s momentum points）。Hillman 的文献综述发现，从统计上看，强制施行效绩拨款的州和没有这种政策的州在效绩上没有区别[85]。经过同行评审的效绩拨款的研究显示，效绩拨款对成果大体没有影响。一个针对田纳西大学的案例研究得出了与 HCM 相反的结论，研究发现效绩拨款并不成功，毕业率和返校率没有改善。同样，华盛顿的社区大学也发现，虽然授予的短期培训证书增加了，但大专学位数目没有增加。教育研究者的困难之一是区分两种直接和间接的效应，一种来自效绩拨款政策，另一种是本能的、促进学生成功的努力。

6 结语

由于公共利益相互矛盾，各州将难以在过去的拨款水平上继续为高等教育提供资金。州政府对公立大学的撤资将导致学杂费增长，继续将教育费用负担转移到学生及其家庭，因此对高等教育财务问责制的要求将会增加，不会减少。此外，高等院校将受到所有利益相关者的更多监督。最后，我们预测，尽管当前基于效绩的拨款效果还不确定，但是各州将继续努力改进，寻求具有成本效益的学生成功方式。

记录财务问责制首先要做的是制定适当的指标，这些指标要考虑到高等院校如何使用其资源和由此产生的教育成果。可以设计一个恰当的会计科目表，在学科层面搜集收入和费用数据，这样学校能够利用强大的基准工具，如特拉华研究和堪萨斯研究的数据。这项工作要结合使用 IPEDS 数据报告中的财务信息，于是高校可以利用铁三角成本项目工具更好地了解教育成本的高低，而后讨论确定原因和利弊，这样更有意义。

对高等教育机构和各州决策者来说，将成本与教育成果联系起来是不容易的。Hillman 总结道：“在高等教育中，毕业生人数可能很容易计算，但是培养大学毕业生的过程绝不简单。”[85]我们强烈建议高等教育财务知识不应局限于财务办公室和总结性财务报表中，还应该包括管理会计和基准工具，以供学校的全体教师、行政管理人员和工作人员使用。

我们建议挑战铁三角的基本假设，尤其是“更高的质量需要更高的成本”的假设。如本文所引用的多个例子所示，许多高校已经证明这一观点是错误的。

参考文献

[1] Oliff P, Palacios V, Johnson I, Leachman M. Recent deep state higher education cuts may harm students and the economy for years to come[DB/OL]. (2013). http://www.cbpp.org/cms/?fa=view&id=3927.

[2] The Commission on the Future of Higher Education. A test of leadership: Charting the future of U.S. higher education[DB/OL]. U.S. Department of Education, 2006. http://www2.ed.gov/about/bdscomm/list/hiedfuture/reports/final-report.pdf.

[3] College Board. Trends in college pricing[DB/OL]. (2015). https://trends.collegeboard.org/sites/default/files/trends-college-pricing-web-final-508-2.pdf.

[4] Obama B. Remarks to Joint Session of Congress[DB/OL]. (2009). http://www.whitehouse.gov/the-press-office/remarks-president-barack-obama-address-joint-session-congress.

[5] American Association of Community Colleges. Reclaiming the American dream: A report from the 21st Century Commission on the future of community colleges[R/OL]. (2016). http:/www.aacc.nche.edu.

[6] Immerwahr J, JohnsonJ, Gasbarra P. The Iron Triangle: College Presidents Talk About Costs, Access, and Quality[R/OL]. The National Center for Public Policy and Higher Education and Public Agenda, 2008. http://www.highereducation.org/reports/iron_triangle/index.shtml.

[7] Baum S, Ma J, Payea K. Education Pays 2010: The Benefits of Higher Education for Individuals and Society[DB/OL]. CollegeBoard Advocacy and Policy Center, 2010. http://trends.collegeboard.org/downloads/Education_Pays_2010.pdf.

[8] Crosby P B. Quality is Free: The Art of Making Quality Certain[M]. New York: McGraw-Hill, 1979.

[9] Complete College America. Four-year myth: Make college more affordable. Restore the promise of graduating on time[DB/OL]. (2014). http://completecollege.org/wp-content/uploads/2014/11/4-Year-Myth.pdf.

[10] Shapiro D, Dundar A, Wakhungu P K, et al. Completing college: A national view of student attainment rates—fall 2009 cohort[DB/OL]. The National Student Clearinghouse, 2015. https://nscresearchcenter.org/wp-content/uploads/SignatureReport10.

pdf.
[11] Harvey L, Green D. Defining Quality [J]. Assessment & Evaluation in Higher Education, 1993, 18(1):9-34.
[12] Winston G C. College Costs: Subsidies, Intuition, and Policy[C]. Williams College Project on the Economics of Higher Education, 1997.
[13] Winston G C. The Economic Structure of Higher Education: Subsidies, Customer-Inputs, and Hierarchy [C]. Williams College Project on the Economics of Higher Education, 1996, 40.
[14] Winston G C, Yen I C. Costs, Prices, Subsidies and Aid in U.S. Higher Education[C]. Williams College Project on the Economics of Higher Education, 1995.
[15] Desrochers D M, Wellman J V. Trends in College Spending 1999—2009: Where does the money come from? Where does it go? What does it buy? [R/OL]. (2010). Lumina Foundation for Education, 2010. http://www.deltacostproject.org/.
[16] Sheldon C Q. The Impact of Financial Crises on Access and Support Services in Community Colleges[J]. Community College Review, 2003, 31(2):73-90.
[17] Brown W A, Gamber C. Cost Containment in Higher Education: Issues and Recommendations. ASHE-ERIC Higher Education Report, 28(5)[R]. San Francisco: Jossey-Bass, 2002.
[18] Clotfelter C T. Buying the Best: Cost Escalation in Elite Higher Education [M]. Princeton, NJ: Princeton University Press, 1996.
[19] Ehrenberg R G. Tuition Rising: Why College Costs So Much[M]. Cambridge, MA: Harvard University Press, 2002.
[20] James E. Product Mix and Cost Disaggregation: A Reinterpretation of the Economics of Higher Education[J]. Journal of Human Resources, 1978, 13 (Spring):157-186.
[21] Maury A I. Globalization and the emergence of for-profit higher education[J]. Higher Education, 2004, 48:131-150.
[22] Clotfelter C T, Ehrenberg R G, Getz M, et. al. Economic Challenges in Higher Education[M]. Chicago: The University of Chicago Press, 1991.
[23] Wellman J V. Improving Data to Tackle the Higher Education "Cost Disease"[J]. Planning for Higher Education, 2010, 25-37.
[24] Carnegie Commission on Higher Education. Higher Education: Who Pays? Who Benefits? Who Should Pay? [M]. United States: Carnegie Foundation for the Advancement of Teaching, 1973.
[25] Gillen A. A Tuition Bubble? Lessons from the Housing Bubble[Z]. Center for College Affordability and Productivity, 2008.
[26] Goldstein L. College & University Budgeting: An Introduction for Faculty and Academic Administrators (Third Edition)[M]. United States: NACUBO, 2005.
[27] Winston G C. A Guide to Measuring College Costs. In M. F. Middaugh (Ed.), Analyzing Costs in Higher Education: What Institutional Researchers Need to Know[J].

New Directions for Institutional Research, 2000, 106:27 (2).
[28] American Association of Community Colleges. Serving Communities, Strengthening the Nation presentation[DB/OL]. (2010). http://www.aacc.nche.edu/AboutCC/Pages/serving.aspx.
[29] Dyke F L. Understanding Expenditure Data[M]// M.F. Middaugh (Ed.). Analyzing Costs in Higher Education: What Institutional Researchers Need to Know New Directions for Institutional Research, 2000, 106, 27(2).
[30] Kelly P J, Jones D P. A New Look at the Institutional Component of Higher Education Finance: A Guide for Evaluating Performance Relative to Financial Resources, 2007.
[31] Kelly P J. The Dreaded "P" Word: An examination of productivity in public postsecondary education[R/OL]. (2009). http://www.deltacostproject.org/.
[32] Harvey J, Williams R M, Kirshstein R J, et al. Straight Talk about College Costs and Prices[M]. National Commission on the Cost of Higher Education, U.S. Department of Education. Phoenix, AZ: Oryx Press, 1998.
[33] Bok D. Our Underachieving Colleges: A Candid Look At How Much Students Learn And Why They Should Be Learning More[M]. Princeton, NJ: Princeton University Press, 2006.
[34] McPherson, M.S., & Winston, G.C. The Economics of Cost, Price, and Quality in U.S. Higher Education[C]. Williams College Project on the Economics of Higher Education, 1991.
[35] Zeithaml V A. Consumer Perceptions of Price. Quality, and Value: A Means-End Model and Synthesis of Evidence[J]. Journal of Marketing, 1988, (52):2-22.
[36] Morse R. About the US News Education Rankings Methodologies[R/OL]. U.S. News and World Report, 2011. http://www.usnews.com/education/articles/2011/01/31/about-the-us-news-education-rankings-methodologies.
[37] Ewell C. Financial Sustainability Analysis: A Management Tool for Schools, Programs, and Courses[C]. Higher Learning Commission Annual Meeting in Chicago, IL, 2009.
[38] Gansemer-Topf A, Saunders K, Schuh J, ShelleyM. A Study of Resource Expenditures and Allocations at DEEP Colleges[Z]. Ames, IA: Educational Leadership and Policy Studies, Iowa State University, 2004.
[39] Gansemer-Topf A, Schuh J H. Institutional Selectivity and Institutional Expenditures: Examining Organizational Factors that Contribute to Retention and Graduation[J]. Research in Higher Education, 2006, 47(6).
[40] Grubb W N. The Money Myth: School Resources, Outcomes, and Equity[M]. New York: Russell Sage Foundation, 2009.
[41] Twigg C. Improving Quality and Reducing Cost[J]. Change, 2003, 35(4):22-29.
[42] Twigg C. Improving Learning and Reducing Costs: New Models for Online Learning [J]. Educause, 2003, 38(5):28-36.
[43] Twigg C. Improving Quality and Reducing Cost: The case for redesign[J]. Course

Corrections: Experts offer solutions to the college cost crisis, 2005, 32-49.
[44] Zemsky R, Finney J. Costs, graduation rates, and the importance of rethinking the undergraduate curriculum[DB/OL]. (2010). National Center for Public Policy and Higher Education, 2010, 18 (1). http://www.highereducation.org/crosstalk/ct0510.
[45] Jones D, Wellman J. Breaking Bad Habits: Navigating the Financial Crisis[J]. Change, 2010, 42(3):6-13.
[46] Daniel J, Kanwar A, Uvalic-Trumbic S. Breaking Higher Education's Iron Triangle: Access, Cost, and Quality[J]. Change, 2009, 41(2):30-35.
[47] Baumol W J, Bowen W.G. Performing arts: the economic dilemma[M]. New York: Twentieth Century Fund, 1966.
[48] Pfeffer J, Salancik G R. The External Control of Organizations: A Resource Dependence Perspective[M]. Stanford, CA: Stanford University Press, 2003.
[49] Baumol W J. Macroeconomics of unbalanced growth: The anatomy of urban crisis[J]. The American Economic Review, 1967, 57:415-426.
[50] Massy W F, Zemsky R. The Dynamics of Academic Productivity: A Seminar[C]. State Higher Education Executive Officers Meeting, Denver, CO March, 1990.
[51] Zemsky R, Wegner G R, Massy W F. Remaking the American University: Market Smart and Mission Centered [M]. New Brunswick, NJ: Rutgers University Press, 2006.
[52] Green J P, Kisida B, Mills J. Administrative Bloat at American Universities: The Real Reason for High Costs in Higher Education [R/OL]. (2010). http://www.goldwaterinstitute.org/article/4941.
[53] Marsh H W, Hattie, J. The Relation Between Research Productivity and Teaching Effectiveness: Complementary, Antagonistic, or Independent Constructs? [J]. The Journal of Higher Education, 2002, 73(5):603-641.
[54] Archibald R B, Feldman D H. Explaining Increases in Higher Education Costs[J]. The Journal of Higher Education, 2008, 79(3):268-295.
[55] Archibald R B, Feldman D H. Why Do Higher-Education Costs Rise More Rapidly Than Prices in General? [J]. Change, 2008, 40(3):25-31.
[56] Baumol W J, Batey Blackman, S.A. How To Think About Rising College Costs[J]. Planning For Higher Education, 1995, 23:1-7.
[57] Roach R. Cutting Costs, Improving Learning[J]. Diverse Issues in Higher Education, 2009, 26(6):9-10.
[58] Massy W F. Honoring the Trust: Quality and Cost Containment in Higher Education [M]. Bolton, MA: Anker Publishing Company, Inc, 2003.
[59] Sullivan P. Opinion: Measuring "Success" at Open Admissions Institutions: Thinking Carefully about This Complex Question[J]. College English, 2008, 70(6):618-632.
[60] Bowen H R. The Costs of Higher Education: How Much do Colleges and Universities Spend per Student and How Much Should They Spend? [M]. San Francisco: Jossey-

Bass, 1980.
[61] Seybert J A, Rossol P M. What Drives Instructional Costs in Two-Year Colleges: Data from the Kansas Study of Community College Instructional Costs and Productivity[J]. Planning for Higher Education, 2010, 38(3):38-44.
[62] Archibald R B, Feldman D H. Why Does College Cost So Much? [M]. Oxford: Oxford University Press, 2011.
[63] Robst J. Cost Efficiency in Public Higher Education Institutions[J]. The Journal of Higher Education, 2001, 72(6):730-750.
[64] Kenton C P, Huba M E, Schuh J E, Shelley M C. Financing Community Colleges: A Longitudinal Study of 11 States[J]. Community College Journal of Research and Practice, 2005, (29):109-122.
[65] Boehner J A, McKeon H P. The College Cost Crisis: A Congressional Analysis of College Costs and Implications for America's Higher Education System[N/OL]. U.S. Department of Education's Educational Resources Information Center, 2003. http://www.eric.ed.gov/PDFS/ED479752.pdf.
[66] McPherson, P., & Shulenberger, D. Understanding the Cost of Public Higher Education[J]. Planning for Higher Education, 2010, 15-24.
[67] National Council for Continuing Education & Training, (n.d.). Profit is Not a Dirty Word: What Community Colleges Must Do for a Sustainable Future[R/OL]. National Council for Continuing Education & Training and VisionPoint, 2007. http://www.nccet.org/resource/resmgr/Publications/Profit_is_Not_a_Dirty_Word.pdf.
[68] Gaither G H. A Campus Approach to Efficiency and Productivity[J]. Planning for Higher Education, 2002, 30(3):27-33.
[69] Redlinger R J, Valcik N A. Using Return on Investment Models of Programs and Faculty for Strategic Planning [J]. New Directions for Institutional Research, 2008, 140 (Winter), 93-108.
[70] Richards M, Dayar P C. Resource Deployment in the Academic Setting at the College of Southern Nevada[C]. Community College Business Officer 2007 Annual Meeting in Orlando, FL, 2007.
[71] Simon S, Ranchero S. Putting a Price on Professors[J]. The Wall Street Journal, 2010.
[72] Henry T C. Assessing and Improving Institutional Performance[J]. New Directions for Higher Education, 2007, 140 (Winter), 51-62.
[73] Kirp D L. Shakespeare, Einstein, and the Bottom Line: The Marketing of Higher Education[M]. Cambridge, MA: Harvard University Press, 2003.
[74] Hanover Research Council. Responsibility Center Management at Major Public Universities, 2008.
[75] Hearn J C, Lewis D R, Kallsen L, et al. Incentives for Managed Growth: A Case Study of Incentives-Based Planning and Budgeting in a Large Public Research University[J]. The Journal of Higher Education, 2006, 77(2):286-316.

[76] Lang D W. A Primer on Responsibility Centre Budgeting and Responsibility Centre Management[A]. Canadian Society for the Study of Higher Education, 2001.
[77] Whalen E L. Responsibility Center Budgeting: An Approach to Decentralized Management for Institutions of Higher Education[M]. Bloomington, IN: Indiana University Press, 1991.
[78] Strauss J C, Curry J R. Responsibility Center Management: Lessons from 25 Years of Decentralized Management[M]. Washington, D.C.: NACUBO, 2002.
[79] Middaugh M F. Understanding Faculty Productivity: Standards and Benchmarks for Colleges and Universities[M]. San Francisco, CA: Jossey-Bass, 2001.
[80] Middaugh M F, Graham R, Shahid A. A Study of Higher Education Instructional Expenditures: The Delaware Study of Instructional Costs and Productivity[R]. National Center for Educational Statistics, 2003.
[81] Goben A. Fantastic! results: Collaboratively leading institutional effectiveness efforts in higher education institutions [DB/OL]. (2007). http://www2.sas.com/proceedings/forum2007/328-2007.pdf.
[82] Folger J K. Increasing the public accountability of higher education [M]. San Francisco, CA: Jossey-Bass, 1977.
[83] Ewell P T. Accountability and institutional effectiveness in the community college[DB/OL]. New Directions for Community Colleges, 2011, 153:23-36. http://dx.doi.org/10.1002/cc.434.
[84] State Higher Education Executive Officers. SHEF: FY 2015 state higher education finance[R/OL]. (2016). http://sheeo.org/sites/default/files/project-files/SHEEO_FY15_Report_051816.pdf.
[85] Hillman N. Why performance-based college funding doesn't work[R/OL]. The Century Foundation, 2016. https://tcf.org/content/report/why-performance-based-college-funding-doesnt-work/.
[86] Snyder M. Driving better outcomes: Typology and principles to inform outcomes-based funding models[DB/OL]. HCM Strategists, 2015. http://hcmstrategists.com/analysis/driving-better-outcomes-typology-principles-inform-outcomes-based-funding-models/.
[87] HigherEdSolutions. Solutions through higher education [Z]. (2008). http://www.youtube.com/watch? v=NSAxEn2I--o.
[88] Massy W F, Wilger, A.K. Improving Productivity: What Faculty Think About It—And It's Effect on Quality[J]. Change, 1995, 27(4):10-20.
[89] Baum S, Ma J. Trends in College Pricing[R/OL]. Collegeboard, 2010. http://professionals.collegeboard.com/data-reports-research/trends.

第四章 大学效绩与学习成果评估

试述美国高等院校机构效绩

学生学习成果评估

通识教育评估

促进评估文化的生成与发展

试述美国高等院校机构效绩

An Explorative Study About Institutional Effectiveness

周 莹 博士
院校规划、评估与研究副教务长
美国东卡罗来纳大学（East Carolina University）

白 康 博士
院校研究与规划副校长
美国路易斯大学（Lewis University）

摘要 机构效绩是一个持续的、综合性的、全校性的、以研究为基础的规划和评估过程。在这一过程中，高等院校系统地审查其使命、目标和预期成果，不断提高质量，并向高校内外的利益相关者证明其效率。为提高机构效绩，高校需要明确预期成果，制订评估计划，执行评估计划，并根据评估结果采取改进和提高的行动。本文还介绍了沃克维恩的机构效绩评估模式，包括以下五个步骤：①明确内部提高和外部问责的双重目的；②分辨五个评估的基本问题；③选择评估措施与方法；④收集、分析评估数据或证据；⑤交流评估结果。闭合循环过程（closing the loop）是机构效绩的一个重要概念，这里不仅指高校使用评估数据，还意味着高校的评估是周期性的，改进是持续性的。

Executive Summary Institutional effectiveness refers to ongoing, integrated, institution-wide, and research-based planning and evaluation processes. Through these processes, an institution systematically reviews its mission, goals and outcomes, continuously improves its quality, and demonstrates its effectiveness to internal and external stakeholders. To improve institutional effectiveness, an institution defines its outcomes, develops an assessment plan, implements the assessment plan, and takes improvement actions based on assessment results. This chapter also introduces Volkwein's Model for Assessing Institutional Effectiveness, which includes the following five steps: ① identify the duality of internal improvement and external accountability, ② distinguish five assessment questions, ③ select methods and measures, ④ collect and analyze data and evidence, and ⑤ communicate results. "Closing the loop" is an important concept for institutional effectiveness. It not only means that an institution uses assessment results, but also indicates that assessment is cyclical and improvement continuous.

1 引言

高等院校在其发展过程中，要面对诸多来自内部和外界的机遇与挑战，高校需要合理规划、整合优化资源、系统评估并不断提高运作效能，才能有效地完成其教育使命。近年来，高等院校机构效绩在美国高等教育的发展与成功中，扮演着越来越重要的作用。美国高等教育提倡与提高机构效绩由来已久。早在 1987 年，美国教育部已要求各区域认证机构从以下方面衡量高等院校的机构效绩：①高校的目的是否与高等教育目的一致；②高校的教育目标是否与其使命一致；③高校是否能证明学生学习成果达到其预期的教育目标；④高校是否定期评估学生的学习成果，并用其评估结果提高教育质量。

美国南方高等教育委员会早在 1984 年 12 月就将机构效绩确认为质量认证标准的重要组成部分之一。此项标准于 1987 年正式生效，并一直是南方高等院校认证的一项综合性考察标准。多年来，提高高校机构效绩的努力不但没有减少，反而变得越来越重要，机构效绩在确保美国高等院校教学质量，确保行政和学生工作的有效性中，发挥越来越重要的作用。

那么什么是高等院校的机构效绩呢？尽管人们对此有不同的理解和看法，但简单地说，机构效绩就是大学评价其实现院校战略计划、教育目标和机构使命的必经途径和手段。根据南方高等教育委员会 2012 年修订的《认证评审原则：质量提高基础》[1]，机构效绩是一个持续的、综合性的、全校性的、以研究为基础的、系统性的规划和评估过程。在这一过程中高等院校为提高教学质量和业绩对其使命、目标和成果进行系统的评估，并证明该院校能有效地完成其使命。为达此目的，高校必须明确其使命、目标和预期成果。高等院校中的各单位各部门，也要制定出与高校使命和目标相一致的单位目标和预期成果，并努力实现其目标，不断评估工作业绩，利用评估结果改进和提高工作质量和效率，以达到提升高校整体效绩水平的目的。在实践中，机构效绩是高等教育质量保证的关键，它的作用如同质量控制在工业和制造业中的作用。因此，评估机构效绩就是试图通过评估的手段检验高等教育机构的工作成效以及教育质量，看其是否按计划实现学校的教育使命和目标。学生学习成果的评估、分析和提高是机构效绩评估中最重要的组成部分。

在美国的教育文献中，机构效绩与机构评估往往相提并论，在美国大学行政系统中，机构效绩和机构评估办公室也往往承担相近的职责。这是因为机构评估的过程与机构效绩相吻合，即明确机构目标和成果、搜集数据、检验成果、改进工作，然而评估并不是机构效绩的全部。本文将进一步讨论机构效绩的定义、益处、建立的方法与过程。由于建立机构效绩评估系统是高校质量认证的关键，美国所有高等院校对此都投入了大量的人力物力。然而，在讨论机构效绩评估系统是否提高了高校效率与教学质量的问题上，可谓众说纷纭。美国高等院校在建立机构效绩评估系统中的一些经验和教训，值得中国高校借鉴。

2　美国质量认证机构对机构效绩的界定

美国南方高等教育委员会明确指出："高等院校的机构效绩是衡量学校各方面业绩的一个系统的、明确的、有确切记录的过程。"[2] 在此过程中，高等院校制定并努力实现与自己的使命一致的目的和目标，不断评估与衡量其是否达到目的和目标，然后用评估与衡量的结果来规划和改进学校的工作成效，从而完成机构效绩的良性循环。在美国，所有区域认证机构都要求其成员院校对机构效绩进行评估并存档，以下是一些区域认证协会对此要求的陈述。

美国中部高等教育委员会的认证标准和隶属要求规定："院校规划必须包含学术和机构效绩提高的目标，学生学习成果的目标，以及学生学习、学术和机构评估的结果"[3]。该委员会要求其会员院校要定期评估教学工作、学生工作，以及学校用于提高教学效绩的评估过程。会员院校还必须定期评估其战略规划、资源分配、机构活力和可利用资源，以及学校的管理和领导效绩。

中北部高等教育委员会主管美国中北部高校的质量认证，其认证标准第五条明确了对资源、计划和机构效绩的要求，即成员院校要“拥有足够的资源、合理的结构和程序以完成其使命，提高教学质量，应对将来的挑战和机遇，学校要有长远规划”[4]。该标准在细则中明确指出，高校不仅要有充足的人力物力资源，高效率的领导和运作体制，更应注重系统性、整体性的规划、评估和提高。成员院校的资源调配要与其使命及优先发展方向一致，要把学生学习成果评估、大学运作评估、长远规划和预算过程结合起来，建立及记录其运作成果，从中吸取经验与教训，以提高高等院校的机构效绩、潜力和可持续性。

新英格兰教育委员会高等教育分会在其2016年修订的质量认证标准中也明确规定了效绩评估的标准。例如，标准第二条提出了对规划和评估的要求，即高校要通过规划和评估完成和改进其工作，以实现其使命和目标[5]。规划和评估过程是系统的、全面的、广泛的、综合的，适合高校自身情况，既要有高校内部的参与，又要结合外部的观点，规划和评估的结果定期传达给适当的群体。新英格兰高教委员会要求，成员高校需要定期和系统地评估其使命和目标的实现情况，主要侧重于教育目标，即评估的焦点是专业学科的质量、诚信和效绩，通过系统性的评估有效地改进培养专业、学生学习和学生体验。

南方高等教育委员会的核心要求指出：机构效绩，强调成员院校必须建立“一个持续的、整体的、全机构的，以研究为基础的规划和评估过程”[1]。评估的范围包括教学及学生学习成果、行政服务、学生事务及服务、学术研究（只针对研究类院校）和社区服务，但更为重要的还是要以评估结果为依据进行改革与提高，并把改进的证据系统地存档。南方高等教育委员会在其资源手册中指出：“……不断追求改进是规划和评估过程的核心，它是一个持续性的、周期性的过程，是一个需要广泛参与、灵活、相关和回应的过程。提高机构效绩必须包括所有教学、服务以及其他各部门，与学校各级决策过程密切相关，包括学校的预算过程”[2]。南方高等教育委员会并不要求高校所有的评估工作必须同时进行或甚至每年都进行，高校必须根据其教育使命定期规划、评估各种工作与活动，并综合多样评估的结果，为学校的规划提供坚实的基础。

3 机构效绩的益处

由于机构效绩与高等教育的各方面工作紧密相关，从理论上讲，高等院校评估和提高效绩的过程对大学内外部都会产生诸多助益。对外来讲，高等院校在机构效绩评估中所做的工作可以满足联邦政府、州政府、各级教育监管机构、区域及专业认证机构和公众对于高校透明度和问责制的要求。联邦政府每年投入大量资金用于大学生教育资助和贷款，那么高校有没有履行对于教学成果的承诺？六年的毕业率如何？毕业生的贷款压力有多大？借贷学生的贷款拖欠率有多高？州政府和议会每年向其所属的公立院校拨放资金，不光资助本州学生的教育，还用来修建维护校园建筑、购买教学设施。这些资源是否得到有效地利用？高校培养的人才是否能满足州内经济发展的需求？家长和学生每年缴付大笔学杂费，学生到底学到了什么知识和技能？毕业生的就业率如何？由于机构效绩是所有区域质量认证和众多专业质量认证的核心组成部分，高校必须要建立内部的规章程序，贯彻并记录其规划、整合、评估和改进的过程和结果，才能通过各种质量认证，应对外部的监督。

虽然机构效绩是教育监管、质量认证和问责制的产物，但如果只强调外部压力而忽视机构效绩对高校内部提升的益处，就会造成舍本求末、敷衍了事的情况。如果建立机构效绩的目的只是用来应付质量认证，高校的教师、学生、领导和管理人员就不会真正地参与其中，就不会有真正意义上的质量提升，反而造成人力物力资源的浪费。因此在推行机构效绩过程中，一定要大力宣传机构效绩对于战略规划、资源整合、学科建设、学生学习成长、提高学校实力等方面的益处，将评估融合在实际工作之中。例如在学科建设方面，通过评估专业的设置是否满足学生的需要、社会的需求，教师可以不断调整教学目标或培养方向，改变教学大纲和课程要求，以应对外界环境和学生素质的变化。此外，整体评估学生学习中的长项和弱点，可以促进教师合作，推行创新性的教学方法，为学生提供有效的指导，持续提高整个专业、院系的质量。在管理工作中，管理人员可以依据数据评估资源分配是否合理，课程与专业的格局是否重复，服务保障工作是否满足教学、学生和学校发展的需要。

从学校总体层面上来讲，效绩评估是落实问责制的关键，也就是用数据和其他证据评估学校政策与实践的有效性，验证学校对于学生的承诺，回应师生员工所关心的事项，解决评估中发现的问题。依据评估的数据和资料，管理和领导层才能杜绝盲目决策，制定出符合学校特色的战略规划，并持续监控、调整学校发展方向以适应外部环境的变化。机构效绩如果落实得当，可以提高决策有效性，改善学校内部的沟通，提高凝聚力和协调性，促进可持续性发展。所有这些长处，将会鼓励和激发学校的管理、教学和工作人员，为完成学校的使命，实现学校的目标，更加努力地工作。

教育监管和质量认证机构最初推行机构效绩时，高等院校只要有战略规划，明确的学生学习成果，完整的评估政策，一些评估数据和一些相关的改善计划就可以通过质量认证。一些高校在质量认证前匆匆出台评估政策和程序，全校突击评估，搜罗证据，草草制订改善计划。一旦通过了质量认证，有些高校就把评估政策和程序抛在一边，并不真正落实拟定的改善计划。用这样的敷衍方法，教师、学生和员工就看不到机构效绩的益处，他们反而觉得机构效绩是应付质量认证的额外工作，对他们的正常工作造成了严重的干扰，对评估工作产生抵触情绪。

针对这些情况，教育监管和质量认证机构对于机构效绩的要求逐渐明确，审核标准也逐渐严格。他们组织了大量的培训，以增强高校人员对机构效绩和评估方法的理解。近些年来，很多高校的评估风气都有了重大的改变，高等院校不再认为机构效绩只会风行一时，很快就会被遗忘。现在美国所有高等院校普遍建立了主管机构效绩的办公室，有专业人员负责建立合理、系统、有效的效绩评估模式，落实、协调全校工作，帮助各个院系和行政办公室将评估纳入正常工作的一部分，使机构效绩的益处得以发挥。

4 提高高校机构效绩的程序与模式

如上所述，机构效绩已成为美国各区域质量认证机构的主要认证标准之一，为了满足这一要求，全美各高等院校都已实施各种提高机构效绩的方法与模式。虽然这些方法和模式可能会有所差异，某些方法和模式会比其他的更为复杂，但所有的方法和模式都按照同一基本思路、遵循同一基本程序进行，既以学校使命和战略规划为主导，明确目标和预期成果，制订评估计划，实施评估、检验预期成果的实现程度，最后利用评估结果或证据来进行改革与完善。这个“计划—实施—改进”的周期性（cyclical）过程也称为“闭合循环过程”，也就是说在完成每一个步骤后，一个周期闭合（close，即完成），下一周期的循环重新开始，依此周而复始，高校不断制定新的目标，实施新的计划，不断评估机构预期目标和成果的获得，分析评估结果，不断以评估与分析结果为依据，改进质量和提高业绩，从而保证了高等院校的质量与效绩的不断提高。下面分别讨论此周期中的每一个步骤。

4.1 明确成果

确定成果是整个机构效绩提高程序的第一步，也是实现机构效绩的最重要的一步。它为高等院校的机构效绩明确了方向。学校在制订机构效绩计划时，必须以大学使命主导学校的战略规划，以学校的使命、目标、战略规划为核心，制定预期成果。这里要强调的是使命、目标、战略规划、实施计划、成果是不同的概念。例如说，高校的使命之一是为国家培养有用的人才，教书育人是学校的目标之一，如果有一所高校将扩建工程学院列入其五年战略规划，并且制订了具体的扩建计划，那么今后五年中工程学院的专业数目、学生人数、师资人数和专业水平、学生学习成果就包含在预期的成果之中，成为机构效绩的具体表现。

在实践中，高校教职工已经习惯围绕着学校使命、目标与战略规划来制订阶段性目标或年度计划，包括人才培养目标、专业发展目标、学生工作发展目标、教学计划、行政与教学管理工作计划、后勤保障计划等，使学校的各项工作与任务有规可守，有序可循，能够按计划按要求得以实施。然而，这些计划中往往只包括将要采取的行动，缺乏行动产生的成果。例如招生办公室计划加大招生力度、扩展生源范围，却不具体陈述预期的招生指标、新生的素质；又如教师决定审查专业课程设置，却不明确这一行动将在多大程度上提高学生的学习成果。为了明确成果，美国高校的各级教职员工投入了大量的时间和精力，因为明确成果是整个部门，整个专业的事情，要集体商讨，集体认同。

值得注意的是，明确的预期成果，包括学生学习成果，必须可以用一定的标准来衡量，必须切合实际，既不可定得高不可及，以致无法完成，成为一纸空文；但也不能定得太低，故步自封，无所建树。此外，所定成果必须有时间的限制，必须在一定的时间内完成。美国大多数高等院校常按“S. M. A. R. T.”标准来判定预期成果是否可行，即：Specific（确切的），Measurable（可衡量的），Attainable（可获得的），Realistic（现实的）和Time-bound（受时间限制的）。

4.2 制定评估计划

预期成果一旦明确，各个专业和部门就可以着手设计评估过程、选择评估方式，包括如何收集证据、分析和解释证据，然后将分析结果用于决策，以改善专业学习和学生服务，促进教学与管理的提高，并为学校的决策、规划、预算、政策和外部问责等提供信息。评估计划一般包括以下几方面。

（1）单位的使命陈述。

（2）单位的目标陈述。

（3）工作成果或是学习成果：行政单位要拟定行政工作成果，专业要明确学生学习成果和专业成果，学生工作部门现在也开始要求有学生学习成果。单位和专业要根据实际情况明确几个切实相关的成果，不需要罗列所有工作的预期成果。

（4）测量方法和手段：根据成果的不同，选择合适的测量方法和手段尤为重要。在数据和材料的收集过程中一定要系统，避免以偏概全。

（5）评定标准：用以判断预期成果是否达到。

（6）评估周期：要根据工作实际安排评估的周期，有些评估可以在一年内完成，有些则需要几年的时间。

（7）评估负责人：明确负责人，可以保证工作的落实。

任何能够提供准确的和可靠的评估数据、帮助判定成果的完成情况、有利于决策和规划的评估方法和评定标准都可以加以利用。美国高等院校的机构效绩评估的方法大体上分为两类，即进展性评估（formative assessment）和终结性评估（summative assessment）。进展性评估是保证部门计划得以顺利实施和按时完成的手段之一，通常在计划的实施过程中进行，检查与监督进展，对执行计划提供反馈信息。此外，进展性评估的一个主要作用是及时发现计划实施中的问题，提出修改意见，以便及时纠正问题或错误。终结性评估通常是在年度或阶段性计划结束时进行，旨在总结计划实施情况，展示与交流计划实施结果，包括好的与不好的或需要改进的地方，对学校使命的完成、目标和预期成果的实现等做出结论和裁决。终结性评估通常根据预先制定的标准或量规进行客观的评估，这些标准或量规应在计划实行时或之前公布，使计划执行人员或单位清楚他们所应该做的工作和任务，以及必须达到的目标。评估结果要清楚表明工作任务是否完成，完成程度怎样，是否达到目标和预期成果。

4.3 执行评估计划

一旦评估计划制订完成，高等院校所属各单位与部门就必须按计划、按要求严格地开始实施与执行，采取一切行之有效的方法和措施，在确保质量的情况下按时完成评估计划。各级各单位部门的领导，上到校长教务长，下到专业、系、部门、办公室主任，都必须关心、监督与督促评估计划的实施与执行。在实施过程中，领导是关键，只有领导重视，评估的实施与完成才能得到保障。其次，学校各单位部门的评估负责人，要定期检查实施与执行情况，必要时及时调整方法与措施，保证计划得以按期顺利完成。

4.4 改进与提高

高等院校机构效绩闭合循环过程的最后的一项步骤是改进与提高，即用评估结果来改进与提高学校的教学和管理业绩。如果没有改进与提高的实际行动，前面所做的一切努力，无论成效多好，都将无济于事甚至前功尽弃。如果没有改进提高，缺乏有效地完成学校使命和目标的证据，学校就无法通过质量认证检查，从而丧失认证资格。因此，各单位各部门，必须认真完成这个机构效绩闭合循环过程的最后一个环节，必须做好以下工作。

（1）根据评估结果，针对没有达到的目标和预期成果，或在评估中发现的缺点与不足之处，制订短期行动计划或改进计划，旨在修正方案，改进不足，排除不良因素和前进中的障碍。

（2）部门的行动计划必须要具体，即修改什么、改进什么、采取什么举措、谁具体负责、什么时候完成等具体细节。

（3）按计划按时间按标准重新进行评估，再次检验目标和预期成果是否达到。如有必要，在下一个机构效绩闭合循环过程中继续检查、评估、改进。

5 沃克维恩机构效绩评估模式

2010年，弗德里克·沃克维恩（J. Frederics Volkwein）提出了一个由五部分组成的高校效绩评估模式[6]，用以评估包括学校、专业、教师和学生的多种层面。如图1所示，该模式的第一步是明确高校效绩评估的双重目的；第二步是明确评估中需要解答的问题，并根据不同的评估问题，在第三步中选择适合的评估措施和办法；继而在第四步中收集、处理和分析数据和其他证据；第五步是交流评估结果并采取适当的措施进行改进。值得注意的是第五步并不是效绩评估的结束，而是返回到第二步或是第三步，形成一个闭合循环过程，周而复始、不断提高。

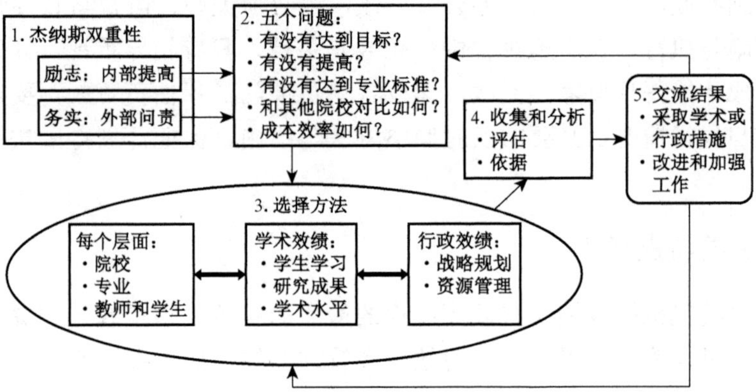

图1 沃尔维恩机构效绩评估模式

5.1 第一步：明确高校效绩的双重目的

提高高校效绩有两个目的：励志与务实。沃克维恩用古罗马守门神"珍纳斯"的内外双面脸来形容这一现象，即励志的宗旨在于内部改善，而务实则为外部问责。沃克维恩发现由于大学中的行政人员和教师对于机构效绩的看法往往大相径庭，对于如何利用评估达到励志与务实的目的也是各持己见，调和这一矛盾，长期以来对美国高校都是一个挑战。有些人倾向于励志，即通过评估发现不足，找到改变、革新的途径，把学校办得更好，把工作做得更好，培养出更多更好的毕业生；另外一些人则更多地考虑外部问责，认为要通过评估展示业绩，凸显学校和学生取得的成绩，向监管认证部门、政府部门、学校董事会和公众展现学校为社会所做的贡献。在美国高校提高机构效绩的实践中，内部完善和外部问责这两种需求长期来同时并存、相互竞争，既为效绩评估的推行奠定了基础，又使其从一开始就充满争议。因此，为达到机构效绩的目的，效绩评估一定要同时顾及、平衡两方面的需求。

5.2 第二步：五个评估的基本问题

沃克维恩强调在评估过程中，一定先要澄清评估的目的，以避免盲目评估。他提出五个评估问题，分别涉及五个方面：目标、改进、标准、基准和效率。这五个评估问题是：

（1）有没有达到目标？要回答这个问题，高等院校各个单位内部必须要拟定具体的、可衡量的目标和目的，推行进展性评估，衡量目标与现状之间的差距。行政服务单位要检验、判断本单位所做的工作与其目标是否一致，与其所属部门的目标是否一致，已经取得了多大成绩，还有多少差距，如何缩小差距。在院系中，教师则要明确："我们专业的培养目标和目的是什么？""我们的学生应该达到什么能力和水平？""我们学生的学习成果是否达到教师的要求？""我们如何改善教学方法和课程设置，进一步提高学生的学习成果？"

（2）有没有在不断提高？这是一个关于效绩趋势的问题，也需要运用进展性评估方法进行评估，追踪某段时间内的业绩变化。沃克维恩指出这个评估问题有前提假设，即学生、教师、专业和部门的业绩成果有提高的空间，可以收集到一致的、纵向的数据，能够有效地进行比较分析，识别业绩趋势。这就要求行政单位不断收集数据，衡量工作成绩，反思过去采取的改革措施是否取得了成效。教学单位也要参考多年以来的历史数据，以确定学生学习成果是否有所提高，新的教学手段是否起到了预期的作用。

（3）有没有达到标准或专业基准？这是通常在评估周期结束时提出的一个终结性评估问题。回答这个问题的前提是，本行业、专业或学科内的权威机构已经设立了明确的标准或基准，而且与本部门或专业的目标相一致，这样得出的评估结果才有意义。这种评估以校外权威机构制定的标准取代本单位自拟的目标，着重检查部门的业绩或专业学习的成果是否达到最起码的水准，衡量自身与外部标准之间的距离，因此，通常会以评估结果做出终结决定（summative decision）。例如某些专业的质量认证中，如果学生的专业考试通过率低于质量机构的最低要求，就不能获得该专业的质量认证。

（4）与其他院校相比如何？这类比较评估（comparison assessment）需要同类院校、专业或行政机构之间的比较分析，进行同行评估（peer assessment）。回答这个问题首先要确定自己的同行或竞争对手，确定比较的指标和标准，不仅要有自己的数据，还要掌握同行或竞争对手的情况，才能判断自身与同行之间的差距和优势。虽然很多学校已经建立了内部的目标和标准，但是，立法机构、学生家长和其他一些机构对高校之间的相互比较则更为热衷。由于高校数据的申报、储存、检索和交流日益完善，各学校得到竞争对手的数据也更为容易。政府与非营利机构纷纷推出大学“记分卡”和名目繁多的排名，而他们所使用的比较方法常常受到高等院校的质疑。高校内部的院校研究办公室通常追踪同行的数据，为学校领导层提供决策支持。沃克维恩指出，“比较评估基于公认的声誉或客观的统计数据，不要求对业绩等级或标准达成共识，只要求展示大学或专业的竞争力”[6]。

（5）成本效率如何？这是一个投资回报率的问题，这种评估通常需要高水平的专业判断与衡量。例如，高校聘请咨询公司进行经济影响力评估（economic impact assessment）或是预算模式审查，前者可以展示政府对高校投资可产生的经济效益，后者则可以判断学校资金分配是否合理、预算模式是否有效。2008 年美国次贷款引发的经济危机之后，州政府对公立院校的拨款减少，大学的教育经费和捐赠基金缩水，导致大学学费飙升，而学生支付能力有限、负债增加，立法机构和公众对高校的效益和效率问题十分关注。在问责制的压力下，大学常常要回应外界对于教师工作量、班级规模、管理人员工资、学生毕业率和就业率、获得学位所需时间、毕业生贷款拖欠率、研究经费的用途等事情的质疑。在学校内部，由于裁减经费，各个院系和部门之间的竞争日益激烈，评估部门效率就是要衡量有限的资源是否得以合理运用，是否人浮于事，是否需要将资源分配加以调整，缓冲外部经济环境对学校运作的冲击，投资于新的增长点，在将来取得更大的效率和回报。

明晰这五个评估问题，为第三步和第四步的评估方法选择、数据收集和数据分析打下了基础。

5.3 第三步：评估措施与方法的选择

由于评估是以研究为基础的，第二步中提到的五个评估问题需要不同的研究方法来解答。高校在考虑、设计或是选择评估策略和方法时，不但要明确评估的问题，更要确定评估层面，顾及教学与行政部门的不同之处，避免一刀切的做法。评估的对象有三个层面：学校整体层面，专业和项目层面，以及学生和教师个人层面。例如，在教育质量的评估中，在学校整体层面，可以做毕业生问卷调查，了解他们如何看待自己的知识和技能，如何评估学校对他们的成长所做的贡献，对大学生活是否满意；在专业层面，可以通过审阅高年级学生的论文或研究项目，判断他们是否达到本专业的预期学习成果；在个人层面，教师可以在教学大纲中明确课程的预期学习成果，并通过测试或其他形式的作业检查学生的学习成果，针对个别学生的弱点及时加以辅导。

此外，即使评估的问题和层面相同，评估方法的选择还取决于这些方法是用于教学效绩还是行政效绩。教学效绩注重学生学习和学术研究成果，而行政效绩则注重战略规划和资源管理。沃克维恩指出，如果所评估问题很明确，学校、专业和项目，以及个人的出发点是一致的，那么设计研究方法和选择评估方法是很容易的。

5.4 第四步：收集、分析评估数据或证据

研究方法一旦确定，学校便可以着手收集数据或证据，进行分析。美国大学每年都收集、储存大量的数据，许多现有的数据和证据都可用于效绩评估。因此，收集数据的第一步就是查看个人、专业、项目、部门或学校现有的数据，选择能用的信息，以免重复收集，造成不必要的资源浪费。如果必须收集新的数据，那也要认真筹划，必要时与其他部门和人员协调，尽量避免在数据收集和计量过程中的偏差。在分析数据时，要参考从不同渠道收集的数据和证据，运用正确的分析方法，避免以偏概全，做出不正确的判断。

5.5 第五步：交流评估结果

评估的结果不仅要总结汇报，更要交流讨论，不能束之高阁，或弃之不理。在讨论过程中，认可成绩和贡献，如果发现薄弱环节，则集思广

益，制订改进措施，落实改进措施，这是区域和专业质量认证机构对高校效绩的根本要求。沃克维恩指出，大多数学校在收集数据方面都做得比较好，可是在交流评估结果和采取相应的改进措施方面欠缺较大，这是提高机构效绩过程中的一大挑战。

根据沃克维恩的模式，在第五步以后，评估工作又回到了第二步或是第三步，各个单位与部门根据新的情况和工作重点重新确定评估问题，选择适合的评估策略和方法。

6 结论

评估是高等院校提高机构效绩的关键。没有评估则无从判断高校使命的完成状况，无法知道是否达到了目标或预期成果，用评估结果进行改革与提高则无从谈起。高校如果无法证明机构校绩，就不可能通过区域质量认证，其后果的严重性是不言而喻的。因此，在内部提高和外部问责的双重压力下，美国高等院校通过推行机构效绩以达到以下目的。

(1) 重新审查、修改学校的使命和目标，并以此为指导，制定战略规划，确定预期成果，并给予相应的预算和资源支持。

(2) 制定和实施全校范围内的评估程序，在学校、培养专业和行政部门等层面开展评估工作。在评估中，各个专业和部门的目标和成果要与学校的使命、目标、战略规划和预期成果保持一致。

(3) 根据不同的预期成果和评估问题，各部门选择适合的评估方法，审查现有的数据、证据，或是收集新的数据，分析结果，判断是否达到了内部拟定的标准或外部制定的基准，找出成绩和差距。

(4) 交流评估结果，集思广益，制订实施进一步提升的举措，调整预算和资源分配。机构效绩不是针对学生、教师和员工个人的业绩审核，它聚焦整体的工作成效和教育质量，特别是高校实现其使命、目标和战略规划的成效。

关于机构效绩，美国教育理事会（the American Council on Education）指出："当前形势的活力和流动性，以及不可预见的将来，将继续影响和塑造高等教育的未来。高校利用资源实现其目标的程度，将取决于这些目标的明确性，以及高校是否愿意确定优先事项、解决其问题。这就需要评估当前状态，设计变革过程，进一步培养和教育高层领导，灵活地在所有层面上进行大规模的改变”[7]。

参考文献

[1] The Southern Association of Colleges and Schools Commission on Colleges. The Principle of Accreditation：Foundations for Quality Enhancement[DB/OL].（2012）. http：//www.sacscoc.org/pdf/2012PrinciplesOfAcreditation.pdf.

[2] The Southern Association of Colleges and Schools Commission on Colleges. Resource Manual for the Principles of Accreditation：Foundations for Quality Enhancement[DB/OL].（2012）. http：//www.sacscoc.org/pdf/Resource%20Manual.pdf.

[3] The Middle States Commission on Higher Education. Standards for Accreditation and Requirements of Affiliation（13th Edition）[M/OL].（2014）. https：//www.msche.org/publications/RevisedStandardsFINAL.pdf.

[4] The Higher Learning Commission. Criteria for Accreditation[DB/OL].（2014）. http：//policy.hlcommission.org/Policies/criteria-for-accreditation.html.

[5] New England Association of Schools and Colleges，Commission on Institutions of Higher Education. Standards for Accreditation[DB/OL].（2016）. https：//cihe.neasc.org/standards-policies/standards-accreditation/standards-effective-july-1-2016.

[6] Volkwein J F. Assessing Student Outcomes：Why，Who，What，How?[M]. New Directions for Institutional Research. San Francisco：Jossey-Bass Wiley Inc. Publishers，2010，1（S1）.

[7] The American Council on Education（n. d.）. Institutional Effectiveness[DB/OL].（2016）. http：//www.acenet.edu/higher-education/topics/Pages/Institutional-Effectiveness.aspx.

学生学习成果评估

Student Learning Outcomes Assessment

周　莹 博士
院校规划、评估与研究副教务长
美国东卡罗来纳大学（East Carolina University）

白　康 博士
院校研究与规划副校长
美国路易斯大学（Lewis University）

摘要　机构评估是高等院校不断改进与提高的一个重要途径，学生学习成果评估成为重中之重。在过去三十多年里，美国高等教育质量广受公众的关注和批评。2006 年，当时的美国教育部长玛格丽特·斯佩林斯成立的专门委员会呼吁美国联邦政府在促进高校问责制、加大透明度中发挥更大的作用。在公众与政府的压力下，美国六个区域认证委员会都先后修改和加强了对机构效绩评估的要求，学生学习成果评估已经成为展示机构效绩最重要的证据，成为认证审查的中心。本文介绍了学生学习成果评估的五个步骤，即确定学生学习成果，把学习成果嵌入学习过程，选择和设计评估方法，收集和分析评估数据，最后根据评估结果改进提高。通过具体实例，本文介绍了 S. M. A. R. T. 学习成果，课程图，直接和间接的评估方法，展示了一个专业评估计划的模板。

Executive Summary　Institutional assessment is key to continuous improvement in higher education, with student learning outcomes assessment as the most critical component. Over the last 3 decades, the quality of American higher education has been under increasing scrutiny and criticism. In 2006, a commission established by Margaret Spellings, the then Secretary of Department of Education, called for the federal government to play a larger role in promoting accountability and transparency at colleges and universities. In response to the public and the government, all six regional accreditation agencies have revised and strengthened their requirements for assessment of institutional effectiveness. As a result, student learning outcomes assessment has become the primary evidence for institutional effectiveness and the centerpiece of accreditation reviews. This chapter outlines a typical five-step process to conduct learning outcomes assessment, which involves defining learning outcomes, embedding outcomes in educational experiences, selecting and designing assessment methods, collecting and analyzing data, and using assessment results for improvement. The chapter provides specific examples of S. M. A. R. T. learning outcomes, curriculum map, direct and indirect measures, and an assessment template for an educational program.

1 引言

评估是检查现状、改进工作的重要途径，它以各种形式根植于高校工作的方方面面。然而直到二十多年前，也就是1985年高等教育评估第一次全国会议在南卡罗来纳州哥伦比亚市召开时，院校评估才开始成为衡量和促进提升高等院校效绩的正式途径。当时，由于质量下降和问责缺乏，高等教育广受公众批评[1]。1985年8月，美国全国州长协会（National Governors' Association，NGA）在其年度会议期间成立了一个特别工作小组，旨在对美国教育中存在重大问题的领域进行深入的调查。当时密苏里州的州长，后来成为第79届美国总检察长的约翰·阿什克罗夫特（John Ashcroft），担任特别工作组的组长。1986年，他在题为《该出成果了：1991州长教育报告》的报告中指出，公众有权知道政府财政支出的用途和收益，由于州政府为公立高等教育提供大量资金，公众有权知道公立大学本科教育的质量，有权知道他们缴纳的税金是否得到合理的投资和使用[2]。美国州长协会的报告强调，学生的学习及学习成果应该作为高校认证标准之一。

在1984年，南方高等教育委员会率先把评估作为衡量高校机构效绩的一种手段。从1984年至1992年，美国的六个区域认证委员会先后修订认证标准，明确要求高等院校必须对学生学习成果进行评估，但是公众对高等教育的监督并没有因此而减弱。

在2005年，当时的美国教育部部长玛格丽特·史裴琳（Margaret Spellings，现任北卡罗来纳州大学系统校长）成立了一个专门委员会，称为“史裴琳委员会”，探讨全国性的高教改革策略。委员会在2006年提交了一份关于高等教育未来的报告，呼吁联邦政府在促进高校问责制和加大透明度中发挥更大的作用。在此之后，史裴琳极力推动高校认证体系更加侧重学生成果，强调学而有成不是一个“是”或“否”的问题，而是学生如何学习、收获了多少知识和达到什么程度的问题。继而，美国的六个区域认证委员会都进一步采取行动，加强了针对机构评估和学生学习成果评估的监督，将其视为高等院校机构效绩的关键指标。所有的高等院校必须提供充足和有力的资料，不但要证明它们制订了合理的评估计划，采取了有效的评估活动，更要证明它们通过评估不断改进学生学习，促进了学校使命和目标的实现。

尽管各院校的评估方式和目的不同，早期最为广泛使用的评估定义来自Palomba和Banta在1999年出版的专著《评估基础：策划、执行、提高高等教育评估》。他们将评估定义为“以学生学习和提高为目的，系统地收集、审查和使用关于专业培养的信息”的活动[3]。根据这个定义，高等院校评估以学生学习成果为本，评估范围涉及所有的培养专业。2015年，在该书的第二版中，Banta和Palomba将评估的范围扩大到整个机构效绩，评估是提供“有关资源、行动和成果的可信证据的过程，其目的在于提高高等教育的教学、专业和服务的效绩”[4]。高等院校进行评估不仅要提高学生学习，也要改进学生的服务和机构的管理运行。

显而易见，新的评估定义以提高机构效绩为目的，以行动为驱动。这是因为在公众要求更多问责制的环境下，单纯地收集和审查学生学习资料并提出改进计划已经明显不够。这一新的定义反映了美国联邦政府、州政府和区域认证机构逐步加大对高等教育评估、机构效绩的要求和压力。高等院校需要提供更多可信的证据，以证明其评估活动不仅提高了教育质量，而且提升了整个学校。例如，在2006年，美国六个区域认证协会之一的中部高等教育委员会，增加了以下两个关于评估的认证标准[5]。

标准 7　高等院校机构评估：高等院校制订并实施评估计划，用以评估学校实现其使命、目标以及与认证标准相符的整体效绩（第 10 页）。

标准 14　学生学习的评估：学生学习成果评估表明，学生在毕业或是在某一适当的时候，掌握了与学校和高等教育目标相一致的知识、技能和能力（第 11 页）。

2　学生学习成果评估的目的

政府、公众和认证机构对高等教育质量的监督不断增强，迫使美国高校对其培养专业的成果负责，因此学生学习成果评估尤为重要。高等院校需要实施一个综合的、持续的和系统的学习成果评估过程，以应对外部问责和内部改进的需求。

2.1　质量认证

根据沃克维恩所述，在过去的 20 年里，由于学生学习成果评估被置于认证检查的中心地位，认证过程发生了巨大的改变。区域认证委员会和专业认证机构都已经从“对教育投入和资源的硬性量化标准的评估”，转移到以“学生学习成果”为基础的评估，这是美国高等教育质量保证过程中的一个重要里程碑[6]。在 20 世纪 80 年代之前的认证模式普遍鼓励高校将投入的质量（quality of the inputs）最大化，以保证产出的质量（quality of the outputs）。这里所指的“投入”通常包括：①学生：新生录取率和入学考试成绩；②教师：教师的数量，教师中拥有博士学位或其他最高学位（terminal degree）的人数的百分比；③资源：学生与教师的比例，图书馆藏书量、体育设施、资金和捐赠，以及每个学生的教育支出。然而，在一个以成果为基础的模式中，学校则需要提供诸如学生学习成果、学位完成率、毕业生就业率、学生与校友的成就、教师成就的数据，以及学校履行其使命的一系列证据。

Provezis 在 2010 年研究了美国六个区域认证机构的认证程序和政策，发现这些认证机构对学生学习成果的评估有类似的要求[7]。区域认证委员会理事会（the Council for Regional Accrediting Commissions）虽然公布了关于学生学习成果评估的“最佳实践原则”[8]，并得到了所有认证机构的认同，但是区域认证机构并不要求高校必须使用这些最佳实践原则。其结果是，各院校自主制定评估方法和程序，虽取得了不同程度的成功，但同时也造成高校的评估实践良莠不齐。Provezis 还发现，与过去相比，更多的院校由于评估工作不足，不能顺利通过质量认证，但是这并不意味着高校的评估工作比以前做得少，恰恰相反，这是因为认证机构的审查更为严格，敷衍了事的评估工作已不被接受。例如，在 2013 年南方高等教育委员会的认证活动中，评审人员在第一轮的审核中发现，64%的院校没有提供足够的关于学生学习成果评估的证据，继而没有达到关于专业效绩评估的认证标准，这些院校需要补充证据，提交焦点报告。在第二轮的实地考察中，第一轮没达标的院校中仍然有三分之一不合格，这些学校的效绩评估过程将受到认证委员会的监督，需要在限定时间内提交监督报告。显然，如果没有将评估纳入学校的机构效绩程序，没有建立行之有效的评估系统，高校就无法顺利通过质量认证审查。

2.2 内部提高

评估的最终目的是提高高等院校的机构效绩。大学通过评估工作，发现学校管理，学生服务，尤其是专业培养中的成绩和不足，以保持优势、改善劣势，更好地服务学生，培养人才。然而，学生学习成果评估并不是一个简单、快速的过程，这是因为评估需要全校的参与，不管在理念上还是实施上都很复杂。一个有效的评估过程，需要所有教职员工和管理人员投入时间和精力，系统地收集数据、分析结果、采取行动进行改进。Terezini 于 2010 年指出了学生学习成果评估和其他类似活动的四个不同之处[9]。

（1）学生学习成果评估不是一个单纯的管理活动，因此教师不能仅仅是同意或认可评估，他们必须积极参与其中；

（2）学生学习成果评估不是高校教师业绩评估体系的一部分，它旨在促进自察、批判性质疑、评价和更新，不应该惩罚寻求改善的个人；

（3）学生学习成果评估不能影响教师课堂教学，也不能侵犯学术自由；

（4）学生学习成果评估不是一个测试或一系列的测试，虽然测试可以是评估的一部分。

那么，学生学习成果评估的价值是什么呢？琳达·苏斯基（Linda Suskie）在 2009 年指出[10]，学生学习成果评估的价值主要有以下几点。

（1）明确学习目标：通过学生学习成果评估，教师检查和阐明学校、专业和课程的学习目标，将其贯通在教学过程中；

（2）调整课程：学生学习成果评估为教师审查和修订课程提供了良好的机会；苏斯基指出，无论学生选择学习什么课程，课程的设计应该保证每个学生都有充分的机会达到学校和专业的每一个关键学习目标；

（3）促进教师相互协作：学习目标、课程设置和评估应该通过学校各学科教师之间的相互合作来完成，学生学习成果评估给来自不同学科的教师提供了合作的机会和对话的平台；

（4）提高学生学习：嵌入课程中的学习成果评估（course-embedded learning outcomes assessment）往往可以提供有力数据，帮助教师判断学生是否达到专业目标、通识教育目标，或是高校确定的学习目标。课程嵌入式评估的结果可直接为教师所用，及时改善和提高学生学习。

3　学生学习成果评估的现状

2010 年，在印第安纳波利斯举办的评估学院会议上，琳达·苏斯基总结了过去十年美国高校在评估方面所取得的显著成就，她说："现在大多数人似乎都了解了评估的基础知识，越来越多的人在做评估，越来越多的人意识到评估不是一时之风，更多的关于评估的学术资源不断涌现。"另一方面，她提醒听众，评估的目的不仅仅是收集和保存学生学习的数据，还应该帮助学校履行其使命，帮助高校培养出向公众承诺的毕业生。她还呼吁重新调整教学评估，提高评估的成本效益。她指出，当高校在评估工作、评估工具、评估数据系统的投入越来越多的时候，高校需要考虑这些支出是否有价值，是否有回报[11]。苏斯基的这番评论是针对有些高校只为评估而评估，把评估数据视为最终结果，缺乏提升举措或是改进力度的这一现象。

2009 年和 2013 年，美国学习成果评估国家研究所（the National Institute for Learning Outcomes Assessment）分别对高等院校主管教学工作的领导（the Chief Academic Officer，CAO）进行了一项问卷调查，用以调研高校的学生学习成果评估活动。2013 年的调查发现，虽然学习成果评估的主要动力仍然来自区域和专业认证机构，衡量学生知识和能力不再仅仅是外部认证的要求，而是越来越多地由负责教学质量的教师和学校领导来主导[9]。

调查还发现，2013年各院校开展和进行的学习成果评估活动比2009年更多，采用的评估工具种类也更广泛。课程嵌入式评估、全国学生问卷调查和评估量规（按此顺序）是目前三个最普遍的、首要的、最有价值的评估本科生学习成果的方法[3]。从2009年至2013年，评估量规的使用增加了三倍，而效绩评估（performance assessment）和学习档案（portfolio）的使用增加了四倍。此外，71%的CAO认为他们的学校对评估活动的组织结构支持“非常多”或“相当多。”常用的评估支持包括以下几种：制定全校性的评估政策和要求，教师参与评估，设立评估委员会，扩充院校研究和评估办公室，以及指派专职人员负责评估工作。

4 学习成果评估的层面和主要步骤

学习成果评估可以在几个层面进行，其中包括课程评估、专业评估、通识教育评估、课外活动评估以及全校层面的评估。

课程评估：教师一向通过测试、作业、作文、研究课题、项目等方式对学生的课程学习进行评估。在课程层面的学习成果评估，就是进一步要求教师制定并向学生说明课程的预期学习成果，有目的地设计课程活动、测试和作业，使课程学习成果与教学活动保持一致，有目的地收集评估数据，分析学生学习的整体情况，不断提高课程质量。当一门课程由多名教师教授时，教师团队要统一学生学习成果，使用统一的或是相当的评估工具和标准，相互沟通，交流结果，共同制订改进计划。

专业评估：每一个学位专业需要有其自身的使命、培养目标以及学生学习成果，课程设置要有逻辑性和连贯性，而不是多门课程的简单组合。专业层面的评估检查的是学生在完成专业课程的过程中、在某一特定时间所表现出的知识和能力。专业评估通常嵌入在专业的关键课程中，但评估结果则用于改善专业内的一系列课程，这是因为学习是一个逐步积累、循序渐进的过程。例如，某个专业可以在四年级顶点课程中评估学生应用研究方法的能力，这项评估结果反映的是本专业一系列研究方法课程的学习成果，而不仅仅是顶点课程，评估中发现的不足需要在一系列相关的课程中解决。

通识教育评估：通识教育以人文、科学、社会科学和艺术为基础，提供了一个培养广泛的知识和实用能力的平台。通识教育需要有明确的使命、愿景和学生学习成果，课程设置需要有连贯性和目的性，不能成为学生自由选择的课程菜单。通识教育评估着眼于整体，而不是单独的通识课，在评估的过程中需要不同学科教师的广泛参与，由跨学科的教师团队主导。由于选修通识课的学生众多，许多学校采取抽样的方式收集学生课程作业或考试样品，教师团队审核作业样品，评估学生学习的整体水平。教师研讨评估结果，提出具体方案，以提高整个通识教育的效绩。

课外活动评估：除了课堂教学以外，美国高校提供的许多课外活动，例如生活学习小组（living-learning community）、服务性学习（service learning）、社区服务项目（community-service program）、领导能力培训班以及学生部组织的各种活动，对学生的知识能力提高有很大的帮助和促进。2004 年，Keeling 在其编著的《重新审视学习：注重学生在校体验》一书中提出七项学生工作重点，其中包括公民参与、人道主义精神、实践能力，以及知识的获取、整合和应用等[12]。许多高校的学生工作部门都采用了这一框架，明确本部门的学生学习成果，设计与之对应的学生活动，积极参与学习成果的评估。

高校层面的评估：有一些学生学习成果适用于所有培养专业和学生活动，例如批判性思维能力、交流能力（包括写作能力和口头沟通能力）、多元文化能力等，于是一些高校要求所有的培养专业以及学生部都评估这些能力，这就成为高校层面的评估。从本质上讲，高校层面的学生学习成果评估类似于通识教育评估的程序，需要有整体的、统一的学生学习成果，更重要的是要有广泛的教师参与、协调与合作。

无论是哪个层面，学生学习成果的评估过程都包括了五个具体步骤（图 1），即根据使命、愿景和培养目标确定学习成果，将学习成果嵌入课程和课内外活动，选择评估方法并确定标准，收集分析评估资料，根据评估结果改进提高。

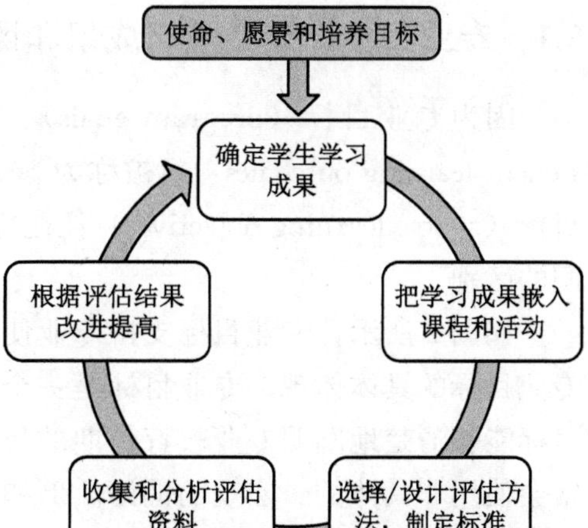

图 1　学生学习成果评估过程与周期

5 确定学生学习成果

学生学习成果是学生在参与学习过程后所展示的知识、能力、态度和价值观。学生学习成果的陈述都以“学生”为主语，采用以下的格式：“在课程/讲座/学业/活动结束时，学生能够……”，“能够”以后的部分具体描述学生的知识和技能（what the students know and be able to do）。在专业评估中，学习成果反映了教师所期待的、学生在完成专业学习，也就是毕业时，所获得的知识和能力。Smith 在 2009 年指出，评估计划需要在学习过程开始之前制定，而不是学习过程之后[13]，这是因为学生学习成果是课程设计、专业规划和发展的基础和方向。

专业学生学习成果设置是否得当，是否被教师采纳，对评估的成功至关重要。在实际工作中，教师往往因为学术自由，认为教师有权利决定自己所教授的课程的内容、方法和学习目标，很少考虑整个专业的学生学习成果，以及自己的课程与专业学习成果的关系。在制定专业学习成果时，有些教师不是漠不关心就是各持己见。要改变这一现象，就需要专业负责人创造教师交流合作的机会，帮助教师达成共识，鼓励他们主动调整课程内容，将专业学习成果纳入自己的课程。应该注意的是，学生在学习过程中不应该只处于被动位置，教师向学生阐明专业学习成果，解释课程与专业学习成果的关系，会激发学生的学习动力。

5.1 专业目标、专业学习成果和课程学习成果的区别

因为专业目标（program goals）、专业学生学习成果（program-level student learning outcomes，也被称为 program learning outcomes）、课程学习目标（course learning objectives）往往容易混淆，我们首先解释一下它们之间的区别。

如图 2 所示，专业目标支持专业使命的完成，专业学生学习成果则是专业目标的具体体现。专业目标是一个长期的、总体的目标，有效的专业目标能够清楚地阐明专业教育长期的目标和希望实现的目的，在陈述中常常会使用非具体的、宏观的词语。例如，清华大学工业工程本科专业的培养目标是：“培养兼具工程技术与管理技能、具有国际视野与竞争力的复合型创新人才。致力于提高工业与服务系统效率，改善人们的工作与生活

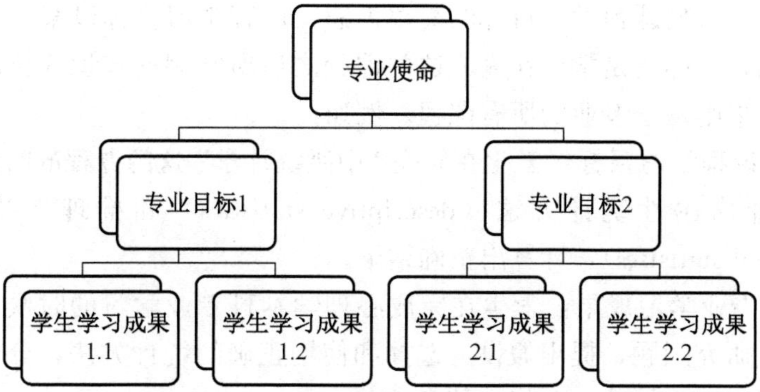

图 2　专业使命、专业目标和学生学习结果之间的阶梯关系

质量，推动国民经济与社会发展进步”[14]。这一培养目标从教师的角度指出了专业的重要性以及对社会民生的贡献，明确了教师所希望的毕业生的素质，即“工程技术”“管理技能”“国际视野”和“复合型创新”。

专业学生学习成果是具体的、可以测量的，在学生完成专业学习时可以展现出的行为。例如美国工程专业的认证机构 ABET，要求工程专业本科毕业生达到 11 项学习成果[15]：

（1）应用数学、科学和工程知识；

（2）设计并完成实验，分析、解释实验数据；

（3）根据经济、环境、社会、政治、伦理、健康和安全、制造能力和可持续性等实际限制，设计系统、元件或过程以满足需求；

（4）在多学科团队中发挥作用；

（5）确定、规划和解决工程问题；

（6）具有专业和道德责任；

（7）有效地沟通；

（8）通过广泛地学习，了解工程解决方案在全球、经济、环境和社会背景下的影响；

（9）具有终身学习的能力；

（10）了解当代问题；

（11）使用工程实践所需的技术、技能和现代工程工具。

从这 11 项可以看出，专业学习成果从学生的角度描述出具体的知识、技能和能力。

此外，区分课程学习目标和专业学习成果也非常必要，因为专业学习成果不是一系列课程学习目标的简单汇总。课程学习目标以某一课程的内容为基础，表述的是学生在完成这门课程之后所掌握的知识或技能，而专业学习成果则基于专业的所有课程。例如：

(1) 课程学习目标：学生在修完“中级统计学”这门课程的时候，能够使用多种描述性统计方法（descriptive statistics）和推理性统计方法（inferential statistics），计算出正确结果。

(2) 专业学习成果：学生在完成心理学本科专业学习的时候，能够根据心理学研究问题，提出假设，选择和使用正确的统计方法，分析和解释数据，得出正确结论，并指出其意义。

通过以上比较不难看出，中级统计学是心理学专业的一门重要课程，它的课程学习目标很具体，局限于这门课的知识范畴，心理学专业的学习成果则需要通过一系列课程的学习才能达到。

即便是理解了专业目标、专业学习成果、课程学习目标的不同之处，写出适合的专业学习成果，对很多教师来讲都并不容易。很多高校发现，如果不通过培训，教师写的专业学习成果往往无法测量，造成了无效的评估。因此评估人员经常使用布鲁姆分类法（Bloom's Taxonomy）和 S.M.A.R.T.标准，指导教师制定合适的学习成果目标。

5.2 布鲁姆分类法

5.2.1 布鲁姆分类法的创立

1956 年，以本杰明・布鲁姆（Benjamin Bloom）为首的几位心理学家创建了一个针对教育目标（educational objectives）以及智力行为（intellectual behaviors）的分类模式，描述了六个不同层次的教育目标，这个模式后来成为众所周知的布鲁姆分类法，广泛应用于美国大中小学的教学中[16]。20 世纪 90 年代，布鲁姆的学生洛林・安德生（Lorin Anderson）领导了另一组心理学家，对布鲁姆分类法进行了修改，使其更适用于 21 世纪的教育目标。修改后的布鲁姆分类法，将焦点从原分类法中教育目标的静态概念转移到动态的分类概念，这主要表现在新分类法使用的是动词和动名词，而不是用原分类法中的名词，来标识或描述每一类别或子类别，这些“行为词汇”（action verbs）能更确切地描述学习过程[17]。

布鲁姆分类法区分了六个层次的教育目标（图 3），由下至上，循序渐进，下面是低层次思维能力，上面是高层次思维能力。图 3 中左侧的三角叠层金字塔图形描述了原布鲁姆分类法，右侧的是修改后的布鲁姆分类法[5,18]，每一层代表不同的教育目标（为了便于区分新旧布鲁姆分类法）。在新旧两个分类法中，从最低层思维到第四层，教育目标是以同一词语的不同词性表示的，原分类法用的是名词，而新分类法用的是动名词，后者重在强调学习新知识的认知过程。值得注意的是，在修改后的分类法中，金字塔的最顶部所代表的最高层思维能力是“创新”，而不是“评价”，这明确表述了在认知领域里，学习的最终目标是用所学知识进行创新。

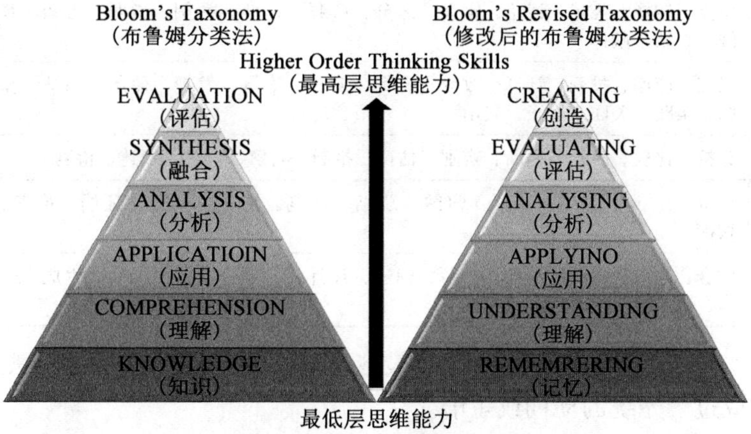

图 3　新旧布鲁姆分类法的比较

修改后的布鲁姆分类法，六个教育目标的层次排列如下。

（1）记忆：从长期记忆中检索、识别、回忆相关知识。

（2）理解：确定口头、书面和图形信息的含义。

（3）应用：根据情况执行或应用某一种方法或程序。

（4）分析：解析知识，探究各部分的相互关系以及各部分与总体的关系。

（5）评估：根据标准做出判断。

（6）创造：整合信息及知识，形成一个新颖、连贯的整体，重新组合或创新。

5.2.2　布鲁姆分类法在评估中的应用

布鲁姆分类法为教师提供了统一的框架，便于他们讨论和交流学习目标、学习成果、教学方法和评估方法。例如，在专业教学大纲的设计中，教师可以利用布鲁姆分类法来明确、组织整个专业的教学目标和学习成果，在一系列课程中合理分配低级和高级的教育目标，调整课程难度和侧重点，使用与思维能力和知识领域相符的教学方法和评估方法。布鲁姆分类法的每一个层次，都有与之对应的行为动词，能够较为准确地描述在教学中要求学生表现的认知行为，从而帮助教师写出具体的、可测量的学生学习成果。表1列举了经常使用的一些动词实例。

表1　布鲁姆分类法的常见行为动词

层次	常见行为动词
记忆	引用、识别、列表、匹配、记忆、命名、概述、回忆、背诵、陈述、辨识
理解	分类、转换、描述、讨论、定义、区分、解释、延伸、举例、说明、告知、释义、查阅、总结、翻译
应用	采用、应用、排列、计算、改变、选择、演算、演示、发现、使用、归纳、操作、组织、实践、关联、修正、展示
分析	分析、比较、对比、判断、辨别、估计、推断、辩解、操纵、概述、检测
评价	评价、论证、评估、评议、归纳、总结、批判、辩护、判断、证明、推荐、支持、权衡
创造	融合、构建、组合、编译、撰写、创建、设计、开发、发明、规划、生成、假设、整合、修改、组织、计划、提议

在实践中，教师写学习成果时最容易出现的问题，就是使用意义模糊不清的或过于笼统的动词或短语。

(1) 例1：在学习结束时，学生能够理解自然科学的研究方法，从事科学研究。

(2) 例2：在学习结束时，学生能够采用适当的自然科学的研究方法，提出假设，收集、分析、解释数据，总结研究结果。

例1中的“理解、从事”这两个动词显然不够具体：“理解”过于抽象，难以观察；而“从事”则不能表达行为的质量和结果。与之相比，例2“采用、提出、收集、分析、解释、总结”这些行为动词则准确地描述出学生表现其学习成果的具体方式，为教学方法和评估方法的选择提供了具体的指导。因此，在写学习成果时，高校的评估人员和课程设计人员必须要反复强调使用具体的行为动词，避免使用以下非具体的词汇：理解、学习、知道、考虑、准备、扩展、欣赏、从事、熟悉、意识到、培养等动词。

除了行为动词以外，新旧布鲁姆分类法对教学和评估的另一个重大贡献，就是它指出不同课程、专业和学位应选择与之相应的认知层次和学习行为。本科低年级课程通常侧重“记忆“和“理解”两个层面的学习成果，而在本科高年级的课程中，则应适当要求“应用”“分析”和“评价”三个层面的学习成果。例如，在大学一年级的历史课程中，教师要求学生能够描述历史事件和人物，解释其社会文化背景，总结其影响；而在大学三年级的历史课中，教师要求学生查阅历史文献，运用适合的理论和研究方法，从不同角度分析某一历史问题或现象，用文献支持其得出的结论。一些本科专业的顶点课程，还会涉及“创造”层面，要求学生对某一现实问题进行调查、收集数据、分析研究、提出解决方法。在制定专业学生学习成果的时候，教师还应该根据不同学位对认知层面的要求来写学生学习成果，这是因为随着大专学位、学士学位、硕士学位和博士学位专业知识的逐步加深，对综合、应用、创造和实践能力的要求也逐步增加。

5.3 S.M.A.R.T.学习成果

什么是高质量的学生学习成果陈述？判定标准是什么？这是评估的常见问题之一。在美国教育界最广为使用的评定标准称为S.M.A.R.T.，在英文中是“聪明”的意思，这个英语单词里的五个字母，各代表五个单词的第一个字母。

（1）S——Specific，具体的或明确的：学习成果强调的是具体的、与学习过程相关的成果；

（2）M——Measurable，可测量的：学习成果必须是可观察到的、可测量的；

（3）A——Attainable，可完成的或可获得的：学习成果是可以通过课程或专业的学习而取得或达到的；

（4）R——Realistic，实际的或现实的：对学生学习成果的要求是实际的、现实的；

（5）T——Time-bound，有时间限制的：学习成果能够在一定时间期限内完成（即课程或专业学习的时限内）。

高质量的学生学习成果具备以上五个特点，下面是一些S.M.A.R.T.学习成果的实例。在毕业时，学生能够：

（1）应用适合的理论方法，阅读、分析、评判多个流派的文学和文化作品（英文专业）；

（2）根据特定的机构管理问题，综合各种相关信息，客观地分析问题，提出创造性的解决方法（管理专业）；

（3）描述、分析和解释地球表面的各种形态、过程以及人类和物理现象的相互作用（地球科学专业）。

下面这个例子是信息系统管理本科专业的学习成果。

专业目标：信息系统管理专业将商务与计算机技术一体化，向学生教授在技术环境中解决商务问题的技能。在学习过程中，学生学会分析和设计有效的信息系统，成功地管理软件项目，制定商业问题的解决方案，提高电脑在人类社会中所发挥的作用。

学生学习成果——学生在毕业时能够：

（1）使用系统的、批判性思维的方法，识别商务问题并评价潜在的解决方案；

（2）整合贯通多学科的知识，正确分析复杂的商务案例，提出可行的解决方案；

（3）确定商业环境中至关重要的 EDGE 因素（Ethics of Development in a Global Environment，即道德、多元化、全球化和环境因素）；

（4）根据机构的需求推荐适合的技术解决方案；

（5）根据机构的需求制定和实施适合的技术解决方案。

6　制定课程图

教师在制定或修改专业学习成果的同时，另一项重要的工作就是制定课程图。课程图是一种用于记录和总结教学内容与学生学习成果之间的关系的图表，在专业课程设置、规划和评估中，课程图可以展示课程与专业学习成果之间的交叉关系。如果一个专业在课程之外还要求学生参与其他主要学习活动（例如实习、科学研究、临床经验、艺术专业的艺术展和演出等），这些活动也应记录在课程图中，因为它们同样促进专业学习成果的实现。制定课程图需要授课教师集体参与，教师提供课程学习成果、教学内容和评估手段的信息，集体审查专业学习成果与专业课程以及其他主要学习活动的联系，选择评估学习成果的重要时机，必要时调整课程侧重点或评估方式，保证专业学习成果的实现。

表 2 展示了一张简单的课程图。在制定课程图时，首先填写所有专业学生学习成果，然后在课程图的左侧第一栏将专业课程自上而下、从低年级基础课到高年级课程一一列出。虽然有些学校只要求教师列出专业必修

课程，我们则建议课程图包括一个专业的所有必修课和选修课，以及其他重要的学习活动，这样教师可以审查专业实际教授的所有知识和技能。最后，教师使用图标在相应的空格里标注课程与专业学习成果的联系，一般有 3～4 种图标，即 I = 介绍（introduction），R = 增强（reinforcement），M= 掌握（master），A= 评估（assessment）。

（1）介绍：一般为初级课程，介绍与专业学习成果相关的知识和技能；

（2）增强：一般为中级课程，通过提供反复练习的机会，巩固知识，提高能力；

（3）掌握：一般为高级课程，使学生充分掌握专业学习成果；

（4）评估：标识出评估专业学习成果的重点课程和最佳时机，这意味着评估数据在这些课程中系统收集，评估结果与全体教师分享。

表 2　课程图示例①

专业课程或主要活动	专业学生学习成果				
	学习成果 1	学习成果 2	学习成果 3	学习成果 4	其他学习成果
课程 A（基础课程，必修）	I，A	I			
课程 B（基础课程，必修）	I		I		
课程 C（中级，必修）	R		R	I	
课程 D（中级，必修）					
课程 E（中级，必修）	R	R		M	
课程 F（高级课程，选修）			M，A	M	
课程 G 顶点课程（高级课程，必修）	M，A	M，A		M，A	
其他课程					

专业课程图可以记录每一门专业课程对应的专业学习成果和教学深度，直观地显示一系列课程的安排和顺序。因此，课程图可以用于发现教学内容、学习机会或学生评估中的差距、冗余或不一致之处，指导教师调整专业课程安排，帮助课程设计，找到评估的最佳时机。例如在表 2 中，我们不难发现以下问题。

（1）如果课程 D 没有对应任何专业学习成果，那么教师就应该对课程

① 专业教学计划中最基础的课程置于图表的最上面，高级课程或接近毕业时修的课程置于最下面。A=介绍，R=增强，M=掌握，A=评估。

内容和目标做出相应调整，因为它是一门必修课，需要支持专业学习成果；

(2) 学习成果 3 的评估是在一门高级选修课 F 内进行的，这就意味着评估结果可能不代表所有毕业生的水平；

(3) 学习成果 4 虽然在课程 C 中有所介绍，但是没有其他课程提供练习与巩固的机会，而课程 E、F 和 G 却都要求学生掌握这个学习成果，在这种情况下，教师应该考虑是否在必修的课程 E 中提供练习机会。

Harden 在 2001 年指出，课程图可以向教师展示他们的课程与其他课程的关系，以及与专业总体目标的联系，促进教师之间对于教学大纲的研讨和交流，促使他们主动修改、调整教学目的、内容和方法。对于教学管理人员，课程图可以为专业教学计划的制定和修改、课程更新、专业评估计划的制定、教师发展、教学任务和资源分配等工作提供重要信息[19]。

7 选择评估方法

通过制定课程图，教师寻找和明确评估专业学习成果的时机，接下来的一个重要环节就是选择适当的评估方法，制定合理的评估标准。评估学生学习的方法众多，Banta 和 Palomba 建议教师在选择评估方法时考虑以下六个因素[4]。

(1) 评估问题：教师首先确定需要评估的学习成果、需要评估的学生和课程，再选择与之匹配的评估方法。例如标准化考试在评估“记忆”和“理解”层面的学习成果时比较有效，但是书面作文和顶点项目（capstone projects）在评估“应用”“评判”和“创造”等层面的学习成果时更为合适。

(2) 效度：这里的效度是指评估方法是否能准确地测量需要测量的学习成果。效度通常指三个方面：构念效度（construct validity）、效标关联效度（criterion-related validity）以及内容效度（content validity）。以内容效度为例，如果在评估学生运用社科研究方法的能力的测试中，教师让学生阅读大量生涩难懂的文章，这一测试有可能变成了阅读能力的测试，而不是研究方法的评估，阅读能力较弱的学生，尤其是国际学生，很可能发挥不出自己的水平。

(3) 信度：信度高的评估方法在多次使用时测量误差小，数据可靠、一致，评估的结果能够真实地反映出学生的学习状况。很多因素都会导致评估过程中的测量误差，除了上面提到的评估工具的效度，其他因素如数据收集过程、评分过程、参与率等，也会影响评估方法的信度。例如，如果教师打分标准不统一，同一篇文章一名教师评 A，一名评 C，这样的评估信度很低。

(4) 时间和成本：不同的评估方法所需的时间和资金是不同的，例如，在进行本科生综合水平考试时，教师可以自己出考题，也可以购买美国教育考试服务中心（Educational Testing Services）的各类试题，前者需要教师投入时间和精力，但不需要资金投入；而后者虽然需要资金购买试题，但不需要师资的投入。

(5) 学生参与动力：很少有学生愿意参加对学业无帮助的考试或评估，即便是不得已参加了，也未必会认真对待。选择有利于学生的评估方法，学生才会配合，才会全力展示他们的能力。案例研究、模拟、解决实际问题、汇报演出等形式能够提供学以致用的机会，能够有效地用于评估。

(6) 局限性：每种评估方法都有一定的局限性，在一个专业或一所院校行之有效的方法，在另一个专业就未必适合。教师需要考虑专业的实际情况，特别是课程和学生的特点来选择评估方法。

总体来说，学生学习成果的评估方法通常分为两大类，即直接评估法和间接评估法，每种评估方法都各有利弊，如果能够同时选用多种评估方法，就可以参照不同数据，更加全面地了解学生的学习情况。

7.1 直接评估法

7.1.1 直接评估法简介

直接评估法直接测试与评估学生所学的知识、技能与能力，其种类包括客观测试（objective tests）、主观测试（subjective tests）和效绩评估（performance measures）。大家所熟悉的多项选择题考试是客观测试，而主观测试则不提供选项，要求学生自己解答问题（例如应用题、问答题等），教师根据学生答题的质量打分。效绩评估包含的种类很多，Banta 和 Palomba 把效绩评估定义为："通过学生行为或是提交的作业和作品（student artifacts），而不是测试或问卷调查，来评估学生的知识、技能和发展状况的方法。"[3] 有一些教育文献把主观测试列为效绩评估的一种，因为两者都没有候选答案，学生需要自己组织回应或解决问题。在学生学习成果评估中，经常使用的学生作业和作品包括测试、论文、课堂作业、口头演讲、展示和展览、文艺表演、课程项目、毕业设计和学习档案等。

近20年来，出于一系列的原因，美国高校普遍采用直接评估法来评估学生学习成果。首先，区域认证机构明确要求高校采用直接评估法进行通识教育和专业教育的评估，一些州的教育委员会（例如，弗吉尼亚州，德克萨斯州，佛罗里达州等）也强制所属高校使用直接评估法来评估并汇报学生学习成果。如果一所高校不能提供有力的证据，证明其利用直接评估法系统地、持续地评估学生学习成果，并确实利用评估结果改进教学，是不可能通过区域认证的。其次，由于直接评估法可以自然地、不落痕迹地嵌入教学活动之中，教师可以直接收集有关学生学习的、真实的、有力的数据。直接评估法通常由教师领导和主导，为教师广泛参与提供了机会，有利于教师共同担负评估和改进的责任。最后，由于直接评估法与课程成绩、学位要求或专业要求有直接的关系，学生也会非常积极地投入，尽量争取高分，敷衍应付的情况比较少。

7.1.2 直接评估法的实例

在美国高校中，嵌入课程（course-embedded）的直接评估是通识教育和专业教育最常用的评估方法，以下是三个直接评估的例子。

在一所四年制的高校中，大学一年级的写作课程是一门通识课，由30名教师教授，他们制定了共同的学习成果以及评估学习成果的量规。他们决定在学期结束时要求学生提交一份10页的文章，在文章中学生要拟定研究课题，查阅、总结文献，用文献支持自己的观点，得出结论。文章的成绩算入学生的课程总成绩，同时这些文章又成为教师评估写作学习成果的资料。学期结束时，由写作教师组成的审查委员会随机抽取文章样本，使用统一的量规，统一评分标准，重新给样本评分，这一步骤通常被称为“二次评审”（secondary review）。二次评审得出的评估结果代表的是学生在完成大一写作课时所具备的能力，不是某个学生的能力，更不代表某个教师的教学效绩。评估结果在总结分析后，在全体教师中传达，教师根据评估结果制定、实施改进举措，进一步提高学生的写作能力。

在一所商学院中，所有即将毕业的学生都要修一门顶点课程。商学院凭借与当地工商业的合作关系，将顶点课的学生分组派往不同工商企业，考察实地情况，发现和分析存在的商业问题和需求，提出解决方案。在学期结束时，商学院邀请工商业代表，共同听取、审查学生的商业方案。教师和工商业代表使用统一的量规，对学生的商务知识、分析能力、批判性思维能力、解决问题能力以及表达能力进行评分。分数既用作课程成绩，又用作商学院专业评估的数据。

生物系要求学生在毕业前参加本专业的毕业考试。由于考试题目是本系教师自行制定的，测试结果没有对比基准，教师无法了解本专业毕业生与同类院校毕业生的差距。于是教师决定采用美国考试服务中心的生物学科考试，虽然测试费用较高，但是考试试题是由专家制定的，考试内容与本专业的学生学习成果一致，因此信效度较高。美国考试服务中心不仅提供考生的个人成绩，还计算考生的平均成绩，方便教师与其他院校对比，找出本专业与其他院校的优势和差距。

通过这三个例子我们可以看出，专业学生学习成果常常可以采用多种直接评估方法，因此选择时应考虑上文提到的六个因素，即评估问题、效度、信度、时间和成本，学生动力，以及局限性。在以下部分，我们列举了几种常见的直接评估法的主要优势和局限性。

美国的全国标准考试一般由测试机构开发，例如大学生学习评估（Collegiate Learning Assessment，CLA，最新版本称为CLA+）、大学学业水平考试（Collegiate Assessment of Academic Proficiency）、美国教育考试中心的学科水平考试（Major Field Tests）、全国性或区域性资质证书考试，以及其他全国性行业、学科组织开发的水平测试等。这种直接评估法的信效度较高，评分标准统一，教师可以通过基准判定学生整体的知识和能力，对比其他院校，分析几年测试结果的趋势。但是全美标准考试的测试内容与专业的学习成果可能不完全一致，由于教师看不到实际考题，他们对考试结果未必全面接受。标准考试费用高，很多专业没有足够的经费，于是就选择一小部分学生或是鼓励学生自愿参加，其结果是学生缺乏考试动力，考生可能不具代表性，考试结果也可能不具代表性。

本校教师出题的考试和测试形式灵活，如期中考试、期末考试、水平考试、博士生资格考试、研究生答辩、专业综合考试等。这种直接评估法由教师主导掌控，常常与课程成绩或专业要求相关，学生会认真准备，全力以赴。如果教师能保证测试的学习成果与专业学习成果一致，测试结果的信度就会有保证。然而，设计高质量的专业水平测试和综合考试并不容易，时间长、教师投入大，教师需要一定的测试知识，才能保证试题的信效度。此外，此类测试的结果没有基准，无法与其他院校对比。

顶点项目不仅仅指顶点课程中要求的项目，还包括毕业设计、毕业论文、实习、临床经验、毕业演出、现场体验（field experience）等。顶点项目常常能全面反映出学生毕业前的知识和能力，是评估专业学习成果的最佳方法之一。与上面提到的教师出题的考试和测试一样，顶点项目由教师主导掌控，评估结果与课程成绩或专业要求相关，学生重视程度高。由于顶点项目一般是主观评分，教师需要针对专业学习成果和项目要求设计评估量规，在评估前校准评分标准，否则评分者之间的信度就无法保证。

量规（rubric）也就是评分指南，通常以列表或图表的方式，描述教师评估学生作业的标准[10]，对于每一项评分标准，量规具体描述了优良中差各级别的表现方式。表 3 展示了一个简单的量规范例，在这个例子中，教育专业的教师要求学生设计一个问卷调查，收集、分析数据，了解本科生对学生服务的满意程度，并根据问卷结果提出改进方案。这个作业共 20 分，教师使用如下量规。

表 3　量规范例

	优 （4 分）	良 （3 分）	中 （2 分）	差 （1 分）	教师评分
问卷质量	问卷中的所有问题都恰当、有效、无歧义，符合受调查的群体	问卷中的大部分问题恰当、有效，符合受调查的群体	问卷中的一部分问题恰当、有效，符合受调查的群体	问卷中的大部分问题不恰当，质量低，不符合受调查的群体	
采样方法	采样方法选择得当，采样过程严格，所得数据质量高，代表受调查群体	采样方法选择得当，采样过程大体严格，所得数据基本代表受调查群体	采样方法选择基本得当，采样过程出现小的失误，所得数据有局限性	采样方法不当，采样过程马虎或有重大失误，所得数据质量差，不代表受调查群体	
统计分析方法	统计方法选择得当，分析精确、深入、全面，计算结果全部正确无误	统计方法选择基本得当，分析较为精确、较为全面，计算结果大体无误	统计方法需要改进，分析中有小失误，导致部分计算结果有错误	统计方法选择不得当或分析过程中有重大失误，大部分计算结果无效	

续表

	优 （4分）	良 （3分）	中 （2分）	差 （1分）	教师评分
总结结果	问卷结果总结全面，所有结论正确无误，语言使用精确，表达清晰	问卷结果总结得比较全面，结论大体正确，语言还算清晰	问卷结果总结不够全面，结论有小失误，语言使用欠精确，不够清晰	问卷结果缺乏总结或结论有重大失错误，语言使用不精确、不清晰	
改进方案	提出多种与调查结果紧密相关的、具体的改进方案，合理有效	提出多种与调查结果相关的改进方案，基本合理有效	提出至少一种改进方案，与调查结果的关联不直接，效果有限	提出的改进方案与调查结果无关或改进方案不合理	
				总分	
教师评语					

量规可以澄清模糊、宽泛的学习目标和成果，向学生沟通教师的具体要求，促使学生在交作业前自查，自觉改进作业的质量。有了量规的帮助，评分过程更加容易，分数更准确、客观，能为学生和教师提供具体的反馈[2]。美国大学协会（American Association of Colleges and Universities）大力提倡的 VALUE 量规是目前影响最大的量规，共包括 16 个量规，分别用于评估包括写作、口头交流、批判性思维、创造性思维、定量素质、信息素质、团队精神等 16 种能力。另外，量规已被广泛地用于学习成果评估中，很多教师根据专业要求或课程要求自己设计量规，但是质量往往参差不齐，如果量规描述模糊，反而对评分无助。当不同教师使用统一的量规进行专业评估时，一定要首先校准评分标准，以保证评分者之间的信度。

电子档案是用来收集和整理学生在学习过程中主要作业、作品或成果的电子平台，在一些高校和一些专业中使用。电子档案通过数字化手段收集学生学习样品，能够真实地反映学生在校学习期间的学习历程、取得的成绩和进步，展示学生学习成果，促进学生反思。教师也可以通过审查学生电子档案，评估通识教育或专业学生成果。因为高校需要投入资金购买电子档案系统，并为教师提供教学方法的培训，为教师和学生提供技术培训和技术支持，电子档案实施过程相对复杂。另外，由于电子档案储藏的信息量大，教师评估工作量也随之增大。

7.2 间接评估法

间接评估法以问卷调查、访谈、焦点小组、学生反思等形式，收集学生对专业学习、课堂教学、学习环境、服务设施、学校管理、学生工作以及学生服务等方面的体验、感受、意见、建议和满意程度，长期以来广泛地应用于高等教育评估。例如，为了提高学生的课程学习成果，授课教师可以在期中的时候以问卷调查的方式，了解学生学习中的难点，根据调查结果调整学习进度、内容和授课方式，对个别学生及时加以辅导；或者，教师可以让学生反思前半个学期的学习成就和不足，制订下半个学期的个人学习计划和目标，增加他们的自信心和责任感，增强学习动力。同样，焦点小组和访谈提供了师生之间对话的机会，不仅可以帮助教师收集所需的反馈信息，还可以与学生深入讨论问题的根源，共同探索可行的解决方法。

在评估某一学习成果时，间接评估法与直接评估法得到的结果可能会有所不同，但这并不能说明间接评估的数据不客观、不准确。沃克维恩在2010年总结到，当评估学生的整体情况而非个人情况时，如果能满足以下条件，学生自我报告的数据是有效可靠的，能够提供有价值的信息[6]。这些条件包括：①评估问题、题目清楚明确；②被调查的人群对所评估的问题非常熟悉；③评估问题与被调查者的近期活动有关；④被调查者认为评估问题值得认真回答，他们的隐私不会受到侵犯，回答时不会受到威胁、妨碍，他们不会在外部压力下隐瞒、撒谎，被迫提供他人期望看到的结果。

总体来说，间接评估法与直接评估法互为补充，从不同角度反映出学生学习成果。与直接评估法类似，各种间接评估法也都各有利弊，下面分别介绍。

全美范围的问卷调查一般由研究机构、行业或组织开发，收集关于学生特征、行为、观念、态度、期望和需求的数据。在美国比较有影响的本科生全美范围的问卷调查包括以下几种：①印第安纳大学高教中心开发的全美大学生学习投入性调查问卷（the National Survey of Student Engagement）以及大学生参与的教师问卷调查（the Faculty Survey of Student Engagement）；②加州大学洛杉矶分校高等教育研究所开发的一系列问卷，例如新生问卷调查（the CIRP Freshman Survey）和多元化学习环境调查（Diverse Learning Environment Survey）；③Noel-Levitz 针对不同群体设计的一系列满意度问卷，包括学生、家长、成人学生、远程学生等。全美范围的问卷调查由专业机构开发，一般以教育研究、文献为基础，与最佳教育实践密切相关，信效度较高。高校可以使用基准与其他参与院校对比，分析多年趋势，推动本校采用最佳实践方法。另一方面，有些全美范围的问卷费用较高，大多数高校不会年年参加。由于目前高校学生调查问卷的应答率普遍较低，高校要特别注意应答者的代表性以及数据的局限性。

高校自行设计的问卷调查可以根据高校自身的需要和实际情况灵活使用，无成本或低成本。高校一般都会进行以下几种调查，常年收集数据，如新生问卷调查、本科生毕业离校调查、研究生毕业离校调查、课程教学问卷调查、校友调查、毕业后就业调查。高校自行设计的问卷调查虽然没有全美范围基准，但是很多时候可以分析本校多年趋势，提供有价值的信息。近些年，由于电子问卷调查软件的普及，问卷调查的数目和种类越来越多，调查问卷的质量参差不齐，导致了调查疲劳（survey fatigue）的情况，教师学生不愿参加调查，应答率大幅度降低。一些学校建立了调查问卷评审委员会，确定调查问卷的优先级，限制调查问卷的数目，合理分配调查问卷的时间和抽样群体，提高问卷质量。

焦点调查是有策划、有组织的小规模讨论，以深入了解想要调查评估的问题[3]。焦点小组通常包括 8～10 人，其目标不是达成共识，而是要在短时间内了解小组成员对某一问题的看法、印象和需求等。由于规模较小，焦点小组的调查结果应该谨慎对待，尤其是当小组成员不具代表性时，调查结果就不应该一概而论。焦点小组最好用于收集具体的信息和反馈，例如，当问卷调查中发现学生对写作通识课的满意程度低时，教务处可以在刚刚修完写作课的学生中进行焦点调查，与学生讨论课程安排、课程学习成果、班级大小、作业量、教师评分标准、学生辅导等一系列问题，总结他们的看法和需求，找出学生满意程度低的具体原因。

访谈可以是结构式的（structured），半结构式的（semi-structured），或是开放式的（open-ended），形式灵活。面谈可以了解受访者的经验、经历、观点、看法和态度，提供丰富的信息，有时会发现意想不到的情况。对话时，受访者能够提供更多的细节、解释，澄清误解。在研究生教育中，一些录取人数少、竞争激烈的专业在招生时会面试申请人，了解他们的背景，评估他们的学业基础，相关的专业经验，团队合作能力，申请动机和职业发展愿望等。在本科生教育中，为了提高毕业率，尤其是四年毕业率，一些大学试图联系退学或未按时注册的学生，了解原因，劝说他们尽早完成学业。访谈可以用于敏感问题的评估，例如，师生关系、弱势群体的歧视、教学效绩、学生投诉等。访谈数据的质量取决于访谈问题的质量，受访者的代表性，以及采访者的倾听能力和采访能力。由于受访者人数有限，访谈数据往往没有代表性，在开放式的访谈中，对话可能会偏离原始主题。进行访谈、转录和分析采访笔记可能会花费很多时间，当涉及敏感问题时，高校为保证公平性、保护个人隐私，有时需要雇用外部机构，花费很高。

7.3 使用多种评估法

值得指出的是，使用单一评估方法，以一个班级、一门课程或一小部分学生的评估结果来判断整个专业学生的学习成果，往往会以偏概全，甚至得出错误的结论。为克服不同评估方法的局限性，越来越多的大学和专业利用多种直接和间接的方法、反复多次评估学生学习成果，分析不同渠道、不同时间段采集的信息，提高评估结果的可靠性和可信度，增强教学改进的决策信心。例如，东卡罗来纳大学在2013年将提高本科生写作能力确定为今后五年的教改计划[19]。学校除了重新设计本科写作课程，调整课程安排，加强学生写作辅导以外，还实施了一套新的评估计划，同时使用以下四种评估方法。

(1) 电子档案是最主要的直接评估方法，使用在三类写作必修课中，即大一的大学写作基础课，大二的专业写作基础课，以及高年级的写作强化课。虽然大一和大二的写作课由英语系开设，而写作强化课由各个专业开设，这些课程有统一的学习成果，都要求学生在课程结束时提交一份写作电子档案，将课程中的作业全部或部分收入档案，另外再补充学生对个人写作能力的反思。每年夏天，一个由教师领导的、全校性的写作评估小组抽样评估写作电子档案，使用统一的量规，二次评估学生的大学写作能力，总结结果。

(2) 大学生学习评估（CLA 和 CLA + ）是第二种直接评估方法。由于考试费用、学生动力等一系列原因，东卡罗来纳大学每三年参加一次，测试大一和大四的学生，测试结果可以用来对比本校与其他测试院校之间的差距，为教师判断学生写作成果提供外部基准。

(3) 大二学生问卷调查和本科毕业生离校问卷调查是最主要的间接评估方法。两个问卷中都包含关于写作的六个具体问题，常年收集数据，这样既可以对比两个年级学生对于写作能力的感受，又可以了解几年以来的趋势。

(4) 全美大学生学习投入性调查问卷（NSSE）不仅在基本问卷中包括有关学生写作数量和写作能力的问题，还提供一个额外的、以写作为主题的单元（module）。东卡罗来纳大学每三年参加一次 NSSE，对比本校学生与同类院校学生，找出优势和差距。

这四种评估方法相辅相成，从不同角度测量学生的写作能力以及写作课的贡献，将这些数据整合，可以编织出学生成长和学习环境的全景，有利于客观评价改革举措的成功与不足，为深化教学改革提供决策依据。

8 评估计划

通过确定专业学习成果，制定课程图，选择评估方法，教师就可以制订出一个较为完整的专业学习成果评估计划，通常包括以下几个部分：专业使命和目标、专业学习成果、评估方法和标准、课程图和评估周期。这里的“标准”指的是教师所希望的、本专业学生所能达到的程度，每一个学习成果的每一种评估方法都要设定一个合理的标准。例如，“85%的学生能够正确使用专业词汇描述地表特征”，其中的 85%就是标准，由教师设定，在总结评估结果时帮助教师判定学生总体水平是否达标。另外我们还建议每个专业制定多年的评估活动时间表，也就是评估周期，在教师中合理分配评估活动。值得指出的是，虽然每个专业都有多个学习成果，但并不是所有的学习成果每年都要评估；另一方面，专业也许需要几年时间来收集数据或推行教改计划。因此教师要根据具体情况和专业的师资状况，针对每一个学习成果和评估方法，确定何时收集数据、分析数据、报告结果、制定改进计划并执行改进计划，以保证评估工作有条不紊、持续地进行。在本文的附件“专业学习成果评估计划模板”中，我们提供了一个专业评估计划的模板。

9 结语

高校效绩以学生学习为核心，是一个持续的、综合性的、全校性的、以研究为基础的、系统性的规划和评估过程[20]。培养高素质的人才是高校的使命之一，然而，何谓“高素质的人才”？毕业生要具备什么知识、能力和素质？如何传授知识、培养能力？如何衡量毕业生是否达到高校所期望的水平？最后，如何使用评估数据进一步提高毕业生素质？这些都是学生学习成果评估的基本问题，而解决这些问题的途径就是学生学习成果评估的过程。以专业学习成果评估为例，专业教师需要明确并统一本专业的学生学习成果，确保专业学习成果与高校以及本专业的使命和目标保持一致，通过课程图检查课程设置是否有利于学生达到专业学习成果，找到评估专业学习成果的最佳时机，以直接评估法为主、间接评估法为辅，系统收集数据，分析、分享结果，共同研讨改进计划，贯彻执行改进计划。我们再一次强调，学生学习成果评估不是针对某个教师、某个学生、某门课程的活动。学生学习成果评估需要全体教师的参与，是教师交流合作的平台。

在过去30年中，美国高校的学生学习成果评估活动日益加深，对高校管理、专业发展和学生保障等各方面的工作产生了深远影响，校园中逐渐建立和形成了一种评估文化。在本书的另一篇文章《促进评估文化的生成与发展》中，我们将重点介绍如何通过高层领导的影响、健全的评估机制以及全校范围的培训，加深全校对评估的认识和对评估工作的重视，发动教职员工广泛、有效地参与评估，使评估从外部问责的“大棒”转化成高校提升的内部动力。

参考文献

[1] Nettles M T, Cole J, Sharp S. Assessment of teaching and learning in higher education and public accountability [R]. National Center for Postsecondary Improvement. Stanford, CA, 1997.

[2] National Governors' Association, Center for Policy Research. Time for results: The governors' 1991 report on education [R]. Washington, D.C.: National Governors' sociation, 1986.

[3] Palomba C A, Banta T W. Assessment essentials: Planning, implementing, and improving assessment in higher education[M]. San Francisco, CA: Jossey-Bass, 1999.
[4] Banta T W, Palomba C A. Assessment essentials: Planning, implementing, and improving assessment in higher education [M]. 2nd Edition. San Francisco, CA: Jossey-Bass, 2015.
[5] The Middle States Commission on Higher Education. Characteristics of excellence in higher education: Requirements of affiliation and standards for accreditation[DB/OL]. (2006). http://www.msche.org/publications/CHX-2011-WEB.pdf.
[6] Volkwein J F. Assessing student outcomes: Why, who, what, how? [M]. New Directions for Institutional Research (Assessment Supplement). San Francisco, CA: Jossey-Bass, 2010.
[7] Provezis S. Regional accreditation and student learning outcomes: Mapping the territory [DB/OL]. (2010). http://learningoutcomesassessment.org/documents/Provezis.pdf.
[8] Council of Regional Accrediting Commissions (C-RAC). Regional accreditation and student learning: Principles for good practices[DB/OL]. (2003). http://www.msche.org/publications/Regnlsl050208135331.pdf.
[9] Kuh G D, Jankowski N, Ikenberry S O, Kinzie J. Knowing what students know and can do: The current state of student learning outcomes assessment in US colleges and universities[R]. Urbana, IL: University of Illinois and Indiana University, National Institute for Learning Outcomes Assessment (NILOA), 2014.
[10] Suskie L. Assessing student learning: A common sense guide [M]. 2nd Ed. San Francisco, CA: Jossey-Bass, 2009.
[11] Suskie L. Why are we assessing? Rethinking assessment's purposes[DB/OL]. (2010). https://www.msche.org/publications/Why-Are-We-Assessing-Suskie-Article.pdf.
[12] Keeling R P. Learning reconsidered: A campus-wide focus on the student experience[R/OL]. Washington, DC: Student Affairs Administrators in Higher Education, 2004. https://www.naspa.org/images/uploads/main/Learning_Reconsidered_Report.pdf.
[13] Smith D N. Challenges to the Credible Assessment of Learning[J]. Assessment Update, 2009, 23(4):9-11.
[14] 清华大学工业工程系. 工业工程系工业工程专业本科培养方案[DB/OL]. (2011). http://www.ie.tsinghua.edu.cn/uploads/ie2012/pyfa2011.pdf.
[15] ABET Engineering Accreditation Commission. Criteria for accrediting engineering programs[DB/OL]. (2015). http://www.abet.org/wp-content/uploads/2015/10/E001-16-17-EAC-Criteria-10-20-15.pdf.
[16] Bloom B S, Englehart M D, Furst E J, Hill W H, Krathwohl D R. Taxonomy of educational objectives [M]. The classification of educational goals: Handbook I. Cognitive domain. New York: David McKay, 1956.
[17] Anderson L W, Krathwohl D R. A Taxonomy for Learning, Teaching, and Assessing [M]: A Revision of Bloom's Taxonomy of Educational Objectives. New York:

Longman, 2001.
[18] Terenzini P T. Assessment with open eyes: Pitfalls in studying student outcomes[M]. New Directions for Institutional Research (Assessment Supplement). San Francisco, CA: Jossey-Bass, 2010.
[19] Harden R. AMEE Guide No. 21: Curriculum mapping: A tool for transparent and authentic teaching and learning[J]. Med Teach, 2001, 23(2):123-137.
[20] The Southern Association for Colleges and Schools Commission on College. Resource Manual for the Principles of Accreditation: Foundations for Quality Enhancement[M]. (2012).
[21] East Carolina University. Write where you Belong: Quality Enhancement Plan (revised) [DB/OL]. (2013). http://www.ecu.edu/cs-acad/qep/upload/ECU-QEP-Revised-Final-8-21.pdf.

附录:专业学习成果评估计划模板

专业名称:____________________

Ⅰ. 专业使命和目标:

说明:描述专业的使命和培养目标。

Ⅱ. 专业学生学习成果:

说明:评估计划需包括5～8个最重要的学生学习成果,每个学习成果必须使用一种直接评估的方法,最好使用多种评估方法。

学习成果1(*即专业学习结束时,学生应该掌握什么知识或技能?*)

评估方法1:

标准:

评估方法2:

标准:

学习成果2:

评估方法1:

标准:

评估方法2:

标准:

学习成果3:

评估方法1:

标准:

评估方法2:

标准:

在以下部分填写其他学生学习成果:

Ⅲ. 课程图模板:

说明:如果专业学生学习成果多于六个,请加行。在课程图中用以下字母注明学习成果与专业课程的对应关系：

- “I” 表示介绍与专业学习成果相关的知识和技能
- “R” 表示强化和加深，通过提供反复练习的机会，巩固知识，提高能力
- “M” 表示学生已有足够时间进行练习，可以掌握学习成果
- “A” 表示收集数据并评估学习成果

课程及其他教学活动	专业学生学习成果					
	成果 1	成果 2	成果 3	成果 4	成果 5	成果 6
核心课程、必修课程						
选修课程						
其他教学活动						
顶点课程						
实习/现场体验						
综合考试						

Ⅳ. 五年评估活动一览(2016—2021 年)

说明:每个专业都有多个学习成果,但不是所有的学习成果每年都要评估。另一方面,专业也许需要几年时间来收集数据或推行教改计划。在下面的表格里,请标明未来五年专业评估活动的大致安排,包括收集数据,分析数据报告结果,制定改进计划,执行改进计划。

评估活动	2016—2017 年	2017—2018 年	2018—2019 年	2019—2020 年	2020—2021 年
学习成果 1					
方法 1					
方法 2					
学习成果 2					
方法 1					
方法 2					
学习成果 3					
方法 1					
方法 2					
学习成果 4					
方法 1					
方法 2					
学习成果 5					
方法 1					
方法 2					
学习成果 6					
方法 1					
方法 2					

通识教育评估

Assessment of General Education

周　莹 博士
院校规划、评估与研究副教务长
美国东卡罗来纳大学（East Carolina University）

白　康 博士
院校研究与规划副校长
美国路易斯大学（Lewis University）

摘要　通识教育以人文、社会科学、科学和艺术为基础，提供了一个培养跨学科能力的平台。美国四位教育专家于2014年撰写的《学位资格轮廓》，以及美国高等院校协会提倡的“基本学习成果”，为高校制定通识教育大纲和评估学习成果提供了框架。通识教育的评估应该以教师为主导，专业评估人员提供引导、协调和支持。通识教育评估与学科学习成果评估的步骤大致相同，包括六个步骤：制定通识教育目标、制订学习成果目标、提供学习机会、收集数据、分析和汇总结果，以及实施改进计划。通识教育评估可以采用多种直接和间接的测量方法，本文重点介绍了三个颇具影响的直接测量方法，即大学学习评估、VALUE量规和电子档案。

Executive Summary　Typically grounded in the humanities, social sciences, sciences and arts, General Education provides a platform for fostering proficiencies that span all fields of study. *The Degree Qualifications Profile*, written in 2014 by four educational experts in the U.S., and *the Essential Learning Outcomes*, proposed by the American Association for Colleges and Universities, provide frameworks for the design and assessment of a general education program. In general education assessment, faculty should take the ownership while assessment professionals providing direction, coordination and support. Similar to learning outcomes assessment in the major, general education assessment includes six steps: developing learning goals for the general education program, developing learning outcomes, providing learning opportunities, collecting data, analyzing and reporting results, and taking improvement actions. A variety of direct and indirect measures can be used in general education assessment. This chapter introduces three influential direct measures, the Collegiate Learning Assessment, the VALUE Rubrics, and e-Portfolio.

1 引言

> “通识教育是美国最大的高等教育项目，通识教育课程涉及科学、文化、历史、社会和价值观，包涵广博世界的知识，旨在培养学生分析思维能力和共同学习的精神，为未来生活、工作做好准备，培养公民意识。通识教育在美国和世界各国被认为是美国教育的重要标志，它是经济创新和公民参与的关键。”[1]
>
> ——卡罗尔·施奈德（Carol Schneider）

有些学生和家长并不赞成卡罗尔·施奈德的观点，他们觉得学生没有必要选修与专业无关的课程，家长也没有必要为这些无关的课程缴纳学费，而一些教师也往往没有向学生阐明通识教育的价值。因此，本文首先介绍博雅教育（Liberal Education）和通识教育的定义以及美国高等院校协会提出的博雅教育框架。以此为基础，本文继续讨论通识教育的课程所培养的能力和技能，参与评估的利益相关者。关于通识教育的具体评估方法，本章重点讨论三种在美国高校颇具影响的评估方法：大学学习评估考试（the Collegiate Learning Assessment，CLA），美国高等院校协会的VALUE量规（the Valid Assessment of Learning in Undergraduate Education (VALUE) Rubrics），以及电子档案。

2 什么是通识教育

什么是通识教育？什么是博雅教育？美国高等院校协会最近在一份题

为《通识教育蓝图和里程碑：设计有意义的、通向学生成功的途径》的报告中，采用了以下定义[2]，以比较两者的异同。

(1) 博雅教育是一种旨在培养学生应对复杂性、多样性和多变性能力的课程。达到博雅教育的最佳途径是融合宽泛的通识教育和集中的学科教育，帮助学生获得在科学、文化、历史和社会等领域的广泛知识，掌握所选专业的重要知识和技能。同时，博雅教育也强调跨学科能力的培养，包括社会和道德责任感，较强的学术和实践技能（如批判性思维，以证据为基础的推理、交流能力和解决问题的能力），以及应用知识和技能解决复杂问题和应对多变的现实世界的能力。

(2) 通识教育指博雅教育中所有学生都学习的课程。通识教育以人文、科学、社会科学和艺术为基础，提供一个培养跨学科能力的平台（例如，社会和道德责任感，批判性思维，以证据为基础的推理，交流能力和解决问题的能力），同时也为学生提供了动手解决复杂问题和困难的机会。通识教育通过鼓励学生对涉及多领域的问题进行探索，帮助学生获得他们在职业生涯中所需要的、广泛的和综合性的知识，同时也直接培养他们作为公民在一个全球参与民主的环境中将会面临和处理的问题和困难的能力。

美国高等院校协会通识教育的定义强调综合性和应用性的学习，多学科观点和视角的培养，动手能力与经验的获得，以及适用于所有专业领域的核心能力的提高。美国高等院校协会主席卡罗尔·施奈德在2015年指出[1]，由于课程设置缺乏整合，大班教学，传统的讲座式授课方法缺乏学生的参与，以及没有能够很好地与学生沟通通识教育的价值，通识教育往往没有达到预期的效果。一些学校的通识教育缺乏明确的学习成果，课程之间缺乏联系，卡罗尔·施奈德把它们形容为“相互脱节的菜单式课程”(an a la carte menu of disconnected courses)，这样的通识教育起不到其应有的作用。

从20世纪80年代起，美国高等院校协会就大力推动通识教育的改革。近年来，该协会启动了一项重大的国家项目，名为“通识教育蓝图和里程碑”(the General Education Maps and Markers)，旨在改变过时的和分散的通识教育课程体系。在旧的教育体系中通识教育的目的是提供学习的广度，而专业教育则主要提供学习的深度，通识课程往往是以菜单的形式出现，课程安排不协调，不能有效地加强核心能力的培养。通识教育蓝图和里程碑则为通识教育改革提供了基本原则，把教学重点放在核心能力、跨学科能力的培养，为学校内部和校际之间创造多种教育途径，使学生能够投入以探索为基础（inquiry-based）、以解决问题为目的（problem-based）的学习当中。在通识教育中，学生学习成果评估是改革的关键步骤之一。

3 通识教育的目标和框架

作为高等院校中规模最大的教育项目，通识课涵盖了广泛的学科，所有的本科生都必须完成规定课时的通识教育课程的学习。同专业教育一样，通识教育应该有明确的目标和学生学习成果，培养和发展“广泛重视的、21 世纪的知识和技能”[2]。根据通识教育蓝图和里程碑的原则和指导方针，每所高校首先要明确针对学生的、与学生所获学位相符的学习成果。有两份报告为高校在这方面的工作指明了方向：第一份是由美国高等院校协会在 2008 年发表的《新全球化世纪的大学教育》[2]，总结了教育专家和雇主对于大学学习成果和评估的看法；第二份是卢米纳教育基金会 Lumina Foundation for Education 资助的，由四位知名的高等教育专家在 2014 年撰写的《学位资格轮廓》[3]，以学习为中心框架，描述了专科、学士和硕士学位的毕业生应该具备的知识和能力。本文将简单介绍一下这两份报告中关于学习成果的主要内容。

《新全球化世纪的大学教育》是美国高等院校协会多年调研的结果，该协会通过问卷调查和对话了解雇主对大学毕业生的期望，查看了几百所高等院校的学生学习目标，参阅了商业界对大学教育的一系列建议和报告，分析了工程、商务、护理和师范教育的质量认证要求。这份报告明确提出，面对 21 世纪的挑战，学生需要具备以下四类基本学习成果（Essential Learning Outcomes）。

（1）人类文化和自然世界的知识：学习科学和数学、社会科学、人文、历史、语言和艺术，强调“大问题”，对当前的和永久性的问题有明确的认识。

（2）智力和实用技巧：包括探究和分析能力，批判性和创造性思维，书面和口头交流能力，定量素质（quantitative literacy）、信息素质（information literacy）、团队精神和解决问题的能力。

（3）个人与社会责任：包括公民意识和参与，跨文化的知识和能力，道德推理和行动，以及终身学习的基本能力和技能。

(4) 综合和应用学习能力：这些能力贯穿通识教育和专业领域学习，把获得的知识、能力和责任贯通融合，应用于新的环境，解决复杂的问题。

《学位资格轮廓》则根据各种学位的不同深度勾画出一组参照点，描述了专科、学士和硕士学位的毕业生应该具备的知识和能力。如图 1 所示，无论是哪个领域和专业，每一级学位都涵盖五大类能力和学习成果，即应用和协作知识、智力能力、专业知识、综合知识以及公民和全球意识。图 1的中心是大专学位，其外围是学士学位，最外面一层是硕士学位，随着学位的提高，学生的能力也随之相应提高。

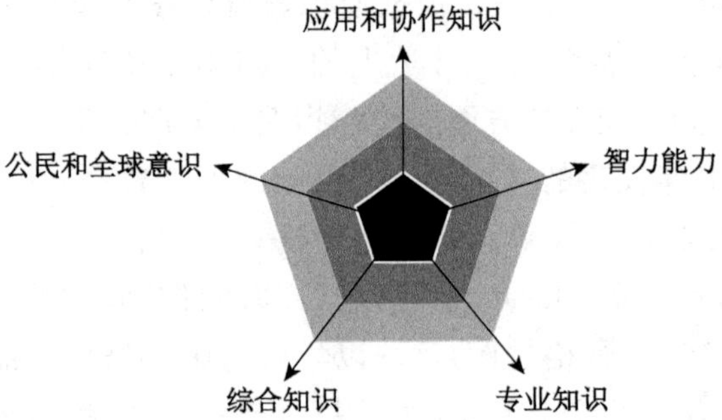

图 1　大专、学士和硕士学位的轮廓

尽管高校的理念和课程要求各不相同，本科学位的通识教育一般在 30～40 学分之间，这些课程一般都以学科或所培养的能力分类。以乔治梅森大学（George Mason University）为例，通识教育分为以下三个部分十一类课程[9]。

(1) 基础课（15～20 学分）：包括四类课程，旨在加强书面交流能力（6 个学分的基础写作课和 3 个学分的专业写作课）、口头交流能力（3 学分）、信息技术（3～7 学分），和量化分析能力（quantitative reasoning）（3 学分）。

(2) 核心课程（22 学分）：包括六类课程，涵盖的领域有艺术（3 学分）、全球意识（Global Understanding）（3 学分）、文学（3 学分）、自然科学（7 学分）、社会和行为科学（3 学分），以及西方文明或世界历史（3 学分）。

(3) 顶点经历或综合课程（Capstone Experience or Synthesis）（至少 3

学分)：顶点经历旨在贯穿通识教育和专业领域学习，而综合课程旨在融合多学科的知识和技能。

乔治梅森大学通识教育的目标是培养具有评辨思维能力、创新能力、自省能力、探究能力、解决问题能力、道德观念的学者和公民。每一类通识教育的课程，乔治梅森大学都有明确的学生学习成果。

虽然学位资格轮廓和基本学习成果为高校提供了通识教育的基本框架，制定具体的通识课程要求和学生学习成果，并评估这些成果，对任何一所高校来说仍是一项艰巨的任务。由于通识教育的课程覆盖社会科学、人文历史、数学、自然科学、语言、商务和艺术等众多学科，授课教师很少有机会参与跨学科的对话和交流。即使是在同一个系部，教师往往更强调专业学科教育，从而忽视通识教育。由于教师相互之间缺乏对话和交流，导致教师对学生学习成果和教学资源分配有不同期望，在一些问题上看法相悖。例如，在许多学校中，大学写作和高等数学是通识课程的基本要求之一，这两门课常常是众矢之的，教专业课的老师抱怨学生的写作能力和数学基础达不到专业要求。又如，许多教授通识课的教师把这些课看成学科的入门课程，只注重专业词汇、推演公式和理论，使用单一的讲座授课形式，以多项选择题作为评估学生学习的唯一方法，忽视班级中非专业学生的学习需求，忽视评判思维能力和分析应用能力的培养、评估和提高。另外，许多教师把通识教育和专业教育看成是相互独立的教学项目，通识教育的学习成果与专业无关。在一些高校中，许多通识教育的对话还停留在学分要求的问题，而不是跨学科的能力和学习成果，例如，工程和护理专业可能会更希望通识教育占用较少的学分，这样本专业学生能有时间选修更多的专业课程。任何通识课程的重大变化，例如添加或者删除必修课，都会导致学院内部甚至跨学院之间的资源重新分配，由此引发的冲突对通识教育的评估、改革和提升造成众多的挑战。

4 通识教育的外部问责

美国区域质量认证机构对高校的通识教育及其评估都有明确的要求。例如，中北部高等教育委员会有如下标准[4]。

(1) 核心要求 3.B.1：通识教育必须适合学校的使命、专业和课程以及所授学位。

（2）核心要求 3.B.2：学校必须阐明其本科通识教育的目的、内容和学习成果。通识教育可以根据本校的教学思想创立，也可以引进其他学校现有的通识教育模式。通识教育向学生传授广博的知识和智力概念，培养本校认为每一个受过大学教育的人都应该具有的技能和态度。

新英格兰教育委员会高等教育分会的认证标准第四条对通识教育有四点要求[5]。

（1）标准 4.14：每个本科专业都包含通识教育的课程要求和专业课程要求……

（2）标准 4.16：通识教育的要求要有连贯性、实质性，体现学校对毕业生素质的定位，培养学生如何面对他们将要生活的世界。通识教育的要求为所有通识课程的设计提供指导，为评估提供标准，包括对学生学习成果的评估。

（3）标准 4.17：每个本科专业的通识教育要求都要确保有足够的广度，均衡传统的艺术和人文学科、理科包括数学、社会科学的教育。通识教育的课程集中教授这三个主要知识领域的内容和方法，以及它们彼此的关系。

（4）标准 4.18：学校必须确保所有的本科生完成至少 40 学分的通识教育课程，而专科学生完成 20 学分的通识教育课程。

美国各个区域质量认证机构对通识教育的要求不尽相同，有的认证机构强调知识领域的要求，例如，科学、历史、社会、文艺和信息科学等；而其他认证机构则注重学习成果和能力，例如，口头交流、书面交流、定量分析能力、道德责任、信息素养、批判性思维能力。然而，每一个区域质量认证机构都要求高校必须制定本校的通识教育要求，并对通识教育的学生学习成果进行评估。

5　通识教育评估中的利益相关者

5.1　教师

通识教育的课程是由各院系的教师设计和教授的，因此通识教育评估是一项以教师为主导的教学评估活动。中北部高等教育委员会明确指出[6]，教师要广泛地参与以下活动：①监督课程设置，包括教学计划和内容的制订和实施；②保证教学水平、教学质量和学生学习成果的一致性；

③制定教学人员的学历要求；④分析数据，根据学生学习成果评估和学业完成率采取相应措施。虽然通识教育的修改和评估涉及众多的利益相关者，教师应该拥有课程设置和评估方式选定的所有权和掌控权。

无论是教授课程或协调课程的教学，每一名参与通识教育的教师都可以通过自己的行动参与评估、为评估做贡献，这包括：

（1）积极参加全校范围内关于通识教育的目标、成果和课程的讨论；

（2）向学生阐明通识教育的价值和目标；结合课程内容，向学生阐明与课程相关的通识教育的学习成果；

（3）把通识教育的学习成果融合到课程教学中，设计有效的作业和测试用以评估学生的学习，为学生提供充分的学习机会，练习、巩固和加强学习成果；

（4）在需要时，提供学生作业样本和课程材料，或是担任同行评议人员，积极参与通识课的审评；

（5）交流评估结果，根据评估结果制定举措，提高学生的学习。

5.2 教师委员会

大多数的高校都有专门的教师委员会，负责审查和批准通识课的提案，监督通识教学的总体情况，负责和领导通识教育的评估。教师委员会肩负与评估相关的职责：

（1）听取相关学科教师的建议，制定通识教育的目标和学习成果，保证通识教育满足学生的需求；

（2）制定评估计划和周期，由于通识课数目众多，领域广泛，每个学校都需要一个周期性的评估计划，避免所有类别课程一起评估；

（3）领导课程审查，确保通识课与其对应的通识学习成果一致；

（4）采用适当的评估手段评估学生学习，提倡使用多种直接和间接的测量方法，收集高质量的数据；

（5）分析解释评估结果，探讨需要改进的地方，提出改进建议和措施，监督改进计划的制订与实施。

5.3 专业评估人员

以教师为主导的评估活动，更需要专业评估人员的引导、协调和支持，保证各个学科都有机会发表自己的意见，调节舒缓由于理念不同所引发的争执，推进工作顺利进行。专业评估人员的工作通常包括：

(1) 了解、宣传通识教育评估的成功案例，总结成功经验，促进本校采用最佳方法；

(2) 协助教师收集数据：由于通识课广泛分布于不同领域和院系，专业评估人员集中收集评估数据会更加有效，这些数据通常包括抽样提取的学生作业、教学大纲、学生和教师问卷调查等；

(3) 分析评估数据，汇总结果：这可以充分利用和发挥专业评估人员的量化分析和定性分析的特长，教师委员会则可以侧重于解释结果，制定、实施改进措施；

(4) 向教师委员会提供行政支持，促进不同学科教师之间的对话，推进和保证评估工作按时有序地进行。

5.4 其他利益相关者

除了教师和专业评估人员，学生、学生学习辅导员（student academic advisors）、教师发展办公室也是通识教育评估中的重要合作伙伴。通过问卷调查和焦点小组讨论，高校可以收集学生的建议和反馈，了解学生在通识课程中的学习经历和满意程度。学生学习辅导员则处在学习保障的第一线，他们能积极影响学生的课程选择，帮助学生建立对通识教育的正确认识。此外，教师发展办公室可以根据评估结果组织通识教育的培训，帮助教师重新设计课程内容和课内评估方法，更为有效地达到通识教育的学习成果。总而言之，通识教育评估是全校性的工作。

6 通识教育评估的主要步骤

通识教育评估与学科学习成果评估的步骤大致相同，区域质量认证机构要求高校使用直接测量方法评估学习成果，虽然问卷调查和焦点小组等间接测量方法也是行之有效的，但不能完全代替直接测量方法。与学科学生学习成果评估相比，通识教育评估因为参与的学科和课程广泛，教师和学生众多，因此执行过程相对复杂。如图 2 所示，其主要过程包括六个步骤。

(1) 第一步：制定通识教育的目标。与其将评估当作外部问责的要求，高校应该利用这一机会开展全校范围内的讨论和对话，重新审查、明确、修改其通识教育的目标，确保通识教育与学校的使命一致，与时代和社会的需求一致，并将通识教育的目标传达给教师和学生。同时，高校应以通识教育的目标作为指导，进一步审查具体的课程要求，使每一类每一学科的课程与总体目标保持一致。

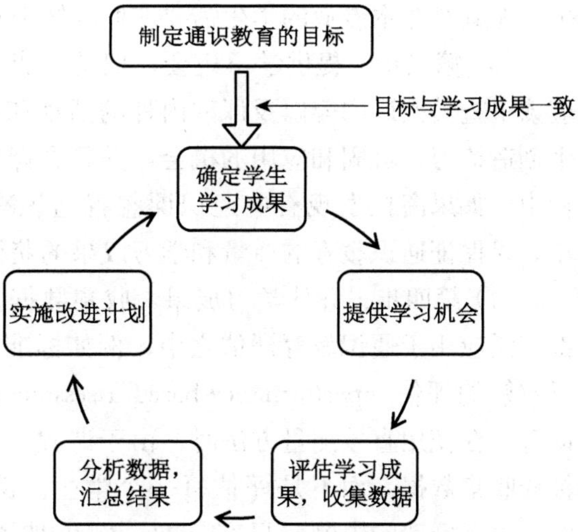

图 2　通识教育评估的主要步骤

（2）第二步：确定学生学习成果。以乔治梅森大学为例，其通识教育包括 11 类课程，每类课程都有共同的且不同于其他课程类别的学习成果。例如，自然科学类的通识教育课程包括天文、生物、化学、地质学、物理、环境、海洋等众多学科，无论学生选修哪个学科的通识课，在完成 7 学分时，他们应该具有以下的知识和能力[7]：

① 认识到科学探究是以自然界为证据的调查，科学知识和理解的进化基于新的证据，与个人和文化信仰不同；

② 承认科学研究的范围和局限性；

③ 阐明自然科学和社会科学之间的关系，以及如何应用自然科学解决社会所面临的挑战（例如健康、资源保护、可持续发展、能源、自然灾害等）；

④ 评判科学信息，例如，分清主信息源和次信息源，判断信息的可信度和有效性；

⑤ 在科学实验课程中，参与科学探究，交流研究信息，包括认真和系统地观测、提出和测试假设、分析证据、解释结果。

乔治梅森大学规定，所有自然科学类的通识课，如果包括科学实验，必须强调以上全部五个学习成果，如果不包括科学实验，则必须强调前四个学习成果。该校所有 11 类通识教育课程的学习成果都是由跨学科的教师工作小组制定的。这些教师需要抛开本专业的局限，放眼于每一个毕业生，尤其是非本专业的学生需要获取的知识和技能。

(3) 第三步：提供学习机会，把学习成果落实到通识课程之中。教师应该审查其授课内容以及课程内外的活动和作业，结合课程的主题，为学生创造练习、巩固和应用的机会，并且在课程内评估学生学习。在评估过程中，如果高校发现有些通识课忽视通识教育的学习成果，必须加以纠正，以保证通识教育的质量和学习成果的获得。

(4) 第四步：评估学习成果，收集数据。多种直接和间接的测量方法都广泛应用于通识教育评估之中，例如标准化考试、量规、电子档案、基于效绩的评估（performance-based assessment）、调查问卷、焦点小组和访谈等。在使用直接测量方法时，由于课程多，学生人数多，高校常常通过抽样收集数据，而不是评估每一个学生。例如，在使用全国性标准考试时，由于经费的限制，只有一两百学生被测试；在书面交流能力的评估中，虽然有几百或几千学生都选修了通识教育写作课，高校通常只随机提取 10%～20%的学生写作样本，成立专门的教师评估小组，使用统一的量规评估这些样本。抽样被视为有效的数据收集方法，这是因为评估不是针对某个教师、课程或是学生，而是针对通识教育的整体成果，但是在实践中，样本的质量可能参差不齐。

(5) 第五步：分析数据，汇总结果。在数据分析过程中，至少要考虑三个问题。

① 样本的代表性：高校常常抽样收集评估数据，在一些情况下，由于人员和资金的限制，教师的抵触，学生拒绝填写调查问卷，或者收集时的采样错误，抽取的学生样本也许不具有代表性，使评估数据的质量受到影响。因此分析数据的第一步是审查数据的质量，查看课程和学生的分布，判断数据样本的代表性。

② 学生背景：在评估通识教育时，不仅要评估学生的整体学习成果，还要考虑到不同类别的学生的学习背景，帮助对评估结果的理解。例如，在评估学生写作能力的时候，需要对比高年级与低年级学生的写作能力，如果两组学生的写作能力相当，那么就有必要进一步审查高年级写作课程的要求和学习成果，进一步提高高年级学生的写作能力。同样，在自然科学类课程的评估中，需要对理科和非理科专业学生的学习成果的差距进行比较。

③ 评估手段与学习成果的对应性：无论选择哪种评估方法，都要能够

准确地测量学习成果，这在课程嵌入式评估中非常重要。课程嵌入式评估要求教师通过自己设计的作业或是考核试题，评估与课程相关的通识教育学习成果。然而，如果作业和考试内容与通识教育学习成果不一致，评估结果就差强人意，这是教师的问题，不是学生能力的问题。

这里还需要指出的是，虽然在很多高校中，专业评估人员通常从事通识教育评估的数据收集和分析工作，分析结果最终要汇报给负责评估的教师委员会，由他们总结评估中发现的长处和不足，对下一步的改进方案提出建议。评估结果还要与参与评估的教师、系主任、教师委员会、学院院长和主管教学的副校长交流，并达成共识。

（6）第六步：实施改进计划。根据评估结果，教师委员会提出建议或采取措施，改进通识课程要求、教学重点或是学生学习。采取行动、监督行动的力度和效果是一项长期的工作，这就需要主管教学的各级领导不断督促，投入必要的资源用于教师培训支持和学生学习保障。

7　直接测量方法

如上所述，各种直接和间接的测量方法都可用于通识教育的评估。在直接测量方法中，本文重点介绍三个影响颇大的评估方法：大学学习评估、VALUE 量规和电子档案。至于间接评估，焦点小组和问卷调查是最常用的方法。例如，在全美大学生投入问卷调查（National Survey of Student Engagement）中，有一些问题是专门针对学生的能力和技能，包括写作、口头表达、评辨分析能力等，通过问卷调查的结果，学校可以大致掌握该校对学生发展所做的贡献。另外，高校和教师还可通过本校内部的问卷调查，了解学生对通识教育的教学重点以及收获的看法，用于改进教学计划和课程。

7.1　大学生学习评估

大学生学习评估（CLA）是教育辅助理事会（the Council for Aid to Education，CAE）在 2000 年开发的标准化测试，该测试通过让学生完成一系列以效绩为基础的题目（performance-based tasks），评估学生的批判性思维能力和书面表达能力。CLA 测试分析能力、解决问题能力、科学和量化推理能力（scientific and quantitative reasoning）、评判阅读能力（critical reading)、批评论点的能力和其他的写作技巧[8]。因为这些都是跨学科的能力，许多学校利用CLA来评估通识教育成果或是毕业生水平。CLA提供的报告中，测试分数是以学校为单位、以年级划分的平均分数，不是单个学生的考试成绩。

与其他标准化测试不同的是，CLA采用增值评估模式（value-added assessment)，使用两种收集数据方法：①跟踪同一批入校生，在大学一年级、二年级和四年级的时候进行测试，因为这种方法实施起来很困难，目前已不大使用；②同时测试一年级和四年级的学生，比较考试成绩。因为不同高校入校生的学习基础不同，如果简单地对比年级之间或学校之间的CLA分数，并不能反映出一所大学作为整体对学生的发展和学习做出了什么贡献。因此，CAE利用回归的统计方法，基于入校学生的学习基础（也就是SAT数学和阅读成绩的总分，或是ACT和SLE的成绩），以及一年级学生的CLA测试分数，计算出四年级学生的CLA预期分数，再计算“增值分”[9]。所谓增值分就是四年级学生的实际分数和预期分数的差，正的增值分意味着学校为学生的批判性思维能力和书面表达能力的提高做出了贡献，负的增值分则意味着学校没能帮助学生达到其应有的水平。这个增值分的概念，在美国高校中引起很大反响，特别是那些增值分为负数的学校。

CAE在2015年推出了更新版本CLA+，二者之间的主要区别在于前者只提供学校整体分数，而后者既提供学校的分数也提供学生个人的分数[10]。目前，全世界已有700多所院校以CLA或CLA+ 为基准，对比学生学习成果的差距。CLA和CLA+ 以学习成果为基础、采用增值评估模式来检验高校对学生学习的贡献。这种评估模式的优势包括：①清晰度：明确地表述在课程或专业学习结束时，学生需要取得的学习成果；②灵活性：以学生学习为中心，促进教师围绕学生的需要、围绕学习成果进行灵活多样的教学活动；③比较性：CAE提供校际之间和年级之间的比较，高校可以进一步分析学生个人的分数，对比不同背景不同专业学生的成绩；④参与性：促进教师积极参与评估，参与提高教学的讨论中，促进学生积极参与课堂活动和其他提高自身能力的学习活动[10]。

虽然CLA的评估模式有诸多好处，但是它也是最具争议性的测量方法之一。CLA的测试是在计算机上通过网络进行的，这种测试环境有利于一些学生，但对另一些学生却是一种阻碍，因为他们不适应机考环境。另外，由于CLA和类似测试的费用很高，大多数学校只是抽取一小部分学生参加考试（常规的做法是一年级和四年级的学生各100人），并用这些学生的成绩来估计整个年级学生的能力水平。如果CLA测试是在课堂外进行的，考试成绩与课程成绩无关，那么召集学生自愿参加考试、要求学生认真地对待考试，在很多高校都很困难。有些学校甚至给每个考生发送礼物卡，这虽然能帮助招募学生参加考试，却不能保证考生认真地对待考试，一些学生在考试进行了20分钟以后就开始离开考场。如果考生不具代表性，不是所有的考生都全力以赴，考试结果就很难反映出学校的真实水平。另外，一些高校教师发现，CLA考试的总分和分项分数与教学大纲中学生学习成果的联系不紧密，很难利用测试结果来改进和提高教学。

7.2 VALUE量规

VALUE量规是由美国高等院校协会资助的，在2007年推出的直接测量方法。来自全美一百多所高校和多个领域的教师团队和教育专家用了大约两年的时间，参照不同高校的学习成果和量规，起草、试行、修改，最终制定了16个VALUE量规。这些量规涉及16个学习成果，与美国高等院校协会所倡导的基本学习成果和学位资格轮廓（Degree Qualifications Profile，DQP）的框架一致，包括以下三个方面：

（1）智力和实用技巧：探究和分析能力、批判性思维、创造性思维、书面交流能力、口头交流能力、阅读能力、定量素质、信息素质、团队精神，和解决问题的能力；

（2）个人与社会责任：公民参与能力、跨文化的知识和能力、道德伦理推断能力（ethical reasoning）、终身学习的基本能力与技能，和全球认知（global learning）；

（3）综合和应用学习：综合学习能力。

这16个量规明确了每个学习成果的基本标准，运用行为动词描述了循序渐进的、逐步复杂的表现层次[11-12]。例如，解决问题能力的量规明确指出，解决问题是设计、评价和实施一项策略的过程，用以回答开放式问题或实现预期结果。虽然解决问题的能力在不同环境、不同问题、不同领域中的体现不尽相同，解决问题能力的量规提取了其中的共同之处，旨在评估解决问题过程的质量，而不是最终结果的质量。解决问题能力的量规通用于各个领域，包括六个评定标准和四个表现层次。

（1）评定标准：定义问题，制定策略，提出解决方法或假设，评价潜在的解决方法，实施解决方法和评估结果。

（2）表现层次：对于每一个判定标准，量规中都描述了四个表现层次，由低到高。例如，针对提出解决方法或假设这一标准，四个表现层次如下：

① 低级层次：提出的解决方法或假设模糊不清，或者与所定义的问题没有直接联系，很难评价；

② 第二层次：提出的解决方法或假设是“照搬”的，没有根据问题的特定背景因素来设计；

③ 第三层次：基于对问题的理解提出一种或多种解决方法或假设，顾及问题的背景因素和以下其中一种层面：道德、逻辑和文化；

④ 高级层次：基于对问题的深层理解提出一种或多种解决方法或假设，顾及问题的背景因素和道德、逻辑和文化等所有层面。

美国高等院校协会鼓励高校教师根据各自的领域和课程的具体情况改写16个量规的内容，用于评估本校学生学习成果。很多高校都已成功地使用VALUE量规评估通识教育成果[11]。例如，乔治梅森大学的教师评审委员会改写了VALUE批判性思维量规的部分评定标准，使其更符合学校对于学生学习的要求，而且与通识教育课程有直接的联系。该校在顶点课程和综合课程中随机抽样，收集学生的作业样本，使用改写的量规评估样本，这样得出的评估结果体现了学生批判性思维的整体水平，也可以进一步探讨和研究不同领域、不同课程学生之间的差距[3]。弗吉尼亚理工大学（Virginia Polytechnic Institute and State University）在其通识教育课程改革和评估过程中，也广泛地使用了VALUE量规[14]。

7.3 电子档案

电子档案有许多定义，应用范围很广。在高等院校，电子档案是用来收集和整理学生在学习过程中主要作业、作品或学习成果的电子平台。这些档案通过数字化手段收集学生学习样品，能够真实地反映学生在校学习期间所做的努力，以及取得的成绩和进步。学生电子档案可以用来示范、反思和评估学生学习成果。

很多教育专家认为，当前教育评估的主要问题之一是使用快照（snapshot）的方式来评估学生的学习。所谓快照，即教师收集的评估数据大多数都是学生的一次考试、一个作业或者一个设计方案的情况，这些数据，既不能正确评价学生整体的成长、发展、转变，也不能反映出他们综合学习或知识创新的能力。而解决这些问题的最好方法之一就是电子档案，因为电子档案能够展示学生在一段时间里的一系列学习成果，促进学生反思，提高他们的思维能力。Eynon，Gambino 和 Török 总结了电子档案的三个特征，阐述了这三个特征如何将学生学习成果评估转变为高校的知识库[6]。

（1）探究：电子档案能够促进学生、教师和学校不断地探究学习和教学，有利于获取新知识；

（2）反思：电子档案促进教师和学生深入思考，将焦点问题从报告评估结果转到解释评估结果并提出建议，将评估成果转化成为集体学习的机会；

（3）整合：电子档案有助于教师关闭循环周期（close the loop），也就是采取行动改革教学计划。

在通识教育评估中使用电子档案，就是要求学生根据所评估的学习成果，选择最能体现其成就的电子资料，放在自己的电子档案平台上。这些资料一般来自相对应的课程，形式多样，例如作文、科学研究项目、社区服务项目、视频、文学艺术作品、学生反思，等等。北卡罗来纳大学系统在几个不同校园试点了电子档案，结果发现[15]：

（1）电子档案能有效地确定和弥补教学计划中的不足，使用了电子档案后，教师对学生学习的期望比以前更加明确；

（2）把电子档案嵌入到课程和教学计划中可以收集真实的学生资料，展示学生的成长，并能在学科中评估学生的学习成果；

（3）如果要高效地使用电子档案，必须要对教师进行培训、提供技术支持；

（4）实施电子档案的费用不仅仅限于软件的购置，还必须要计算教师的培训费用以及教师评估学生档案所需要的时间。由于电子档案中资料众多，教师要制定、使用统一的量规，并投入大量时间浏览资料，评估学生的学习成果。

8 结语

美国高等院校协会早在 2008 年就指出，衡量学生在大学期间的学习不能只用学生注册率、保留率、毕业率、所授学位数目等这些传统的指标。虽然这些广泛使用的指标都很重要，但他们完全忽略了一个关键的问题：学生已经把他们对未来的希望寄托于高等教育，但是他们是否真正获得了他们在未来的生活和工作中，以及作为公民所需要的知识和能力呢？通识教育不是不同领域课程的集合，而是一个精心设计的、培养跨学科能力的平台，这种教育对学生的影响延伸到大学学习之外。通识教育评估应该是以教师为主导、以改进提高教学质量为重点的评估。在这项工作中，教师对通识教育的目标达成共识，明确学生学习成果，将通识教育的学习成果融合到自己的领域和课程中，系统地收集数据，评估成果，解读和交流评估结果和意义，不断创新和改进通识教育。与学科评估一样，通识教育评估需要教师的积极参与和领导的大力支持。高校需要建立合理的评估周期，有效地使用直接和间接的测量方法，明确评估标准，坦诚地面对评估中发现的问题，履行其改善教学的承诺。

参考文献

[1] Schneider C. Forward. General Education Maps and Markers：Designing Meaningful Pathways to Student Achievement [M]. Association for American Colleges and Universities (AAC&U)：Washington，D.C，2015.

[2] Association of American Colleges and Universities. College Learning for the New Global Century：Executive Summary with Employers' Views on Learning Outcomes and Assessment [DB/OL]. (2008). http://secure. aacu. org/store/detail. aspx? id = LEAPRPT.

[3] Lumina Foundation. The Degree Qualifications Profile：A Learning-centered Framework for What College Students should Know and be Able to Do to Earn the Associate，Bachelor's or Master's Degree[DB/OL]. (2014). http://degreeprofile.org/press_four/wp-content/uploads/2014/09/DQP-web-download.pdf.

[4] Higher Learning Commission. Policy Title：Criteria for Accreditation，Number CRRT. B.10.010 [DB/OL]. (2014). http://policy. hlcommission. org/Policies/criteria-for-accreditation.html.

[5] New England Association of Schools and Colleges：Commission on Institutions of Higher Education. 2016 Standards for Accreditation[DB/OL]. (2016). https://cihe. neasc. org/standards-policies/standards-accreditation/standards-effective-july-1-2016.

[6] Eynon，B.，Gambino，L. M，Török，J. Reflection，Integration，and ePortfolio Pedagogy[DB/OL]. (2014). http://c21.mcnrc.org/pedagogy/ped-analysis/.

[7] George Mason University (n.d.). Mason Core[DB/OL]. (2014). http://masoncore.

gmu.edu/.
[8] Council for Aid to Education. (n.d.). Performance Assessment: CLA+ References[DB/OL]. (2015). http://cae.org/participating-institutions/cla-references.
[9] Council for Aid to Education. CLA+ Technical FAQs[DB/OL]. (2015). http://cae.org/images/uploads/pdf/CLA_Plus_Technical_FAQs.pdf.
[10] Council for Aid to Education. (n.d.). Introducing Cla+: Fostering Great Critical Thinkers[DB/OL]. (2015). http://cae.org/images/uploads/pdf/Introduction_to_CLA_Plus.pdf.
[11] Association of American Colleges and Universities (2012). Assessing Liberal Education Outcomes Using VALUE rubrics[J/OL]. Peer Review: Emerging Trends and Key Debates in Undergraduate Education, 2010, 13(.4)/14(1). https://www.aacu.org/peerreview/2011-2012/fall-winter.
[12] Association of American Colleges and Universities. Valid Assessment of Learning in Undergraduate Education (VALUE) Rubrics[DB/OL]. (2010). https://www.aacu.org/value/rubrics.
[13] Office of Institutional Assessment, George Mason University. General Education Assessment Report: Critical Thinking[DB/OL]. (2011). https://assessment.gmu.edu/wp-content/uploads/2013/04/GMU-Gen-Ed-Assessment-Report-Critical-Thinking-2010.pdf.
[14] Virginia Polytechnic Institute and State University. Revision of General Education at Virginia Tech[R]. (2015). http://www.pathways.prov.vt.edu/RevisionGeneralEducationReportApril2015.pdf.
[15] The General Education Council, the University of North Carolina System. A Brief Summary of Where We are and How We Got here with Findings and Recommendations for the Future[R]. University of North Carolina General Administration Internal Report, 2015.
[16] Higher Learning Commission. Assumed Practices: Policy Changes Adopted on Second Reading[DB/OL]. (2015). http://download.hlcommission.org/policy/updates/AdoptedPoliciesAssumedPractices_2015_06_POL.pdf.
[17] Association of American Colleges and Universities. General Education Maps and Markers: Designing Meaningful Pathways to Student Achievement[DB/OL]. (2015). https://secure.aacu.org/store/detail.aspx?id=GMSGE.

促进评估文化的生成与发展

Fostering a Culture of Assessment

周　莹 博士
院校规划、评估与研究副教务长
美国东卡罗来纳大学（East Carolina University）

白　康 博士
院校研究与规划副校长
美国路易斯大学（Lewis University）

摘要　在建立和促进评估文化方面，美国高校遇到过很多挑战。高校领导对评估工作持续的承诺和支持是至关重要的，高校应该建立院校评估办公室，或是指派专人领导全校范围内评估程序的制定，为教职员工提供培训和咨询，监督执行情况。目前最为普遍的做法是所有培养专业、学生服务部门、行政部门每年提交评估报告。本文介绍了评估计划和报告的主要内容，以及审评的量规。为了提高效率，许多大学都自行开发或者购买电子化、网络化的评估管理系统，本文介绍了三种不同的规划和评估系统，指出了使用它们时可能出现的问题。文章强调，评估是一项长期的工作，致力于内部提高，将评估结果用于决策，才是评估文化扎根和发展的土壤。

Executive Summary　The higher education institutions in the U.S. have encountered many challenges when building and fostering a culture of assessment on campus. The utmost important element is the leadership's continuous commitment and support of assessment. Institutions should establish an office of institutional assessment or appoint a person to lead the development of institutional-wide assessment processes, provide training and consultation to faculty and staff, and monitor the implementation. Most institutions require annual submission of assessment reports from educational programs, students support offices, and administrative offices. This chapter introduces the primary components of an assessment plan and report, as well as an assessment review rubric. In order to improve efficiency, many institutions have self-developed or purchased an electronic, web-based assessment management system. This chapter introduces three planning and assessment systems and identifies the issues associated with implementing such a system. The chapter emphasizes that assessment is a perpetual work in progress. The aspiration for internal improvement and the use of assessment results in decision-making are the key drivers for fostering a culture of assessment.

1 引言

什么是评估文化？当被问到这个问题的时候，人们通常不知道如何回答，也不理解评估文化到底意味着什么。尽管对它的理解和定义很多，但简单地说，评估文化是一种根据评估结果来影响学校各层次的决策，最优化地改进高校的教育质量、学术水平和服务质量，而使所有的利益相关者受益的一种院校环境。在这样的环境里，教师、职工和行政管理人员都积极参与各种评估活动，关心如何把自己的目标、预期结果与评估活动联系起来，并且渴望知道如何将评估结果用以持续地提高和促进高校发展。

建立评估文化的目的是多样的，我们需要这样的一种环境以利于更好地做决策，宣传学校，不断地改进学校，并为质量认证做好准备。温迪·威尔纳（Wendy Weiner）在 2009 年提出，建立和发展一种真正的评估文化需要包含 15 个主要因素[1]，分别是：设定清晰的教育目标；使用普遍的评估术语；树立教师对评估的领导权；不断提高评估水平；从行政上大力鼓励评估；建立可行的评估计划；贯彻系统性的评估；在所有课程及专业中设立学生学习成果；开展综合性的专业评审；开展辅助课程活动的评估；建立整体机构效绩的评估；建立评估信息论坛；为评估提供资金支持；肯定评估成绩；对新提议的评估项目做出及时的回应。

所有这些因素对于建立和保持一个学校的评估文化都是非常重要的，但很少有高校在所有这 15 个方面都做得卓有成效[1]，因此学校应该根据各自的实际情况和需要，建立各自的评估文化。纵观这 15 个因素，有三个方面应该是最值得我们注意的，也是成功的评估文化所必需的，即领导层的支持鼓励，教师的参与和全校性的评估程序。没有领导层的支持及承诺，评估活动就开展不了；没有教师的参与，评估活动就不会有意义；没有一个既定的评估程序，评估则没有可遵循的方向，评估工作就会杂乱无序，良莠不齐。

2 建立评估文化常见的阻碍

阻碍和干扰通常源自缺乏理解甚至是误解，这也同样适用于在高等院校里建立评估文化。如果教师、职员行政管理人员不理解评估文化，不理解评估的目的及效益，评估遇到的阻力将会很大。为了建立和保持评估文化，我们首先需要清楚地认识并清除道路中常见的阻碍。

2.1 缺乏上级领导的支持

一所学校的发展方向和优先项目是由学校的高级领导层决定的。没有他们的支持，持续的、系统化的评估程序就不可能在全校范围内推广。学校领导可能会用多种形式支持评估工作，但有时他们发出的信息可能不准确或自相矛盾，这往往会导致人们对评估的误解。例如，如果一个领导在公开场合承认评估的重要性和价值，却不建立评估工作责任制，不在意评估工作的质量，人们将不会认真地执行评估工作；再如，如果校领导要求院系做更多的学生学习成果评估，但又不能或不愿意提供评估所需要的资源，这些院系也许就无法实施其应做的评估工作；此外，如果领导对于评估数据缺乏兴趣，评估结果与决策过程和改善计划脱节，那么教职员工就不愿花时间做有意义的评估工作。显而易见，建立评估文化必须从领导层做起。

2.2 缺乏评估知识

美国高等院校中现有的评估模式始于二三十年前，并且一直在发展演变，但是在大多数学校里，仍有很多人不清楚什么是评估、如何搞评估，很多高校缺乏评估工作的培训。有些教师会说，“我是搞科研的，并不是搞评估的”，或者“我的研究生教育没有教我怎样在大学教书，更不用说教我如何评估学生学习成果”。正如 Banta 和 Palomba 在 2015 年所指出的，许多研究生专业没有很好地培养他们的毕业生在大学执教，没有提供学生学习成果评估的培训或者经历[2]。在高校职员和管理人员中，这一现象也普遍存在。在教师、职员和管理人员的职业培训和发展中，评估从未占据过中心地位。

评估中常常使用陌生的术语，致使人们对评估感到困惑。例如，什么是测量方法？目标、目的和成果之间的区别是什么？为什么不能用课程分数做评估的指标和结果？如果一所高校里缺乏对评估的共识，不使用统一的术语，教师员工就会感到混淆，无所适从。更糟糕的是，一些例如问责制（accountability）这样的评估术语，可能不为教师所接受，甚至会导致教师对评估的反感和抵触。因此，通过培训使全校教师员工对评估达成共识，对于建立评估文化是很重要的。

2.3 缺乏评估动力

很多因素会导致高校缺乏启动和持续评估工作的动力，包括时间、资源和可预见的收益，这在高校教师队伍中极为明显。参加评估培训，制订计划和执行评估需要时间，这点会给已经很忙的教师们增加很多的工作。另外，一些教师担心学生学习成果的评估结果会用于教师业绩评估、影响升职和终身教授的评定；他们可能还会担心如果评估中发现任何学生学习的弱势或不足，学生没取得预期学习成果，将会由教师个人负责。总之，当评估对改进课堂教学或者专业运行没起到多大作用的时候，当评估的收益不确定的时候，当学校对教师的工作时间和工作性质的需求自相矛盾的时候，教师很可能选择不参与评估工作。

从教师的角度来看，评估不应该是强加在他们身上的，而是他们自愿参与、全心投入、有掌控权的工作，教师决定评估方法，自主判断他们预期的结果是否真的达到了[3]。然而，除非教师相互之间对学生学习和专业质量有一种共同的责任感，他们参与的方式有意义，同时领导层对他们的评估工作给予承认或鼓励，而且评估结果确实用于改进，否则教师不会有参与评估的动力。其他高校员工也有同样的顾虑和动力问题。

2.4 管理评估程序的挑战

建立一个有意义的、适合一所高校自身文化的、综合性的评估结构是一项具有挑战性的任务。由于多种原因，例如领导层的支持力度、教职员工的参与程度、可利用的资源以及资源的分配、决策程序和信息沟通方式等因素，在一个学校行之有效的评估程序，不一定适合另一个学校。如果在建立全校性评估程序的过程中缺乏有效领导，在制定过程中不听取教师员工的建议，或者对评估报告的要求过于烦琐，而又没有足够的专业评估人员支持全校工作并且监督评估程序的执行情况，那么评估工作就会事倍功半，连真正支持评估的人都避之不及。

在质量认证过程中，高校需要提供多年的评估文件以证明其机构效绩，当今市场上有多种评估管理电子平台或软件，对评估资料、数据和报告的收集和存储很有帮助，但是如果这些工具不能合适地使用，它们不但不会提高高校的评估效率，反而引发更多的问题。例如，如果用户没有将信息输入指定的模板中，软件自动生成的评估报告就不符合要求；如果用户意外地修改或删除了以前的评估报告，文件有可能无法还原。因此很多高校不仅要搞评估知识培训，还要搞评估软件培训。

2.5 没有利用评估结果做决策

许多专业评估人员和学者都发现，高校在评估时收集大量的数据，但是这些数据往往没有被用于决策的过程。在一些学校，各部门每年交一次评估报告，但是根本没人阅读那些报告。又例如，在学科建设中，教师开设一门新课往往只是因为他们相信新课的内容很重要，他们很少用学生学习成果评估结果去证明这门新课如何支持专业学习成果、弥补学生学习上的不足。又例如，在使用学习成果评估结果时，很多改进措施往往是由一个教师在一门课中执行，而不是在一系列课程中执行或是在整个专业中推广，因此收效甚微。面对大量的评估数据和结果无所作为，是对学校资源、教职工时间的巨大浪费。因此高校必须努力促进评估结果的使用，交流从评估中学到的经验，增强力度和广度，将改进提升工作落到实处。

综上所述，由于每个学校在建立评估程序的过程中所面临的困难和阻力不同，因此需要采取不同的策略去建立和促进评估文化。一个成功的评估文化环境通常具备以下条件：强有力的领导、教师的参与、合理的程序、资源的保障，以及明确的责任制。

3 评估工作的领导

在建立和促进评估文化中最重要的因素是领导层对评估工作持续的承诺和支持。Banta 和 Palomba 指出："成功的评估需要学校各层对评估工作的有效领导，这包括校长、教务长、院长、系主任及学生事务专职人员。"[2]大学校长或教务长在评估过程中的主要职责包括：①公开地促进机构效绩的提升，倡导使用评估结果不断地改善学生学习、专业质量和管理运作，提高学校声誉；②为评估提供资金和人力资源，组建院校评估办公室或指定专人负责全校范围的评估工作，建立评估问责制，实施有意义的评估；③将评估结果用于财政预算、战略计划以及决策过程中；④公开表彰优秀的评估工作，并和全体教职员工共同庆祝评估获得的成功。

同时，校长和教务长也要通过参加评估座谈和会议，熟悉评估程序，或者作为审核人员参加质量认证评审团队，以实际行动表明他们对评估的支持。

学校领导能在极大程度上发动全校教职员工的参与与投入。特别是当学校面临主要的质量认证审核时，如果各层领导重视，整个学校都动员起来，把大量资源投入评估中去，就能促使质量认证审核得以顺利通过。然而，当认证审核过程结束后，一些学校能保持其评估文化，而另一些学校则不能，高层领导的态度是导致这种不同的根本原因。当领导把评估看作是一种暂时的任务、是应付外部问责的手段时，评估文化就没有持续性。

除了高层领导，很多高校都应该建立院校评估办公室来负责日常的评估工作，直接领导全校范围内评估程序的制定、执行、监控和改进。院校评估办公室通常由主任、副教务长或副校长来领导，他们有丰富的评估经验，可以为教师和职工提供评估培训和咨询，打破阻碍，保障评估顺利、持续地进行。他们的主要职责包括：

(1) 为评估工作提供强有力和有效的领导，采取有效策略，克服评估阻力；

(2) 带领全校建立有效的、系统的评估程序，收集和听取全校对于评估程序的建议和意见，不断改善评估程序；

(3) 为教职员工提供评估培训和咨询，促进教师和职员之间的对话，帮助各个部门拟定切实可行的评估计划，分享评估结果，促进评估结果的使用；

(4) 监控全校范围内评估工作的质量，提倡最佳的评估方法，分享成功经验。

另外，在高校下属的学院中，特别是有专业质量认证的教育学院、商学院、工程学院、护理学院、医学院等，也往往有负责评估和质量认证的办公室或负责人。推进学习成果评估最有效的做法之一，就是在高校所有的学院中都指定一名副院长级的领导负责本院的教学质量和评估，因为他们能直接影响到所属各个系和专业，能够真正落实全校的评估程序。

4 参与和培训

4.1 评估培训

教职员工的参与是有效评估的基础，可是他们往往对评估了解不多，在建立评估文化的初期都遇到了各种问题，例如教师制定的学习成果无法测量或与课程设置脱节，调查问卷或其他评估工具质量不高，评估对象不具有代表性，评估数据分析方法不正确，评估结果与改进方案不一致，等等。要改变这一状况，就需要院校评估办公室这样的核心机构来提供培训咨询和质量监督。

在美国，许多学校开设各种学习班传授评估实践，例如如何制定学生学习成果，如何使用多样的评估方法，如何设计调查问卷，如何使用量规，怎样分析和使用数据，怎样报告评估结果，等等。除了面对面的培训，很多专业评估人员还制作了多媒体资源。例如詹姆斯·麦迪逊大学的评估和研究中心（Center for Assessment and Research Studies, James Madison University）根据评估的步骤录制了六个 5～15 分钟的视频，与辅助资料、案例和文献一起放在了中心的网站上，方便教师随时阅览。

在高校中除了专业评估人员，评估对于其他教师员工来说只是他们工作中的一小部分，得不到重视。因此以自愿参加为基础的评估培训很可能收效甚微，即使培训通知多次下发到所有人员，最终参加培训的可能还是寥寥无几。同样的道理，花了很大精力制作的视频和网上资源，点击数也可能会很低，这些结果经常令专业评估人员非常失望。因此，专业评估人员一定要有的放矢，主动联系院系和行政办公室，到基层去，根据实际情况有针对性地提供咨询，结合小组培训，将评估知识传播到更多的教职员工之中。另外，由于人员的流动和变更，培训和咨询一定要坚持。很多高校在秋季开学前都有针对新教师的迎新和培训活动，评估人员应该利用这一机会或相似的渠道宣传评估的意义、程序和要求。

4.2 教师参与

因为学习成果评估是美国高等院校效绩的核心部分，更因为很多评估阻力来自教师，以下部分集中讨论教师的参与。Banta 和 Palomba 指出，要使学习成果评估成为一项以教师为主导的活动，教师一定要承担起执行评估程序所有步骤的责任[2]。教师负责和广泛参与是学习成果评估成功的关键。不妨想一想，如果一个权威部门，比如地方教育部门，州高等教育委员会，或者学校董事会，要求评估办公室随机选出一些高年级学生参加由某一考试机构制定的某个标准化考试，但考试内容与教学大纲脱节，教师没有参与的机会，高校的教师会在多大程度上关心考试结果呢？教师有可能用考试的结果去改善自己的教学吗？这个例子说明如果评估是外部强迫的、评估方法不是教师认可的，大多数的教师对评估的结果都不可能感兴趣。

Hutchings 发现，多年来很多所谓的评估都没有教师的积极参与，很多评估的言辞反而大大降低了教师认真参与评估的可能[4]。在一个理想的环境中，课程成果评估应该由授课教师负责。专业学习成果评估则应该由一个教师团队负责，他们对专业学习成果要有共同的看法，共同分担评估的责任。然而在同一高校中，不是所有的专业都能达到这一理想状态。有些专业的评估计划是由专业主任一个人制订的，评估数据由固定的几个教师提供，评估结果不分享不讨论，改进计划由提供评估数据的教师自行制定，实施情况无人追踪，这样的评估达不到应有的目的。因此高校必须要采用适当的策略，创造教师参与的机会。

(1) 建立以教师为主的评估委员会：在一个以教师为主导的评估体系中，教师委员会成员应该领导全校范围的和学院内部的评估程序的制定，提供建议和反馈，参与决策过程，并且将决定转达给他们的同事。

(2) 指定教师作为系里或专业的评估协调员：评估协调员的责任不是从事专业或系里的所有评估工作，而是将教师组织起来，促进教师间的对话，分担责任。例如定期在教师例会时讨论评估计划和执行状况，组织教师团队抽样审阅学生作业、评定学习成果、集体制订改进计划。

（3）建立教师委员会负责通识教育的评估：通识教育课程通常包括不同领域和学科，侧重多种能力的培养，这就需要各个学科的教师相互合作，制定共同的学习成果，在不同的学科中执行共同的评估计划。在这一过程中，通识教育评估委员会起着重要的领导作用。

（4）参与评估报告审核：为了推行问责制，分享评估经验，相互学习督促，一些学校采用同行评议的方式，让教师参与评估报告的审核工作，为其他专业的教师提供意见和建议。

在东卡罗来纳大学，教师通过以下的组织形式参与院校评估：①机构评估委员会负责制定全校范围的评估政策和程序，这是一个核心决策团体，其成员代表每个学院、学生服务部门和主要行政部门；②各个学院和主要行政分支设立评估审核委员会，协调、监督本部门评估工作执行情况，审核年度评估报告；③各个学科、专业和行政办公室都有评估协调员，布置、督促本部门的工作；④最基层的教师和员工是实施评估工作的主力军（图 1）。

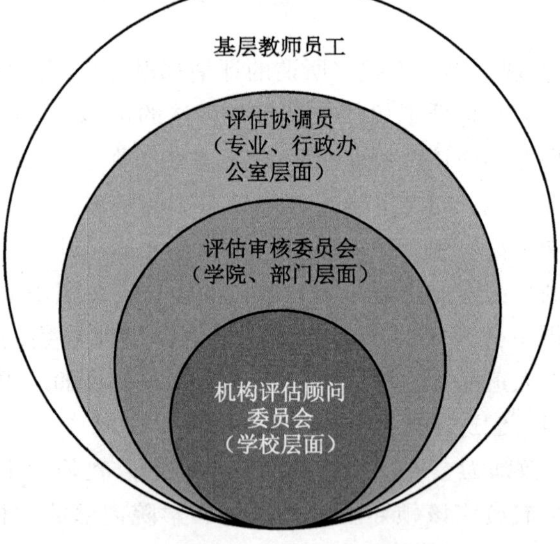

图 1　东卡罗来纳大学评估工作组织结构

以教师为主导的学生学习成果评估需要政策、资金、人员和技术的支持，专业评估人员要帮助教师掌握评估工具，改进评估实践。高校要将评估委员会或本专业以外的评估活动算入教师的工作量，资助教师参加校外的评估会议，创造同行之间交流、学习的机会。同时，高校应奖励教师在评估中取得的成绩，无论评估结果是好是坏都要与广大教师分享，资助课程改进以提高学生学习成果，鼓励教师有效地将评估与课程、教学和教师的专业发展联系起来，这也是成功地进行评估的重要环节。

5 评估指导原则

制定评估指导原则是质量认证机构的要求，更是确保评估力度和质量的需要。质量认证机构并不强制要求高校使用某种特定的评估方法（例如标准化测试）或达到某个标准，各高校根据自身的情况做出决定。Banta 和 Paloma 指出，一个大学的评估指导原则反映了其评估理念并且影响着评估方法的选择[2]。在美国高校中，目前最为普遍的做法是所有专业、学生服务部门、行政部门都制定评估计划，每年在规定的期限前提交评估报告，总结年度工作。需要特别指出的是，专业和学生部的评估都必须包括学生学习成果的评估，使用直接测量方法，一般情况下不能使用学生课程成绩作为评估数据。在评估文化比较深入的学校中，评估计划和评估报告由专业评估人员或者是专门的委员会审阅并提供修改建议，达到要求后才能通过。

5.1 专业学生学习成果评估指导原则

对于颁发学位（degree-granting program）或证书（certificate）的专业，学生学习成果评估报告通常包括以下内容。

(1) 专业的使命和培养目标：宏观地描述专业的价值和任务，所处的学科和领域，教授的知识和技能，专业培养方向，毕业生所从事的行业和事业发展方向。

(2) 学生学习成果：使用行为动词（action verbs）陈述本专业的学生应该掌握的知识和技能。专业学生学习成果的数目是由教师决定的，学校一般没有硬性规定，只是给出一个指导性的上限和下限，供教师参考。专业不需要每年评估所有的学习成果，这样既不现实也没有意义，因为教师需要时间分析评估数据，建立和执行改进计划，而不是不停地收集数据。而另一方面，为保证评估活动不间断，高校一般要求每个专业每年都要汇报评估工作，例如，在东卡罗来纳大学，每个授予学位的专业每年要汇报三个学生学习成果的评估结果或是改进计划的执行结果。

(3) 测量方法：通常情况下，每一个学习成果至少要采用一种直接测量方法（direct measure）评估。一些学校要求使用多种直接测量方法，还有一些学校要求每一项学习成果都要用一种直接和一种间接的测量方法(indirect measure)。

(4) 成功标准：对于每一项学习成果都必须设定成功标准，在评估过程中用以判断学生学习是否达到预定指标。

(5) 评估结果：通过直接和间接的测量方法收集的评估数据要加以分析，找出学生学习的强项和不足之处，证明学习成果是否达到预定标准。

(6) 改进计划：对于没有达到标准的学习成果，专业必须制订改进计划，确定所要采取的一系列举措以提高学生学习。即便是达到了标准，专业也可以提出针对学生学习弱点所要采取的行动。

(7) 改进计划跟踪：专业要跟踪改进计划的执行情况，汇报取得的成效，这一点非常关键。近几年，质量认证机构越来越多地强调使用评估结果进行改进，要求高校证明改进措施的确提高了学生学习成果。

每个高校对评估计划和报告的要求大体相同，又各有特点。例如佛罗里达大学要求所有的专业从建立之日起就要有学生学习成果，新的评估计划以及现有评估计划的修订都要由该校的教育评估委员会审阅和批准[5]。评估计划包括专业使命、培养目标、学生学习成果。另外，本科专业评估计划要附课程图，本科以上的学位专业还要求有学生研究成果。佛罗里达大学的评估周期为三年，所有学习成果每三年至少评估一次。学校还鼓励教师使用多种评估方法，例如量规、考试成绩、电子档案、演示等，适当结合直接和间接测量方法。专业评估计划中还要求附有部门评估协理员或是评估委员会的名单和职责，做到责权分明。

佛罗里达大学的评估计划和报告都储存在一个叫“Compliance Assist!”的电子平台，以方便管理和查询。美国大学的学年一般定义为当年 7 月 1 日至第二年的 6 月 30 日，因此佛罗里达大学要求每个专业在 10 月中旬提交上半年度的评估报告，下半年度的评估计划则要在第二年 2 月底之前上交，这样的安排给予该校的教育评估委员会足够的时间进行审批。该校的评估报告包括评估方法，数据收集和采样的方法，评估结果和数据，报告中要指出学习成果是否达标，专业将要采取的行动，以及参与审阅评估结果的人员的名单。

5.2 学生部学生学习成果评估指导原则

高校的学生工作部在培养人才，提高学生评判能力、组织领导能力、就业竞争力和公民职责等方面起着独特的作用，学生学习成果也是他们评估工作中的重点。波尔州立大学（Ball State University）学生工作部有一个部门范围内的评估计划，由学生工作部的评估委员会主持，以达到三个目的：实现部门的学生学习成果，为下一轮的区域质量认证做准备，在全部门内建立一个长期、统一的评估程序[6]。学生工作部的学生学习成果包括四方面。

（1）生活技巧能力（例如时间管理、交流和解决问题的能力）：学生通过参加生活学习社区（living-learning communities）、职业探索的机会、实习、学生社团活动和其他课外体验活动（co-curricular experiences）获取这些能力；

（2）多元文化和公民能力：学生通过参加多元文化的组织、社区服务项目、校园多元化项目和公民参与等活动获取这些能力；

（3）领导能力：学生通过参与宿舍楼管理、大学生联谊组织（greek letter organizations）、学生社团和其他课外体验锻炼领导能力；

（4）学生们将展示与大学的价值观一致的行为，此行为包括学术诚信、文明、个人健康、尊重他人和他人的财产等。

有了统一的学习成果，学生工作部所属的办公室就可以调整学生活动的目标和所对应的学习成果，根据自身的特点制定评估方法，这就减少了评估工作的随意性和分散性。

博岭格林州立大学（Bowling Green State University）有四项全校范围的学生学习成果，包括：智能与实践技巧、基础和专业知识、个人和社会责任，以及整合应用和反思能力[3]。在学校的框架内，学生工作部进一步制定全部门的学生学习成果，任命评估委员会负责协调和领导评估工作。每年所属办公室要评估两个“标志性项目”，评估报告包括项目目标、学习成果、评估方法和程序（例如数据采集时间、方法和局限性），评估结果和结论，以及采取的行动。

5.3 评估报告审核

本文反复强调，如果评估计划和报告无人审阅，评估工作的质量就得不到保证。评估报告可以由评估办公室或评估委员会审核，或者在评估办公室协调下进行同行互评，很多学校还为此设计了审核的量规表。例如多米尼大学（Old Dominion University）的评估审核量规表包括五个范畴，每一范畴有四个等级：优秀、达标、接近达标和未达标[7]。其中优秀一级的描述如下。

（1）专业的使命和培养目标：专业的使命和目标是全面的，宏观方面的描述是简洁的；专业使命与学院和大学的使命保持一致；专业培养目标明确阐述学生将会获得的知识、技能、能力和可转移的（transferrable）能力；专业培养目标与专业使命也保持一致；可为其他专业提供典范。

（2）学生学习成果：专业学生学习成果与专业的使命和目标一致；学生学习成果（至少 3 个，但不超过 15 个）是现实的和可实现的；使用精确和具体的行为动词来表述具体的行为（例如，使用布鲁姆分类法的行为动词）；确切地描述学生学习行为达到的程度和标准；可为其他专业提供典范。

（3）评估方法：使用适当的直接测量方法评估学生学习成果（即有效性）；多次评估的结果一致（即可靠性）；评估结果对专业改进提供有意义的信息；明确规定专业所要达到的标准；使用多种测量方法（例如，直接/间接，客观/主观，定性/定量的测量方法）；可为其他专业提供典范。

（4）评估结果：评估结果源于具体的评估方法；数据分析恰当，并提供具体、明确和有意义的数据；共享评估结果，促进专业内部讨论，评估结果用于拟定行动计划；可为其他专业提供典范。

（5）改进计划以及评估结果的使用：改进计划直接来源于评估结果并与评估结果保持一致；改进计划旨在改善专业、教学方法或课程；改进计划也可涉及修改学习成果或评估方法；恰当地分配改进计划中的责任；确立改进计划的实施日期；可为其他专业提供典范。

综上而述，合理的评估指导原则，详细的评估要求，缜密的评审量规，非但不会削减教职员工的掌控权和自主权，反而为他们提供了清晰的指导，减少了在执行过程中的迷惑和误解。

6 评估管理系统

为了有效地追踪和管理评估计划、数据和报告，在过去的十几年里，许多大学都自行开发或者购买电子化、网络化的评估管理系统。这些系统可以根据学校的要求提供评估报告的模板，院系内部负责撰写评估报告的人员根据模板分段提交内容，系统地形成一个格式统一的评估报告。这些电子平台在很大程度上提高了评估管理的效率，使评估专业人员和学校各级领导在任何时间都可以监督评估工作的进展，审阅批准部门评估计划，并追踪部门改进方案的执行情况和成果。同时，这些系统提供标准化和用户化的报告功能，便于用户编辑多年评估的报告，用作区域或专业认证的支持证据。

6.1 选择评估管理系统

美国市场上用于评估管理的系统各有千秋，产品升级很快，功能也日益增多和强大。几年前这类产品只用于教职员工完成、储存和追踪评估报告，而现在一些系统可以让学生直接提交作业，教师在系统中审阅评分，评估结果直接进入评估报告，另一些则可以与学校的其他数据系统或电子教学平台对接，便于更多的数据用于评估。如果一所高校想购买评估管理系统，选择面很大，产品很多，例如：WEAVEonline，TracDat，Compliance Assist!，Chalk & Wire Learning Assessment，TK20，Taskstream，LiveText，Blackboard's Learn Platform，等等。由于篇幅的限制，本文只专门介绍其中的三个系统。

6.1.1 WEAVEonline（WEAVE）

WEAVEonline 源于弗吉尼亚联邦大学（Virginia Commonwealth University）在 2001 年开发的年度评估报告管理系统，用于支持本校的区域质量认证工作[8]。WEAVE 意为编织，实际上代表一个完整的评估过程：①W（write expected outcomes or objectives）：写预期结果或目标；②E（establish criteria for success）：建立成功标准；③A（assess performance against criteria）：对照标准评估表现；④V（view assessment results）：查看评估结果；⑤E（effective improvements through actions）：通过行动改进效绩。

该系统根据学校组织结构，预设系统的使用权限，允许用户完成、修改、汇总评估报告，实时监控评估工作的完成情况。弗吉尼亚联邦大学的评估人员在美国全国性和地区性评估会议上展示此系统时，深受赞誉，因此在 2006 年向市场推出这个系统。此后，WEAVEonline 逐渐应用于 200

多所高校，特别是隶属南方高等教育委员会的高校。

现在 WEAVEonline 已演化为 WEAVE，成为一个综合性的支持机构效绩的系统，提供一整套支持高校战略规划、机构评估和质量认证的工具。WEAVE 所存储的内容不但包括战略规划及其执行情况，各个部门的年度评估报告，还包括教师和管理人员的资质认证，以及专业课程图。它旨在成为一个功能强大的学习工具，通过系统的步骤和逐步深入的过程，引导各专业和部门深入反思其优势，找出持续改进的机会。这一系统不仅支持区域质量认证，还支持专业质量认证，从而减轻了评估人员资料收集、汇总和处理的工作量[8]。

6.1.2 Nuventive TracDat

Nuventive 是一个继 WEAVE 之后发展起来的功能全面的评估管理系统。该系统旨在支持机构效绩管理、战略规划、学术和管理的成果评估，专业和部门评审、质量认证和学生的成功[5]。目前 Nuventive 提供六个产品：Ellucian Perform，TracDat，PlanningPoint，ActionPoint，iWebfolio 和 Insight。其中 TracDat 类似于 WEAVEonline，是一个支持战略规划和成果评估的软件，提供一个灵活的评估平台，可以帮助高校组织、调整、存储、汇报规划和评估工作，追踪改进行动的执行情况，从而满足各类评审和质量认证的要求。最近 Nuventive 重新设计了 TracDat 用户界面，改进了导航功能，改善了用户体验。为了方便高校教师和各级管理人员的广泛参与，TracDat 允许各部门的评估协调人通过该系统分配任务，教师员工不需要登录或进入系统，便可提供评估信息。Nuventive 的特点是该系统注重与高校使用的其他软件或系统整合，例如 PlanningPoint 和 ActionPoint 利用了微软 SharePoint 2013 和 Office 365 功能，用户不需要 TracDat 的账户就可以在微软系统中完成评估任务，还可以与其他同事合作或参加讨论，方便了评估计划和报告的审核及批准。

Ellucian Perform 是 Nuventive 与 Ellucian 合作在 2015 年推出的效绩管理系统。Ellucian Banner 是世界上使用最广泛的高等教育企业资源规划系统（Enterprise Resource Planning System），Banner 是一个巨大的数据库，储存了高校有关学生、教职员工、财务、人事和其他资源的大部分数据。高校战略规划的制定和跟踪必须要参照关键效绩指标（Key Performance Indicators），而关键效绩指标的原始数据大多都储存在 Banner 中。Ellucian Perform 从多种数据库中提取关键效绩指标，结合 TracDat 评估结果，将战略规划数据提供给学校领导以及教职员工，协助他们根据数据做出知情决策。

6.1.3 TK20

TK20开发了两个产品，即TK20 CampusWide和TK20 HigherEd，虽然两个子系统都用于规划和评估，但是功能大不相同[9]。TK20 CampusWide类似于WEAVEonline和TracDat，是一个全面的评估、规划和汇报系统，方便管理评估活动，促进整个校园的评估文化。它允许高校根据其使命来制定目标、目的和成果。这些目标、目的和成果可以从上而下地贯彻到各个层面，包括院、系和专业。与WEAVEonline和TracDat不同的是，TK20可以与多种学习管理系统整合，例如Blackboard，Canvas，Desire2Learn，Moodle和Sakai，将评估系统与课程联系起来，这样学生在学习管理系统中提交的作业可以直接作为学习成果评估的依据，教师在学习管理系统中提交的成绩，汇总后结果会自动在TK20的教师仪表盘中显示。CampusWide系统自带多种评估工具以便收集数据（包括学习档案、调查问卷、测试、考试、实地经验和课程评估），也可以从学习管理系统和学生信息系统内引入数据。

TK20 HigherEd旨在满足专业评估和专业质量认证的特殊需求，各个专业所有的课程都存储在这个系统中。教师不仅可以通过这一系统与学生交流、布置作业、进行测验、管理成绩、放置教学大纲等文件，还可以与其他合作教师和临床导师联系。实地经验，临床经验或实习在一些专业中（如护理，医学，教育）起着重要的作用，HigherEd的一个独特功能是可以管理实地经验的数据和评估，所有负责实地经验的教师和实地导师都可以审阅、提交和评定学生的表现。此外，所有以课程为基础的评估数据（例如，学生作业、学生反思、教师反馈、实地经验的表现等）都可以与系统中的其他数据整合。

6.2 评估管理系统潜在的问题

市场上几乎所有的评估管理系统都承诺：①用户界面直观，使用方便，没有学习曲线；②集中存储战略计划、机构效绩和评估的文件和证据，方便检索、汇报、汇总和监督；③促使高校各级人员将战略规划和财政规划与评估相联系，从而有效地使用评估数据做决策；④促进教职员工更多地参与规划和评估工作；⑤服务于领导层，便于跟踪执行的程度和力度，总结部门取得的成绩；⑥提高管理评估工作的效率，节省时间和资源；⑦促进评估文化的形成和持续。

电子管理系统虽然对高校的评估管理工作提供了便利的工具，但很多高校在最初使用这些系统时都遇到了一些问题和挑战，主要集中在成本、人员支持和系统设置方面。

（1）高成本：评估管理系统价格不等，功能越多就越昂贵。第一年学校一般都要支付使用费、安装费、咨询或培训费，自定义功能还要额外的费用。软件公司往往有一个基本的产品价格，然后根据高校学生或用户的数量收取费用，学生或用户越多，费用越高。此后高校每年都要支付使用费，以获得技术维护和支持，如果需要软件公司的咨询和培训，还要支付额外费用。有些学校尝试过自行开发，但是技术能力不足，没有足够的编程、设计和维护人员；另一些学校则发现自行开发的成本甚至高于商业产品的费用，投入的资源反而更多。近十年来，美国州政府对公立高校的拨款逐年减少，很多公立院校都面临着削减预算、资金紧张的问题，有些学校负担不起这种软件所需费用。由于一些评估管理系统可以用于教学，可以与学习管理系统整合，一些大学便将这种软件系统的使用费转嫁到学生身上，这一做法增加了学生的经济负担，可能会对学生的满意程度产生负面影响。

（2）技术培训和支持：要想充分利用好评估管理系统，针对教师员工的培训是必不可少的，软件的功能越多，培训的需求就越多。首先高校要指派系统管理人员，调试软件，设定用户权限，解决技术问题，并对终端用户提供培训。系统管理人员必须既要有技术水平，又要有评估知识，了解本校的评估指导原则。除了举办集体培训班，他们经常要一对一地帮助终端用户（也就是教师和评估协调员）输入评估计划，建立评估报告的模板，讲解演示各种评估工具的功能。当他们和用户交谈时，如果发现评估计划和方法有问题，就可以直接提出，及时改进。有些学校在最初使用评估管理系统时，没有进行用户培训，技术问题解决得不及时，或是只做了技术培训，没有涉及评估知识，因而没有达到预期的效果，引起全校的不满。

（3）软件系统设置：由于各个高校信息系统的设置不同，评估管理系统的所有功能不是在每个学校都能实现的。有些公司承诺其产品能与校园里现有的信息系统或数据库实现无缝连接，但整合过程耗时耗力，效果差强人意甚至无法实现。软件升级也可能造成暂时的混乱，一方面软件公司在优化其产品时有可能会调整改变用户界面，增加或减少模块，另一方面网络浏览器升级很快，有可能不再支持评估管理系统的某些功能，这些意外的改变都会对用户使用评估软件造成不良影响。

（4）人为错误：在软件使用过程中的人为错误，是一个潜在而不容忽视的问题。在大部分的评估管理系统里，评估数据和报告都是由许多不同人员手动输入的，因此输入错误难以避免，所以评估报告需要审核，确保其真实性、准确性。用户不小心修改或是删除了往年的评估报告的事情虽然不经常发生，但是学校也应主动采取措施，尽量减少这类事故发生的可能性。

7 评估“机构评估”

一个高校应定期评估其评估工作，确保它是持续有效的。院校评估办公室和其他行政机构一样，也要制定其目标和预期成果，采用合适的测量方法收集数据，找出不足，改善自身的工作。首先，学校的评估指导原则要随着实际情况不断更新，特别是当区域质量认证标准有所改变或修改时，评估指导原则也要进行相应的调整。院校评估办公室应通过调查问卷和访谈，广泛听取意见，对教师反映的评估指导原则中不清楚或不合理之处，及时回应、澄清或组织修改。如果发现学校的评估指导原则过于刻板烦琐，或者与专业审核和专业质量认证要求不一致时，应适当协调，不要让教师和管理人员重复评估、重复汇报。另外，评估指导原则的落实情况也是一个晴雨表，如果相当一部分专业和部门没有按时上交评估报告时，这很可能说明评估的宣传和培训工作不到位。院校评估办公室必须审核部门评估计划和报告的质量，及时向各部门提供反馈意见，围绕评估中经常出现的问题组织培训或提供咨询，宣传提倡本校最佳评估实践。其实有些评估培训的主讲人未必是专业评估人员，教师向同行传授评估经验往往效果更佳。

8 结语

在外部问责和内部提高双重目的的驱动下，美国高校开始系统性地评估机构效绩，其中学生学习成果评估是重中之重。美国各高校经过二十多年的努力，已基本上建立了一个全校范围内的评估机制，回顾这一历程，许多院校都经历了三个阶段。

8.1 评估文化初期——建立评估计划

在这一阶段中，外部问责是主要驱动力，在美国联邦政府、州政府和质量认证机构的要求下，高校必须要建立评估机制。高校中评估人员的工作重点是明确评估工作的目标，帮助各个专业、学生工作部门和行政管理部门建立切实可行的评估计划，有效地收集数据，获取展示机构效绩的依据。在评估文化初期，启动评估工作是最困难或最耗时的。当教师们得知他们撰写的专业培养目标并不是学生学习成果，他们长期使用的学生课程成绩和课程通过率都不能作为学生学习成果评估的结果时，他们对于这种额外的评估工作自然地就产生抵触情绪。因此，要做好评估工作，必须要先做好教师的工作，晓之以理，使他们明白学生学习成果评估的重要性，组织他们参与评估。同时高层领导对评估的公开支持，广泛建立的领导评估工作的组织结构，大量的教工培训机会，明确合理的评估指导原则，深入基层的评估咨询，都是建立评估文化的重要因素。

8.2 评估文化中期——使用评估数据

在这一阶段中，评估的主要驱动力由外部问责逐渐转移到内部提高，高校已经把评估纳入到日常工作中，各个专业和部门自觉执行评估计划、收集数据、提交年度评估报告。需要指出的是，年复一年地提交评估报告，并不足以表明评估文化的深入。很多高校收集了大量数据，但是没有进行系统地分析，没有使用这些数据来促进改革。因此，高校中评估人员的工作重点应转移到评估数据的分析、分享和讨论，充分利用各种数据，发掘深层次的问题，实施有影响力的改进措施，提高学生学习，提升机构效绩。例如，在学生学习成果评估中，不要根据一门课程、一年或一届学生的评估结果就迅速得出结论，要将多年和多个渠道的数据联系在一起发掘趋势。此外，改进措施不要只局限在一门课中，而是要扩展到一系列课程中，这样才能真正影响学生的学习。这一阶段要强调评估学生学习成果和部门成果是全体人员的共同责任，评估人员应该与教师培训中心的人员积极合作，针对评估中发现的问题，帮助教师改进课程设计和教学方法。

8.3 评估文化成熟期——使用评估结果改进学校工作，帮助学校领导层决策

在本文“评估管理系统”部分已提到，有些电子平台可以将战略规划和财政管理规划与评估相联系，促进高校有效地整合各种数据，帮助学校领导层决策，这样评估工作才会真正有意义、有影响。例如，某个研究生专业发现学生研究能力需要加强，但是由于教师人数的限制，无法为学生提供更多的指导。除了学习成果评估数据，这个专业还要有本校同类专业的师生比例和教师业绩的数据，这样其扩大师资的预算申请才有说服力。在美国高校中，财政数据、学生数据和人事数据即便是储存在同一个系统中，由于权限的划分，这些数据常常由不同的办公室分析处理；教学平台中储存了一部分学生学习的数据，但是这些数据与评估报告中的数据往往是脱节的；学校战略规划的数据，也分散在不同的办公室和不同的数据系统中。要想将评估结果用于决策，高校中评估人员就要与支持决策的行政部门（例如院校研究办公室、预算办公室、信息技术部门等）合作，整合、提炼这些数据，确定业绩指标，给决策者提供决策依据，这是一项长期的任务。

琳达·苏斯基指出，评估可以为高校带来很多收益，例如评估帮助学生更有效地学习，促进教职员工共同讨论重要的教学问题，帮助他们看到课程之间和项目之间的联系，发现常常被忽视的问题，为工作提供反馈，促进有效地决策和明智地使用有限的资源[7]。教师之间和教师与行政领导之间的合作和信任，是保障评估成功的重要因素之一。行政领导要信任教师能够运用评估结果提高学生的学习成果，员工能够运用评估结果改善工作业绩，而教师和员工要信任行政领导能够运用评估结果推进机构效绩。在评估建立的初期，很多高校人员担心评估结果会对个人的业绩以及专业和学校的声誉产生负面影响，因此很多评估文献都反复强调，虽然评估中收集的证据可以改变教师和员工的行为，但评估结果不应该用于个人的工作业绩审查。评估以数据为基础，其目的是促进内部的反思和对话，而不是用作针对个人的惩罚。琳达·苏斯基还指出，评估“是一项长期的工作（perpetual work in progress）”[7]，而致力于内部提高，才是评估文化扎根和发展的土壤。

参考文献

[1] Weiner W F. Establishing a culture of assessment: Fifteen elements of assessment success-how many does your campus have?[J]. Academe, 2009, 95(4).

[2] Banta T W, Palomba C A. Assessment Essentials: Planning, Implementing, and Improving Assessment in Higher Education, 2nd ed[M]. San Francisco, CA: Jossey-Bass, 2015.

[3] Reynolds R A, Lafreniere S L, Olson C, Gin D. Faculty engagement with assessment: measurement and the effects of self-advocacy[C]. CAIR Conference, 2010.

[4] Hutchings P. Open doors to faculty involvement in assessment. National Institute for Learning Outcomes Assessment [DB/OL]. (2010). http://www.learningoutcomeassessment.org/documents/PatHutchings_000.pdf.

[5] Nuventive (n.d.). Explore what Nuventive can do for you[DB/OL]. (2016). http://www.nuventive.com/products/.

[6] Old Dominion University (n.d.). Evaluating Academic Assessment Plans and Reports [DB/OL]. (2016). https://www.odu.edu/content/dam/odu/offices/assessment/docs/academic-assessment-rubric.pdf.

[7] Suskie Linda. Assessing student learning: A common sense guide[M]. San Francisco, CA: Jossey-Bass, 2009.

[8] Ball State University (n.d.). Student Affairs Assessment[R/OL]. (2016). http://cms.bsu.edu/about/administrativeoffices/studentaffairs/reportsprotocols/studentaffairsassessment.

[9] Tk20 (n.d.). Assess[DB/OL]. (2016). https://www.tk20.com/solutions/assess/.

[10] University of Florida (n. d.). Academic assessment [DB/OL]. (2016). http://assessment.aa.ufl.edu/academic-assessment.

[11] Weave (n. d.). Our products [DB/OL]. (2016). http://weaveeducation. com/products/.

[12] Division of Student Affairs, Bowling Green State University (n.d.). Strategic Planning and Assessment [DB/OL]. (2016). http://www. bgsu. edu/student-affairs/strategic-planning-and-assessment.html.

第五章 案例研究

美国匹兹堡州立大学的再认证

美国加州大学问责报告

美国乔治梅森大学通识教育评估案例

NSSE 问卷实施及结果在质量提升中的应用

美国匹兹堡州立大学的再认证

The Reaccreditation of Pittsburg State University

珍妮特·史密斯 博士
机构效绩协理副校长
美国匹兹堡州立大学（Pittsburg State University）

李 岱 博士
院校研究与规划主任
美国匹兹堡州立大学（Pittsburg State University）

摘要 本文详细介绍了美国匹兹堡州立大学在2013年获得再认证的过程。匹兹堡州立大学是中北部高等教育委员会尝试使用开放路径认证方式的第一批试点院校。在试点的过程中，匹兹堡州立大学全校各部门普遍学习了新的认证方式，并积极参与到再认证过程中。在认证过程中，大学及参与人员逐渐认可并接受了新认证方式对高校整体质量的要求、对学生学习质量的侧重和对持续质量提升的期望。当然，试点过程也并非一帆风顺。除却具体的改进和操作过程，本文也分享了匹兹堡州立大学在试点过程中所经历的挑战，面临的困难乃至失误，希望对其他准备获得再认证的院校有所启示和帮助。

Executive Summary This chapter describes how Pittsburg State University obtained the reaccreditation via the new Open Pathway model of the Higher Learning Commission in 2013. Pittsburg State University was committed to the continuous quality improvement and volunteered to be in the initial cohort of the Open Pathway model. The chapter shares what the university has learned from participating the new model, the campus-wide efforts devoted to the reaccreditation process, and the obstacles the university has overcome. Its experience and insights may be helpful for other institutions that plan to obtain the accreditation or reaccreditation.

1 匹兹堡州立大学概况

美国堪萨斯州的东南角，在距离堪萨斯城（Kansas City）和俄克拉荷马州塔尔萨市（Tulsa）都大约两个小时车距的地方，是一个叫匹兹堡的小城。匹兹堡市的常住人口约 2 万人。这样的人口数量在中国也许只是个乡镇，但在美国却已是一个地地道道的小城市。匹兹堡市距离周边的稍大城市，如堪萨斯城、塔尔萨、斯普林菲尔德（Springfield），或费耶特维尔（Fayetteville），都大约是两三个小时的车程。市民和学生都很享受这样的地理位置，因为这使得他们既容易享受到大城市的便利，又可以沉浸在富有本地文化特色的社区娱乐活动中。这里的市民不但有中西部人民特有的热情好客与善良虔诚，而且匹兹堡市政府和市民对匹兹堡州立大学的亲和、支持与共建共荣给每一个来访者都留下了深刻的印象。

堪萨斯州共有六所州立大学，匹兹堡州立大学正是其一。匹兹堡州立大学占地面积约 600 英亩（约 2.43 平方公里），别具匠心的美容绿化和良好的维护使这个不算很大的校园四季皆可入画。大学年在校学生接近 9 千人，教职员略超过 1 千人，学生与教员比常年维持在 19∶1 左右。小班上课和实用化教学是大学引以为傲的授课特点。学生可以从涵盖艺术、科学、商业、教育和工程的 150 个本科、硕士及博士学术课程里选择自己感兴趣的学业目标。若是学生希望感受多样文化，或体验交流学习，学校也有各种短期出国留学项目，或是与其他国家院校合作提供的双学位课程可供选择。在这个美丽的校园里活跃着 150 多个学生社团，课余活动兼备传统与新潮，周四的夜晚是校园和市区最热闹的时段。严肃活泼的校园生活为学生们的未来打下坚实的基础。在毕业后 6 个月内，90%的本科毕业生成功就业，或是开始攻读更高学位。

匹兹堡州立大学的学费设置在这个学费高涨的年代显得尤其经济合理。半日制学生按学分计费，每学分的费用较同类型大学低 20%；全日制学生则统一按照 10 个学分的费用收费，不论实际学分多少。全日制学生的统一收费极大地鼓励学生专注学业，每年的本科新生近 90%为全日制学生。这在堪萨斯州内，甚至全美国的本科院校内，都是一个领先比例。当然，经济合理的学费并非以低廉的教学质量或糟糕的学生服务为代价。堪萨斯技术中心为工程学院的学生提供实际设计操作的机会，师生合作出许多荣获国际认可的技术方案。学生活动中心、健康中心、新近落成使用的布克内尔（Bicknell）艺术中心和普拉斯特（Plaster）室内体育训练场均使用美国最先进设施，为师生提供最便利多样的服务。大学刚刚完成了 1.2 亿美元的众筹集资，将全部用于教学和学生助学金计划。

匹兹堡州立大学首次获得认证是在 1915 年。那时这所大学还不叫匹兹堡州立大学，而是它最初的名字——堪萨斯手工培训与师范学校（Kansas Manual Training and Normal School）。和许多美国州立大学一样，这所学校成立于世纪之交的 1903 年。那时的堪萨斯州，重工业正在替代农业成为地区的主要职业提供者。攀升的市场需求催生了为地方工业职位培训人才的技术学校。1903 年的早秋，这所大学成立了。在之后的一百多年间，这所大学经历了数次的更名，每一次更名都意味着学校在教学、服务与学生生活方面所取得的重大成就，或是面对具有时代特色的新机会和新挑战的信心。在 1923 年，学校已获得了州内的普遍认可，并更名为堪萨斯州师范学院（Kansas State Teachers College）。1959 年，学院的课程设置已远非师范培训所能覆盖，于是学校更名为堪萨斯州立匹兹堡学院（Kansas State College of Pittsburg）。最后于 1977 年，学校正式更名为匹兹堡州立大学。自 1903 年 9 月的第一次授课起，匹兹堡州立大学的师生教职员和本地市民一起经历过诸多严峻的考验和挑战，其中包括一次将大学夷为平地的大火，全市罢工和数次经济危机。然而，师生与市民对大学的爱护保全之心使这所百年学院从未在挑战面前败阵，甚至在匹兹堡这方寸之地持续扩大繁荣。

匹兹堡州立大学以教学和服务学生为建校使命，卓越的教学水准是大学的首要愿求。大学积极为学术创新投入人力财力，为教学提供广泛完善的知识基础；并鼓励教师和工作人员自我深造，为教学提供丰富的人才储备。除此以外，大学建立了岗位考核和问责制，将教学与学生成绩的提升设为战略规划的重中之重，并且使用多种渠道建立并加强持续质量提升的校园文化。大学自 1915 年获得初次认证后从未失格，持续保有认证资格已逾百年。2009 年，大学接受邀请，成为所属的区域性认证委员会的新认证模式试点院校。大学参与认证新模式成为一次完全的成功，非但于 2013 年取得了再认证，并且认证的过程使之成为新认证模式中的先锋院校，获得区域内乃至全美的瞩目。本文即为对匹兹堡州立大学在新认证模式中认证过程的详细描述。

2 开放路径示范工程

匹兹堡州立大学（以下简称“大学”）隶属于中北部高等教育委员会的认证区域。中北部高等教育委员会从2009年开始设想制定一种新的认证模式，名为开放路径示范项目（Open Pathway Demonstration Project）。在这个模式下，一个高等院校可在三条认证途径中选择适合的一条：①开放路径（Open Pathway），为已接受过认证的成熟稳定的院校开放；②标准路径（Standard Pathway），为申请初次认证的高校，或正经历重大变革，或一直需要认证机构跟进调查的高校开放；③学术质量改进计划（Academic Quality Improvement Program），要求高校提供整套系统结构的选辑和多个项目。为了开发和测试新的开放路径模式，中北部高等教育委员会在2009年时开始示范项目，邀请少数成员高校参与测试这种新的模式。示范项目旨在小范围内测试三种路径的效果，重点则是在新的开放路径模式上。

开放路径模式由两个主要部分组成，其一为质量保证，其二为质量提升。这两部分相对独立，避免在同一高校内为优先次序产生竞争。因为当“合格达标”和“变革求新”之间产生竞争时，高校是不太可能选择承担变革求新带来的风险的。另外，对于很多高校而言，将资源投入合格达标的项目总是优先于投入促进变革求新的项目。在开放路径示范项目之初，中北部高等教育委员会就设想了一种质量保证模式，通过有限的文字描述保证高校符合认可标准，再辅以支持性证据，以电子文件形式提交给委员会。而负责实现质量提升的将是一个独立的，多年的重要项目，以推进高校自述的建校使命。

中北部高等教育委员会邀请了数所高校，包括匹兹堡州立大学，参加开放路径示范项目。邀请依据是大学即将到来的再认证日期和长久以来出色的认证记录。并且中北部高等教育委员会尽量邀请各层级各种类的具代表性的高校来参与这次示范项目。于是，总共有16所高校接受了邀请，组成了开放路径示范项目的第一组试点院校。在接下来的两年，又分别有两组试点院校参与了示范项目。

在征求了主要的校园管理群体，如高级管理人员，院长和系主任们的意见并慎重考虑后，匹兹堡州立大学接受了邀请，成为第一批试点高校中的一员。这一决定基于多种因素，其中最重要的是，支撑开放路径模式的基础理念，即持续的质量提升，正与匹兹堡州立大学的文化和它理解的认证理念相契合。此外，匹兹堡州立大学的一项传统是积极承担各项学术领域中的先行和领袖角色。这次宝贵的机会不但给予大学参与塑造未来认证模式的可能，并且是一次宝贵的机会，可以进一步发展大学与中北部高等教育委员会的关系。

在接下来的三年里，试点院校派出至少两名学员参加每年举行的两次培训。培训由中北部高等教育委员会举办，主要形式为讨论学习，并逐渐细化新模式中关于质量保障和提升的设计。培训的结果是提出了两个概念：质量保障论述（Assurance Argument）和质量提升倡议（Quality Initiative）。质量保障论述是一份35 000单词以内，由相关证据支持，说明待认证高校是如何满足认证标准的电子文档。质量提升倡议是由待认证高校自主选择，为更好完成其建校使命的一项重大举措的项目报告。高校必须向中北部高等教育委员会提交质量提升倡议的申请（申请必须通过同行评审），然后提交一份正式报告，说明高校准备开始这项举措（报告也必须通过同行评审）。此外，中北部高等教育委员会还与试点院校合作开发了实地考察的新形式。在中北部高等教育委员会的年会上，试点高校演示了他们参与新认证模式的全过程，为未来参与此模式的高校提供了大量的信息和帮助。

3 基本原则和目的

如上文所述，开放路径模式的两大主要目的是质量保障和质量提升。在此之上，这个模式也希望让认证过程对大学日常运行更有意义，避免加重行政负担。匹兹堡州立大学在新模式下进行认证时，它遵循了中北部高等教育委员会的核心价值和基本原则（详见本文附录）。在中北部高等教育委员会的基本原则中，建立持续质量提升的文化（第四条），以证据事实为依据进行自我展示（第五条），以及以诚信、透明和道德为行为准则（第六条）为匹兹堡州立大学在新模式下再认证过程中的重点。通过在再认证过程中实施以上原则和重点，认证过程于大学并不再是为一个外在机构将质量文书进行简单的堆砌。认证成为大学进行一次系统性的，有目的的，整体提升的宝贵机会。

质量保证论述在认证过程中被用作载体，向认证委员传达大学的自我分析和自我评估，然后在原有状况上做出提升，而不是简单的数据搜集和文本记录。当然，质量保证论述的基本目的是说明待认证大学是如何满足认证标准的。匹兹堡州立大学在论述中不仅明确表述了大学符合中北部高等教育委员会的认证标准，而且也详细指出大学在各标准内所采用的改进方式。这不仅满足了开放模式的核心目的，同时这对学校内部人员和规划也是一项富有意义的活动，因为需要改进的地方在收集整合论述材料的过程中被重点突出了。一些不足之处，在上交保证论述前被改进；一些更重大更复杂的缺点，或是需要大量资源才能改进之处被提请校领导注意，并制定战略规划直面这些挑战。这些都在论述中进行了详细描述。

质量提升倡议为大学更好完成建校使命提供了一个额外的途径。中北部高等教育委员会对于质量提升倡议的一项评估准则是院校对于他们自己提出的提升项目投入了恰当的时间和资源，并做出了切实的努力。即使院校未能达到选择的目标，如果该院校从失败中学习成长，那提升倡议仍被认为是成功的。匹兹堡州立大学着意选取了较为挑战的高目标，开始了一个雄心勃勃的，有可能对学校产生重大影响并促进持续改进的新项目，而不是选取一个可以轻松完成，无须激发潜能的目标。于是，大学不仅仅在选取的项目上做出了重要进展，提高了学生的学习经历和成果，并且学校的基础建设也有了改进，即便是在完成再认证后，这些改进依旧在持续推动学校的进步。

最后，匹兹堡州立大学也积极响应了开放路径模式的新概念，即认证应更有意义并更少对学校日常工作产生干预。在准备再认证的过程中，所有的决定都是为了长期实施质量提升计划而做出的，并非仅为即将到来的再认证评审。最需要注意的是，准备过程大量使用了已有的活动和报告，而不是仅为认证收集更多的新数据。这也同时影响了质量保证论述的内容。质量保证论述成为一个可以根据日常活动而时时更新的“动态”文档，而更新此文档也自然进入学校的日常存档流程。当然，这也是出自资源配置的考虑。这样，学校无须为再认证配置特别的档案管理人员，而各项目员工可以更有效地利用时间进行长期、持续的更新文档。这些改进的终极目标都是为了将认证编入学校日常的，持续质量提升的活动中。

4　认证领导小组

再认证的准备工作是一个涉及相当复杂性和工作量的艰巨任务。成功的关键是建立一个有效的领导团队。在匹兹堡州立大学接受参加开放路径示范项目之后的第二年，也就是2010年，由教务长任命了一支认证领导小组，为整个学校在准备再认证的各个方面发挥领导作用。小组由10位成员组成，代表了校园的各个方面：教务长，教务长认证的特别助理、教授（认证小组组长），分析、规划和评估主任（认证联络官），招生和学生成功的助理教务长，预算和人力资源主任，职业服务主任，工程学院院长，艺术与科学学院副院长、教授，英语系副教授，管理与营销系助理教授。

由于认证主要归入教务的责任范畴，小组成员大多来自教务的各个部门。这包括分别来自四个学院（艺术和科学、商业、教育、工程）的至少各一个代表，教务长，分析、规划和评估主任，和招生和学生成功助理教务长。此外，小组也邀请了来自学校其他两个重要部门（学生生活和院校拓展）的各一个代表。通常来说，领导小组总是由较多的行政管理人员组成，因为这些人能够提供院校整体视角，也具备足够的知识知道需要准备怎样的认证材料和文档。但认证领导小组有四位教员，也体现大学长久以来的行政与教员共治的特色。

除了确保学校各关键部门有代表参与领导小组，小组成员也根据其他一些标准来进行选择。所有的小组成员都有非常成功的职业履历，具有良好的职业道德，并深爱匹兹堡州立大学。所有成员都有之前较好的团队作业的口碑，因此可促进有效的团队工作，并较小可能与队员产生摩擦。邀请在学校备受尊敬的人加入小组，有利于促进广泛的校园参与，并推动校园对小组请求援助的积极响应。鉴于认证对书面写作的高度要求，英文教授的加入成为小组的一个非常有益的补充，因为他不但帮助搜集认证材料，而且承担了极重要的文章最终成文前的修订工作。

该认证领导小组由一名教授为组长领导，学校允许她脱离常规教学工作，半脱产主持。这名教授在再认证期间被暂时任命为教务长认证特别助理。小组组长主要负责：①领导召开小组会议；②与成员一起编写认证材料；③就认证过程与校园及时沟通；④代表大学与中北部高等教育委员会就开放路径示范项目联络。选择由教员领导该认证小组是因为匹兹堡州立大学有悠久的行政与教员共治的传统，因此这样的选择正是深思熟虑的战略选择，是对这项传统的尊重。此外，这位组长有很强的书面沟通的能力，并因之前参加过许多团队合作，所以她和校园各部门有广泛良好的工作联系。

值得一提的是，只有10个人的认证领导小组与美国传统的认证领导小组的大小相距甚远。一般来说，高校通常会组成一个非常大的，大约在30～70人的委员会。在其之下，再细分成分委会。将认证领导小组的大小控制在10人左右，是方便小组在新的开放路径模式下做出调整。如果认证工作每十年才做一次，那么一个非常大的委员会也可以行得通。然而，因为开放路径模式正是为了将认证工作持续化、日常化，一个太大的委员会就不方便频繁会面讨论了。再者，开放路径模式下的认证材料从本质上鼓励各方面材料的连贯整体性。如果分成若干个分委会各就某一方面的认证内容独立工作，这种组织形式并不能很好地实现新模式的意图。当匹兹堡州立大学的小规模认证领导团队缺乏某方面人才时，小组会邀请这方面的专家做客小组会议，以便提供必要信息和帮助。

还值得注意的是，许多高校通过领导认证或再认证过程来确定未来的领导岗位人选。尤其是担任认证团队的领导通常是担任高层领导位置的前奏。因为主持认证工作是非常耗费时间的，当教员被任命到该位置时，他们往往发现自己无法跟上教学任务了。因此，认证团队的领导不适合还没有取得终身教授职位，或没有取得更高级别的教员担任。担任这种职位对他们的职业发展将是损坏性的。匹兹堡州立大学的情况是，学校取得再认证后，认证领导小组组长结束了她作为临时教务长特别助理的职务，转而被任命为协理副校长，主持院校效绩办公室，继续监管日常评估认证工作。认证小组其他三名教员的职位也分别有变迁，一名被升为系主任，一名是现任副院长，还有一名领导写作中心的工作。在参与认证领导小组的过程中，每一名小组成员都将获得广泛深入地了解大学各个方面的宝贵机会，也进一步增长了领导经验和技能。

总体而言，这样一支规模较小的认证领导团队在匹兹堡州立大学的再认证过程中证明是非常行之有效的。虽然现在团队已解散，但在一起工作时建立起来的关系依旧长存，且历久弥新。只有一点略微遗憾的是，一名重要的团队成员——分析、规划和评估主任——离开了大学，继而去了另一所大学担任了更重要的工作。他是团队中唯一一名接受过系统性认证训练的人。他的离去为大学留下了一个认证知识的空缺，也从而让大学意识到应及早培养认证的工作人员，建立认证人才库，才不至于在将来继续依赖单个员工提供所有认证知识与经验。除了院校效绩办公室所有新聘人员都被鼓励参加中北部高等教育委员会的年会外，教务长也呼吁所有教员接受训练，成为同行评审人员，以加强大学对区域性认证委员会和认证过程的了解。

5 校园参与

开放路径模式引发了校园内参与认证的一些有趣现象。一方面，整个校园因认证过程的证据整合和整理而显得更为紧密团结。所有的工作人员，包括教师、管理人员和支持人员，都为提供认证证据做出了贡献。一方面，因为只有非常有限的人直接参与撰写认证材料的过程中，因此，大多数人并没有意识到他们的努力促进了认证证据的完成，至少在撰写质量保障论述时是这样。在质量倡议的部分，情况则正好相反。这部分为个人贡献提供了更易见的表现方式。但是，认证领导小组需要一个清晰的校园内部沟通计划来促进校内对认证的学习认知，并及时了解关于认证的最新信息。一般员工对认证并没有自发的兴趣，也不认为这是他们的直接工作责任。其结果是，沟通计划对于不同人群产生了不同程度的影响。

认证领导小组采用了多种方法将认证的进展在校内公布。小组与大学的市场营销和传播办公室合作开发了一个网站，不时发布新闻动态，并准备在再认证过程中的每学期都向校园发布状态更新。这些动态更新不仅仅占用人力和时间，同时也比较昂贵。再者，这些活动是否产生足够的意义也是个问题。于是，在领导小组内也没得到全员支持。有趣的是，对这些活动产生最大兴趣的是那些即将进行自己专业认证的部门。目前，大学已经停止这种校内沟通了，只保留了一个关于认证信息的基本网站，为那些有兴趣了解更多的人士提供信息。认证领导小组还举行了一些非正式午餐会，希望了解更多关于认证各方面信息的人员都可以来参加，并加入与同事的讨论。教师和工作人员也通过校园电子邮件被邀请参与这些活动，但他们总是缺乏兴趣，参与率令人失望。

最终，认证领导小组发现，对这个校园最有效的交流方式是参与自然产生的群体中，或出现在日常会议上，将认证的信息和问题在会中传递或解答。于是，小组划分成数个两人小组参加重点人群的会议，譬如校长顾问团会议、教务长领导小组会、教员议会、工作人员议会、院长和系主任例会、新教员迎新会，甚至学生会会议。此外，领导小组的组长陪同教务长参加她与各院系的例会，这些例会会单独分出部分时间专门讨论认证的话题。

参加这些会议时，两个基本认识可以促成有效的沟通。首先，认证领导小组意识到，当谈到认证这个话题时，要注意“少做即是多得”。换句话说，一般人员对认证冗长的细节不感兴趣，用最简短最基本的信息才能维持他们的注意力。因此，在参加会议时，小组成员会对认证进行非常简短的概述，并发放不超过两页并含有图表的讲义，目的是为了将枯燥的过程和关键部分可视化。第二个基本认识是，传递给各类人群的信息需要个性化，突出强调为什么认证对他们来说是重要的，并且需要他们以明确的方式提供协助。例如，在系内会上，与教师的交流中着重说明教师已经在为质量保证论述提供素材，只是他们自己未必意识到这一点。同时，还需强调，如果大学失去认证，大学将无法运行，因为大学将失去获得联邦政府财政援助的资格，这会影响超过 80%的学生。并且，教师为认证提供协助的方式，包括保证他们的教学大纲包含认证要求的元素，每学期给系主任提交一份所有教授课程的教学大纲，以便于来实地考察的认证组审阅。给各类人群传递个性化的认证信息是为了明确指出认证与他们的相关点，从而将他们引入认证过程。在小组参与的所有会议上，认证以持续质量提升为核心目标被不断强调，同时认证将帮助大学变得更好的概念也被不断地重申。到目前为止，这些做法被证明是强化校园参与的最佳途径。

最后，高层领导的扶助是提高校园参与的另一有效途径。每当校长或教务长对校内发布讯息时，他们总会强调大家为认证做出了巨大的努力，并强调认证对大学无可替代的重要性。从高层而来的支持成为小组与校园沟通的关键，也极大地简化了小组在校内寻求协助的努力。

6 假定操作

除却认证标准外，中北部高等教育委员会设定了一些基本操作被默认为高等院校的假定操作（assumed practices）。这些行为是高教领域中最基本的行为，亦是满足认证标准的基础。假设操作包括：①诚信——诚实、道德和负责任的行为；②教学——质量、资源和支持；③教学——评价与改进；④资源，规划和效绩。

假定操作的意义就在于，操作已被默认，被假定了。换句话说，除非是第一次申请认证的院校，或是之前有记录显示在认证上较为坎坷的院校，其他院校无须记录他们是如何做到这些假定行为的，因为这些做法被认为是极基础的。但是，如果在实地考察的过程中，考察团发现院校在假定操作上存有问题，将有可能给院校带来严重的负面后果。为避免这种情况，匹兹堡州立大学决定为假定操作存档以便内部使用。若是实地考察团队对假定操作提出任何疑问，大学都能轻松回答。

为了存档假定操作，认证领导小组做了一个表格，其中列出关于每项假定操作的相关证据。在大多数情况下，这是一个非常简单的过程，而且支持大多数操作的证据是显而易见的。然而，对于一两个相对独立的操作领域，这个存档过程产生了几个需要关注的点。最值得注意的是，实地考察团最有可能对假定操作提出疑问的是有关聘用的问题，特别是教师学历的问题。尽管大学遵循假定操作的认证要求聘用教师，但在短期教师聘用时有一两个例外。然而，这一两个例外并没有被正确地记录下来。目前，大学已经开始使用一种教师学历资历表，对所有新聘教师的学历和资历进行正确的记录，以证明教师的资格足以胜任被聘职位。另外，那一两个不满足认证要求的短期教师在合同结束后没有被续聘。所以，一个看似简单的执行假定操作的任务，也起到了改善大学做法的意义。

7 联邦政府的合规性

除了记录如何满足认证的要求，一所待认证高校也必须符合联邦政府对高等教育机构的要求。美国教育部要求区域认证机构保证成员高校符合联邦法定要求。联邦政府的合规性主要是为了证明高教机构有资格为他们的学生接受联邦财政的援助。联邦政府的要求内容覆盖诸多方面，从学分的完成到学生申诉的处理，从招生政策到信息发布，等等。与区域认证机构不同，联邦政府的规则不存在探讨空间，高校为得到联邦财政支持必须满足其所有要求。为了证明符合要求，高校需完成中北部高等教育委员会提供的一份问卷模板，并在上交质量保证论述时一并提交已完成的模板和支持性证据。由于联邦合规性问卷模板的复杂性，这项工作是由一个专门小组审查的。小组向即将前往实地考察的考察团提供意见，考察团抵达校园后，如有需要，将会向大学提出疑问或者要求更多信息，之后将关于联邦合规性报告和实地考察报告一并向认证委员提交。

虽然匹兹堡州立大学能够证明它符合联邦政府的法规，但其操作在整个再认证过程中是最不成功也是给学校压力最大的一个环节。主要有两个原因。其一，是学校严重低估了这项工作的工作量。这份任务原本是由认证领导小组的两名成员负责的，然而这项工作远超过了两个人的工作量。在未来也许会配备一个单独的团队负责这项工作。其二，在当时，大学里没有任何的基本制度以支持对联邦合规性的跟踪。尽管学校遵守了所有的联邦法规，但没有一个人或者办公室有知识基础来对此监督和归档记录，参与这项工作的人员都是零星分散在校内的。自那以后，大学已经投资对工作人员进行关于联邦合规性的培训，并另聘一人来进行内部审查和监督。

8　质量提升倡议

开放路径模式的第二个主要组成部分是质量提升倡议，旨在要求高校在一项自我提案的、长期的、重要质量提升项目上做出明显改善。开放路径模式提供诸多质量提升倡议的选择，其中有一项是参加中北部高等教育委员会举办的关于提高学生学习成果的培训。这个结构明晰，有步骤的培训项目名叫评估学院（Assessment Academy）。每一期评估学院都由参与培训的院校和中北部高等教育委员会安排的导师组成。培训需要 3～4 年时间，既有实地工作，也有远程培训。参与的院校将学会制定并实施校一级的整体性评估规划，并完成自己选择的评估目标。

参加评估学院正是匹兹堡州立大学选择的质量提升倡议。做出这个决定是基于大学对自己的评估劣势做出分析后，决定寻求外界评估领域的专家支持的结果。另一个原因是，大学在上一次准备再认证时，实地考察团提出大学需要加强评估方面的工作。大学也正视了这个意见，准备在接下来的再认证时在这方面能有明显提高。而且，提升学生学习成果正是大学新的七年战略规划的一个重要目标。大学正好有机会进一步反思自己的办学宗旨和教学目的。有效的评估亦可以让大学了解教学目的是否已完成，或是否应该对课目表和教学内容进行调整。并且，近年来，外界对学生学习成果的关注度不断提高，联邦政府、区域性认证组织和堪萨斯州教育厅都对此问题有更多问询。参加评估学院正是出于以上因素的考虑。

为了将提高学生学习成果作为大学战略规划的优先项目，但同时避免对大学有限的资源产生竞争，校领导决定用参加评估学院的方式作为质量提升倡议。这样做是为了更好地利用评估学院的人力和经济资源，完成示范模式的同时也提高匹兹堡州立在中北部高等教育委员会的可见度。并且，参加由区域性认证机构的培训也能在大学内部广泛提高对学生学习成果的重视度。教员和工作人员对学生学习成果的重视度是不一样的，但他们都了解认证对于大学的重要性。因此参与认证组织的培训更有可能获取校内一致的支持与合作。

在加入评估学院之时，匹兹堡州立大学已有一个既定的学科评估和改进系统，就是学科审查制度。然而，尽管已有长期的目标，大学在通识教育课程上却没有系统的评审过程。另外，教学支持的各种项目也没有系统的评审，基本停留在客户满意度调查。也就是说，对教学支持项目的测评基本只是统计使用服务的学生人数和学生是否满意的水平。根据大学的自我认识，匹兹堡州立大学设立了两大评估目标。

第一，能够测评通识教育的第一教学目标，即“学生应能够进行有效的沟通”。在这一目标下，有三个小目标：①无论是个人或是小组发言，都能进行有效的口头沟通；②可以进行有效的书面及其他形式沟通；③具备使用数学方法分析和解决问题的能力。虽然这些并不能反映匹兹堡州立大学设立通识教育目标的全貌，但这是一个可操作目标，以保证大学可以在参加培训期间内完成。培训是为了学习和开发评估技能，之后大学将把评估活动扩大到其余的通识教育目标上。

第二，能够测评学生在课外活动中的学习成果。课外活动是指发生在正规课堂之外的教学，包括各类体验活动或学习项目，有助于学生学习。

一个大学派遣参加评估学院的学习队伍通常是由5～8个学员组成。这个学习队将离开校园，参加学院导师的培训和辅导，为自设的评估目标制定可执行的评估计划。之后，回到各自校园，领导实施评估计划。为了控制成本，匹兹堡州立大学派出了五位学员。因为行政教职共治的传统，五位中的四位都是教员，第五位是分析、规划和评估办公室主任。这样的组队使得教员成为领导学生学习成果评估的主力，同时分析、规划和评估办公室主任给团队带来了校级视角和他认证方面的专长。

评估学院带领召开的第一次活动就是一次圆桌会议。在这次活动中，参加培训的院校学员们参加了数天的讲座，并在导师的辅导下，一起完成了集体研讨活动。在这个圆桌会议的最终，学员们将完成一块故事板报。故事板报由几个特别主题组成，每一个主题将启发关于制定评估计划的讨论，最后制定的计划将完成院校自定的培训目标。匹兹堡州立大学制定的故事板报包括10个主题，每个主题都能对评估的探讨有所启发：①确定学校对学生学习成果评估的需求；②确定项目目标和预期成果；③制订具体操作计划、行动步骤，在行动的每一步都明确责任、时限和所需资源；④制订数据收集计划；⑤设计数据分析计划；⑥使用数据事实了解学生学习成果的提高；⑦对阻力和挑战有正确的预期；⑧有计划地测量评估活动的影响；⑨有计划地反思和调整评估活动的目标；⑩制订交流计划，并建立共同承担评估责任的机制。

在集体研讨的过程中，匹兹堡州立大学的学员接受了其他学校的学员对其故事板报的意见，并对板报进行了修改。完成圆桌活动后，评估学员队回到大学，并制订了全面的评估计划，带领大学对设定的目标进行评估。

为了完成通识教育课程评估的目标，评估学员队建议为每一个目标评估领域组建一个工作队（写作、数学和口头交流）。这个建议得到了教务长的认可。学员队还建议每个工作队交叉开展工作，以便最大限度地利用资源并简化管理。教务长组建了各工作队，由相关学科的两个教员共同领队，并确保了广泛的代表性。各队工作都十分高效，很快便分别递交给教务长一份工作报告，内容包括：①针对各通识教育目标下，应掌握的具体知识和技能的建议；②对每项目标进行评估时使用的评估表；③使用评估表测量学生学习和其他测量方式的具体实施方案。

而针对主要由教学服务部门负责的课外活动的评估，学员队建议选定三个明确服务于学生学习，并广有口碑的部门。三个选定的部门是：一年生项目部、学生就业服务部以及咨询服务部。这三个部门分别派代表与分析、规划和评估办公室主任合作制订了评估课外活动的计划。在实施计划的第一年年底，这些部门代表向学员队演示了他们的工作。演示表明这些服务部门的评估明显需要更多的技术支持和更多的结构调理。有两个部门，一年生项目和就业服务，提出了强有力的评估计划，但部门代表们在实施计划时显得有些无措，显然需要更多的知识资源来帮助他们实施计划。而咨询服务的工作演示则偏离了评估学生学习的主题，变成了他们要求更多工作人员的演示。

为向服务部门的评估工作提供更多结构和资源上的帮助，评估学员队向教务长申请成立一个内部评估学院，镜像于中北部高等教育委员会的评估学院。教务长批准了这项申请。这个内部评估学院由学成归来的学员队领导，为课外活动的评估提供必要的基础知识资源和日常帮助。内部评估学院每个月组织一次讲习班，课程跨度为两年，帮助教学服务部门制订计划，并实施学生在课外活动中的学习成果的测评。

尽管大学在参加中北部高等教育委员会举办的评估学院时设立了较高的目标，似乎过于雄心勃勃，但大学在实现其目标上是非常成功的。图 1 展示了参加评估学院后，大学取得进步的概述。除了满足既定目标外，大学有效地调动全校参与到评估和改进学生学习成果的各项活动中，并且将评估扩展到在目标之外的各项教学活动中去。最后，学员队以向校长演示取得成绩的方式对在评估学院的学习做了总结，并庆祝所取得的成功。所有参加到这次评估活动中的教员和行政人员都被邀请参加了庆功会，总数超过了 70 人，标志着校园广泛的参与和支持。鉴于内部评估学院的成功，教务长表示希望内部学院的培训扩展到教学部门。目前，扩展正在进行中。总的来说，匹兹堡州立大学选取的质量提升倡议项目完美地达到了它的目的。质量倡议和评估学院显著地加强了大学在提高学生学习方面的使命感，并对之后在这个方面的不断改进奠定了坚实的基础和持续充足的技术储备。

9 迎接实地考察

开放路径模式的最后一个重要环节是校园迎接实地考察团的到来。实地考察在每次认证及再认证过程中只有一次，所以对匹兹堡州立大学来说，距离上次迎接实地考察团已有十年之久。实地考察团通常由 3～7 个接受过训练的同行审查员组成，其大小取决于被认证大学的大小和情况复杂程度。来到匹兹堡州立大学的考察团由 7 人组成。在考察的一个月前，考察团成员就已经审阅了大学提交的质量保证论述，他们实际在校园考察的时间是一天半左右。实地考察的传统做法是考察团分别与不同工作人群会面，包括教员、工作人员、行政人员和学生等。但在开放路径模式下，考察的程序改变成考察团就会议主题与共同协作的不同人群一道会面。会面主题包括非选择性的联邦合规性和远程教育，以及根据不同认证标准，或根据质量保证论述内容考察团自选的主题。匹兹堡州立大学的自选主题是

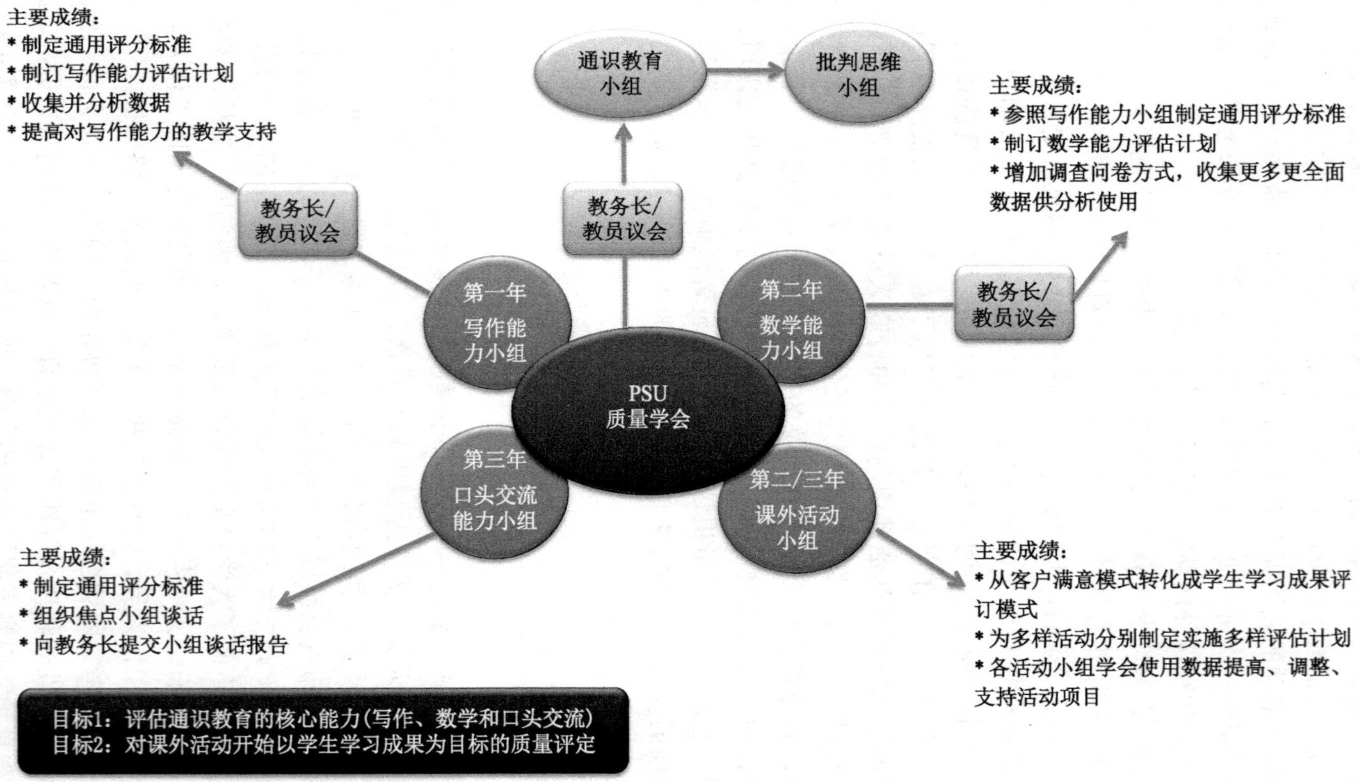

图 1　匹兹堡州立大学质量学会成绩总结:转型我们的教育方式

学科审查、学生学习成果评估和高教领域的前景改观。

一旦实地考察日期确定了之后，所有在大学领导岗位的人员都被要求考察团访校期间必须在校。所有的会议室也被预定以保证可供考察团会面时使用。从考察日期的前一个月开始，认证领导小组开始辅助全校工作人员为考察会议做准备。准备内容通过多种媒体向全校发布，其中也包括学生报刊和内部邮件，保证学生在内的全校人员知晓考察日期、考察性质、相关信息和关键总结。除了对全校的广泛的通知外，认证领导小组也针对主题会面的关键人物进行会面前的培训。关键人物的选取是在主题内容、主要支持材料和对支持材料的了解程度的基础上决定的。认证领导小组为每一个会面主题准备了材料总结，然后和关键人物一起回顾材料，并预期会议中的提问。例如，针对以认证标准第一条——建校使命与规划——为主题的会面，认证领导小组准备了在质量保证论述中针对这一条的论述，并总结了关于这一条论述的关键所在。参加培训的人员还得到了一份考察团所有成员的信息页，其中包括成员照片（网络取得）、姓名、职位和就职院校。这些培训的目的是让参加会谈的人员充分熟悉材料和考察团成员，保证他们能精准地回答考察团可能提出的问题。另外，这样的培训也给与会人员一个机会去思考考察团对他们可能有哪些期待。在真正面对考察团时，他们对自己的定位才更清晰，应对才可能更自如。在考察日到来之前，所有将参加主题会面的工作人员都被再三要求一定要参加会面。最终，考察团在匹兹堡州立大学的访问非常的成功，所有与会的工作人员都很好地回答了考察团提出的问题。在考察结束时，一名考察团的同行审查员对大学的准备程度给予了极高的评价，并致电认证领导小组的组长，希望她能帮助他的大学为即将而来的实地考察做准备。

10　讲在再认证之后

总的来说，匹兹堡州立大学通过以参加开放路径模式示范项目的方式取得了再认证。这是一次非常成功的经历，给学校带来了多层面的正向影响。首先当然是学校成功地获得了再认证，满足了各项认证要求，并且实地考察团也没有提出任何疑问或是担忧。另外，参加开放路径模式大幅拉近了大学与区域性认证机构的工作关系，并且和一起参加示范项目的其他高校建立了长期友谊。而且，参加示范项目使得匹兹堡州立大学获得了积极的区域性乃至全国性的知名度。大学在参与过程中的许多操作方式被其他大学借鉴，并被用来培训后来参加开放路径模式的其他大学。

更重要的是，参加示范模式的过程中，大学为内部培养了一批认证人才，并形成了可持续性的，更高效的保有认证状态的制度。在获得再认证之后，认证领导小组解散了。取而代之的是认证常委会。常委会由代表学校各方面工作的10个代表组成，其结构跟之前的认证领导小组类似。二者的主要区别在于认证常委会的常委任期为三年，三年后由其所属的主要部门选举另外一个常委参加。这样做的目的是为了使常委们的工作量保持在可管理范围内，并在主要部门及整个学校内部形成更广泛的对认证的了解和参与。认证常委会的一个主要任务是及时更新质量保证论述。更新论述的过程并没有太大的改变，而且之前的认证委员会也把一套比较完整适时的内容留给了常委会，所以日常更新的工作量并不太大。在此之上，认证常委会也接管了对联邦合法性和假定操作的审查工作，保证大学不会在这两方面重蹈之前分散责任和疏于统一管理的状态。此外，常委会还开始与市场营销和传播办公室合作，在校内发布各种认证活动，使认证与大学的日常工作更相关，更有意义。常委会的工作目标是充分利用现有的工作流程，将认证变成大学日常工作的一部分，而不是成为一个独立的、繁重的、急需将资源从其他基本工作中挪用走的应急工作。

也许可能有争议，但笔者认为匹兹堡州立大学在再认证中最大的成功应该是参加了开放路径模式示范项目。这次参与显著提高了大学对建校使命，也就是建设以教学和学生为中心的大学的进一步实现。匹兹堡州立大学成了一所更好的大学。参与示范项目是给学校自身一个机会进行自我分析，找到现存问题，发现将来有可能的挑战并从当下开始着手解决。在再认证完成时，当时的教务长特别助理整理了一张清单。清单包括在整个再认证过程中学校暴露出的问题，以及大学在质量保证论述提及的可改善的点，和实地考察团提出过疑问的部分。这份清单先提交给教务长，后来被转发给了校长顾问团。现在，认证常委会每年会回顾一遍这份清单，然后递交给教务长一份状态报告，汇报解决或改善的进展情况。于是，这些问题并不因认证的结束而从高层领导人的视野中消失。目前，大学正在讨论制定2023年再认证中新的质量倡议的项目。大学在开放路径的新认证模式下形成的可持续的自我分析和自我提升的机制，将会继续有效地将学校的优先项目与认证中的质量保证和质量提升有机地结合起来。

附录：中北部高等教育委员会的核心价值和基本原则

1. 关注学生学习

在认证过程中，中北部高等教育委员会默认高校的教学使命为首要使命。高校当然会有其他的建校使命，例如研究、医疗、公共服务或其他对高等教育有重要意义的使命。然而在认证过程中，这些使命如何服务于高校的教学使命才是考察的重点。关注学生的学习包罗了学生在高校内生活学习的各个方面，如学生的招录过程，学杂费的收取和奖学金的发放，入学前和入学后学生如何获取信息和各方面的支持，学生被教授知识的广度、深度、时效性和专业相关性，课程设置的有效性，课堂内外的各种教学活动，以及学生毕业离校之后情况，等等。

2. 为公众利益而教育

所有的教育机构都应服务于公众利益。公立高校的公共服务性质自不必说，私立非营利性高校也因其公共服务的属性而获得了税务上的减免。私立营利性大学看上去似乎不必服务于公众，然而教育本身就是一种公共资源，它的属性决定其天然的社会责任。因而私立营利性高校也应服务于公众利益。再者，教育的天然公共属性决定了它有着比其他服务更复杂的评判标准。学生在校的经历将会在未来对他们产生有益或有害的影响。因此高校必须为其行为负责。

3. 为创造具有多样性、科技性、创新性、联通性的世界而教育

现代教育应首先承认它所处的现代环境，其中包括美国社会的多样性、世界的多样性，以及科技和全球高速发展在21世纪生产生活中的重要性。在这样的环境中，学生们可能无法一生只从事一种职业或工作。即便在科技方面接受最好的教育，他们也必须接受足够的公民教育和思维训练才能支持职业上的成功。委员会认为高等教育超越技术培训之处正是在于它所提供的更广博的智能和社会责任的培养。

4. 建立持续质量提升的文化

中北部高等教育委员会认证评审有两大准则：一是质量保证，由待认证的院校论述其符合委员会的五项认证标准和联邦法规；二是持续的质量提升。持续的质量提升是打破组织机能停滞的方式，而评审的过程则是促进质量持续提升的关键。因此，评审过程不但要重视学生学习成果，也要将院校管理和效绩纳入考量范围。同时，创新也是质量提升的一种体现形式。在世界飞速发展的环境下，创新显得尤为重要。委员会的评审过程将审查院校对创新活动在各方面的支持。

5. 以事实为依据进行自我展示

认证和评审过程应以事实为依据。观点和意图的陈述固然是高校自我展示的途径，然而在高校自证质量的环节中，事实才是关键。待认证的高校应根据所处情况和论点选择相关事实为依据。并且，当高校在论证某些假定操作时，也应以事实为依据进行论述。

6. 行为以诚信、透明、道德为准则

中北部高等教育委员会定义的诚信是广义的，从材料的全面性和完整性，到院校管理操作的道德性。委员会对诚信的定义包括：高校只行为符合建校使命的操作，不行为与建校使命相悖的操作；自由、独立的管理方式服务于院校和学生的福祉；严格避免使用有可能产生歧义或误解的陈述；在学生决定就读之前完全公开他们应知道或要求知道的所有信息；院校所有工作人员都非常清楚对他们工作行为的道德要求。

7. 管理以院校福祉为目的

院校管理层应明白院校的福祉高于个人或其他团体的意志。中北部高等教育委员会只认证高等院校，而非政体、宗教机构、公司企业、医疗机构或院校所属的任何其他机构。院校操作和行为问责于院校的管理层，而非其所属机构。因此，院校必须有独立的管理层才可以承担被问责的义务。院校管理层必须独立于个人、捐款人、推选者、校队支持者、持股人和其他政治经济团体的影响。另外，教师在院校管理中必须承担重要作用，尤其是对那些有关课程设置、学生学习成果期望、教学质量和教学资源的决定。

8. 规划和资源管理以院校可持续性发展为要义

资产不是中北部高等教育委员会关注的首重，然而学生们毕竟希望在他们完成学位之前高校健在。因此，查验待认证高校的发展是否可持续与管理是否合理也是委员会的职责所在。如果高校经济的不良状况侵害到教学质量，甚至使高校无法满足委员会的认证标准，这将使经济状况成为委员会的关注重点。因此，中长期的规划必须以高校的财务预算为前提。

9. 以使命为核心实施评估

中北部高等教育委员会尊重高校的多样性，也深刻认识到多样性植根于高校的建校使命中。正因如此，对高校多样性的尊重也具体体现在委员会的认证标准中。虽然委员会对高校有各种与建校使命无关的期望，但理解高校在实现建校使命并且满足认证标准时有各种途径和方式。

10. 认证通过同行来评审

同行评审决定了认证的性质是在极复杂的环境下，基于主观评判的。但自我约束可以通过公开怀疑（public skepticism）获得。因此进行同行评审须要满足这几种条件：①对于评审员和高校之间的关系，甚至待认证高校和中北部高等教育委员会的关系，必须做到完全信息公开共享；②必须遵守认证的高标准，不可因仁慈或宽忍而做出错误的决定；③同行评审员必须认识到自己对待认证高校的质量评估同时具有审查与激励的双重作用。

美国加州大学问责报告

The Accountability Report of the University of California

李　佳
北京教育考试院

常桐善　博士
院校研究与学术规划处主任
美国加州大学总校校长办公室（University of California Office of the President）

摘要　本文以《加州大学问责报告》为例，阐述美国高等教育问责的起因和目的，基本形式，以及指标内容。加州大学 2016 年的问责报告覆盖了大学职能的 14 个领域，通过 61 个指标和 175 个参数对大学的投入、运营、产出和社会影响做出了全面的、精确的描述。不仅如此，《报告》还通过与美国其他同类大学对比，发现加州大学存在的问题，为进一步改进提供建议。

Executive Summary　This chapter illustrates the origin，purposes，forms，and indicators of the accountability system in higher education of the U.S. based on the *Accountability Report of the University of California*（*UC*）. The UC's 2016 Accountability Report covers 14 functional areas of UC system and uses 61 indicators and 175 sub-indicators to demonstrate the efforts，operations，outcomes and impact of the UC system. Additionally，the report also benchmarks the US system against the peer institutions of Association of American Universities to find challenges and provide recommendations for improvement.

1　引言

大学问责（accountability）是美国大学质量保障体系的重要组成部分

之一[1]，起源于纳税人和投资者，包括政府、企事业单位、校友、捐款人、家长以及学生对大学办学质量的质疑[2]。也就是说纳税人和投资者要求大学利用评价数据来解释大学是否有效地利用资金来开展教学、科研以及公众服务，更重要的是大学是否完成了大学承诺的办学任务。当然，问责的主要目的还是希望大学通过响应纳税人和投资者的质疑来增强大学的透明度、发现存在的问题、确定需要改进的领域。

美国加州大学伯克利分校公共政策研究院教授马丁·特罗（Martin Trow）曾对高等教育领域的"问责制"给出过如下的定义：即向他人报告、解释、证明及回答资源的使用方式和使用效率的义务[3]。根据问责的主客体不同，分别分为外部问责和内部问责。加州大学的问责制度属于内部问责。

《加州大学问责报告》（以下简称《报告》）是对加州大学十个校区是否达到教学、科研以及社会服务目标的综合性评价[4]。评价结果为大学制定战略规划和预算，以及实施效绩管理等提供信息，同时也帮助加州大学理事会发现大学所面临的重要决策问题。

加州大学校长办公室校务研究与规划处负责《报告》的编纂工作。这份《报告》是该处最为综合性的报告之一，几乎所有工作人员都不同程度地参与资料汇集、分析、整理，以及文字的撰写、校对等工作。其他参与部门还包括相关职能处室、宣传部门、网络技术部门等。自 2009 年开始，大学每年 5 月出版发行《报告》，但部分工作人员从 1 月就开始进行设计和构思。《报告》所需的资料主要来自于大学的数据库，也有极少部分资料是在报告撰写过程中临时性收集的。《报告》发布前，负责校务研究的副校长通常会向大学理事会进行汇报，阐述一年内主要的变化和需要警觉的问题。

加州大学成立于 1868 年。经过一个半世纪的发展，已成为拥有 10 所综合性分校、数十个研究中心与附属机构、5 个医疗中心和 3 个国家级实验室的美国乃至世界上最大规模的研究型大学系统。师生数也从当时仅有的 10 位教师和 38 名学生，扩充到了超过 27 万名学生和 21 万名教职工。年运营经费超过 315 亿美元。加州大学的大部分学校无论在美国国内、还是世界大学的诸多排名中都是名列前茅，伯克利分校一直是公认的全球最好的公立大学。加州大学的成功与其持之以恒的自我评估、信息透明、成果共享是分不开的。从 2009 年开始撰写，并公开发布的《报告》更加体现了加州大学在这方面的重视程度，将其称之为加州大学效绩提升的里程碑也不为过。本文以 2016 年度问责报告[5]为例，对问责报告的指标体系进行详细剖析。

2　问责报告的指标体系介绍

2.1　指标体系的总体特点

加州大学问责报告制度从 2009 年成立至今，已连续九年向社会公布了问责报告。从已公布的 2009—2016 年问责报告来看，其指标体系都呈现以下整体特征。

第一，一、二级指标的制定具有科学性。所谓科学性，是指各级各项指标的制定都严格遵照和符合大卫 · 列维尔（David E. Leveille）提到过的美国公立高等院校内部问责效绩指标建立五大原则——相关性、明确性、易于理解和使用、可比性、可检验性和成本效益[6]。指标类型涵盖陈述事实、分析解释和目标达成三类，在对学校目标实现状况加以测量的同时，促进对课程、教学、院系或系统的持续评价；在为政策制定者与学校提供交流平台的同时，建立理想、连贯的决策支持体系；在为学校的资源合理分配提供依据的同时，寻求最大程度上的教育公平。

第二，一、二级指标的制定具有全面性。所谓全面性，是指指标全方位展示了加州大学教育系统各项工作的开展情况、完成效率及其对社会的贡献。一方面，它呈现了政府和公众关心的各个方面的内容，体现了大学关于“教书育人”“科学研究”和“服务社会”的基本职责；另一方面还表现在学校自我改进和调整的内部指标与数据，这也是符合上文提到的“检验性和成本效益”的效绩指标建立原则。

第三，一、二级指标的制定具有深入性。如果一套指标体系只是内容全面，但没有重点，各项指标均浅尝辄止、蜻蜓点水，那这必不是一套好的指标体系。所以，深入性是指对需要重点交代的内容能给出更为透彻的分析。加州大学作为全美乃至全世界顶尖的研究型公立大学，其问责报告的指标和参数就有侧重地对学生学业成果评价进行了较为深入、透彻的分析与描述。在 2010—2016 七年的问责报告中，14 项一级指标中均有 3 项（即“本科招生与录取”“本科教育”“教与学”）涉及学生学业成果评价。

第四，指标参数的设定与测算具有系统性。具体是指各类二级指标内的指标参数基本尊崇先总后分的原则：先从加州大学整体教育系统的角度描述该项指标，再分别从各分校的视角依次阐述。并且每个指标都有其特定的测算维度：或是从时间上对不同（学）年度的指标参数进行纵向梳理；或是从校本研究的角度对同类或非同类大学（如在公立与公立之间、公立与私立之间等）的指标参数进行横向比较；又或者是对不同亚类的统计维度进行交叉比对，如学生类别、学科门类、行业类型、人员编制级别等，形成了系统的指标参数设定与测算模式。

第五，数据的来源与类型具有多样性。加州大学会在每年的问责报告后面都附上当年指标体系所依托的全部数据来源。以 2016 年问责报告为例，其数据来源除了大学本身强大的数据仓储外，还涵盖美国大学联合会（Association of American Universities，AAU）、美国大学教授协会（Association of American University Professors）、加州财政部（California Department of Finance）等 20 余家组织与机构。数据来源全部向社会公开。另外，数据类型多样，不仅有上述组织或机构提供的客观全样本数据，还有校方自己统测的主观样本调查数据。这些翔实的数据就像针线，将每个指标和参数网罗衔接起来，使整套指标体系成为有内在逻辑的一个整体。

2.2 指标体系的年度变化

每年的指标体系，从指标内容到结构框架上，都在不断调整和完善。就 2009—2016 年的八篇问责报告来看，指标体系的具体变化主要体现在以下三点：①在指标的设置方面，每年对指标和参数进行调整和规范：合并重复的指标，而对于新增问题，则设立新的一级指标。②最大程度细化指标内容的同时，力求每年的指标体系在结构上大体统一，以实现历年度问责报告中的相应领域在时间纵向上的可比性。③各级各类指标排序的逻辑性愈来愈强，各类型指标都有涉及。

3 2016 年度问责报告及指标体系

本文以 2016 年指标体系为例，将各部分所对应的各级指标做分别介绍。2016 年度《报告》将教学、科研、公共服务及大学财务收支运转等领域划分成 14 个一级指标和 61 个二级指标，利用 175 个指标参数，对加州大学当年的各项职能和营运情况进行了详细的分析与阐述。

3.1 本科招生与录取

这一部分通过 4 项二级指标和 20 项指标参数展示了加州大学的本科招生、录取和新生入学的详细情况。（说明：此处介绍二级指标时采纳和《报告》中同样的范例，即 1.1 代表第一个一级指标中的第一个二级指标，1.2 代表第一个一级指标中的第二个二级指标，每个二级指标内均有一至若干个指标参数，以此类推，下文亦如是。）

其中，1.1“招生情况”（含 5 个指标参数）是指历年来新生和转学生的申请、录取和入学人数走向；1.2“学生背景特征”（含 5 个指标参数）包括第一代大学生的比例，学生在种族、语言、是否为转学生，及国家助学金获得情况方面的差异，及服役考生百分比等；1.3“学业准备”（含 5 个指标参数）是指学生入学前的各项学业表现情况，如大学预科课程成绩、高中学分绩点、高考总成绩和分项成绩等；1.4“生源分布”（含 5 个指标参数）包括新生中的本州、外州和国外考生百分比，当地新生和转学生的比，非本州申请的招收人数与当年州财政拨款之间的对比关系等。

具体地，以 1.1 的指标参数为例（图 1）。本科招生整体情况是：①申报加州大学的学生数在过去的 20 年中有较明显的增幅（2015 年比 1994 年多出约 9 万名考生，增长率约 180%），这也符合近几十年本科生入学需求大幅扩张和加州人口增长的社会背景环境；②虽然加州大学的录取数要随着社会入学需求的扩张而扩张，但录取数的增幅（2015 年比 1994 年多录取约 5 万名新生，增长率约 125%）远不及申报数的同期增幅；同理，报

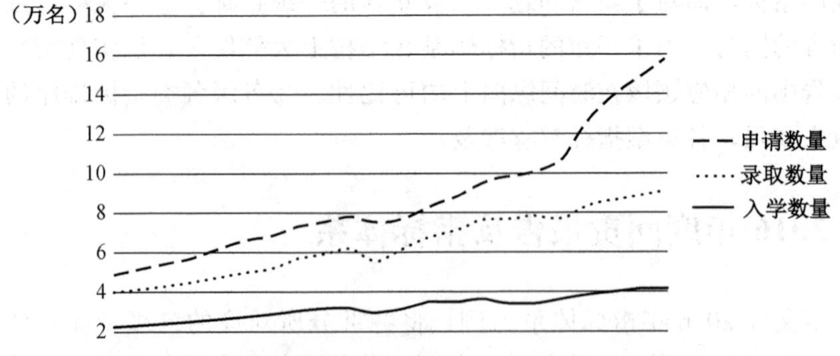

图 1　加州大学报考、录取、和入学的新生数量自 1994 年至 2015 年间的走向

到入学的人数增幅则更为微小；③《报告》还对加州大学十大分校（伯克利、戴维斯、尔湾、洛杉矶、美熹德、河滨、圣迭戈、旧金山、圣塔芭芭拉和圣塔克鲁兹）同期的新生申报数、录取数和报到入学数分别给出了描述，得出各分校在过去20年中的本科新生申报数和录取数均有明显增幅，而报到入学数却保持在一个较稳定的区间。可见，该项指标对加州大学的整体教育系统及各分校的招生录取情况给出了纵向梳理和横向比较。这项指标也为加州大学各学校提升招生效果和入学学生管理等提供了第一手的信息资料。

加州大学一直致力于追求卓越、兼顾公平的招生理念，在录取当地公立中学前12.5%毕业生的同时，还要兼顾本地社区学院每个符合条件学生的转学志愿，并通过各分校间的名额调配最大程度上保证每个符合条件的考生都能有学上。除学业成绩以外，考生的家庭经济水平、地区差异、种族差异及学校的招生计划等，也是一并考虑进来的录取因素。

3.2 本科生经济承受情况

这一部分通过5项二级指标和14个指标参数，阐述了大学生所要承受的学费与各项开支情况。

其中，2.1“本科生入学成本”（含3个指标参数）包括学费、住宿费、生活费的比较情况，各分校学生就读大学成本的阶层差异和生源地差异；2.2“本科生经济来源”（含3个指标参数）包括各校奖助学金的授予情况，和各分校历年招生的阶层百分比；2.3“学校资助情况和净开支”（含2个指标参数）是指各分校新生所获得的各分级奖助学金情况，各分校招收的低收入阶层的第一代大学生生均助学金金额和净开支；2.4“学生勤工俭学情况”（含2个指标参数）是指各分校半工半读生的周均工作时长和在各学制中的毕业率；2.5“学生贷款情况”（含4个指标参数）包括各分校关于入学成本可控程度的民意调查研究，历届毕业生的贷款金额、贷款生比例，其随阶层变化的情况，2013—2014届毕业生生均累积贷款总和的校级比较等。

其中，以2.2的参数为例（图2）。①根据不同收入阶层本科生比例的校间比较可知，以2014—2015学年度为例，在新建分校，如美熹德分校和河滨分校，中低收入阶层（家庭年收入低于2.7万美元）的学生比例，普遍高于老牌分校和加州大学整体水平；②根据不同收入阶层本科生比例的年度变化可知，以近9个学年度为例，高收入阶层（家庭年收入高于16.1

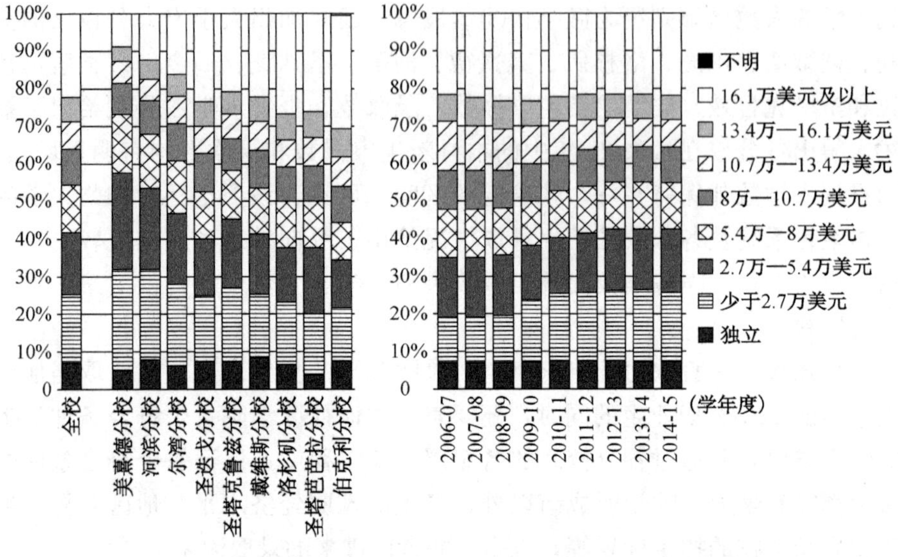

图 2　不同收入阶层的本科生比例之校间比较和学年度变化

万美元）学生比例基本保持 22%左右不变，而低收入阶层学生比例自2009—2010 学年度开始，呈现将近 5 个百分点的明显上升趋势，并保持将近 20%的势头至今。

《报告》之所以着重描述大学部学生的学费与生活开支承受情况，是因为校方要告知社会公众，达到学校录取标准的学生，尽管家庭经济状况落后，只要符合资助条件，学校一定会通过各种方式确保他们得到经济资助。该部分是校方对入学机会公平进行自我检验的重要依据，甚至还对学校一些诸如财政拨款等关键性决策起到支持作用。

3.3　本科教育

这一部分从目标导向的角度，通过 3 项二级指标和 16 个指标参数，对学校的本科教育成效进行了评价。

其中，3.1“毕业率”（含 8 个指标参数）主要根据新生最初就读加州大学各分校的毕业率和几年后转入其他大学学生的毕业率①，转学学生的

① 美国大学有非常灵活的转学机制。学生在一所大学就读若干年后，如果由于种种原因需要转入其他大学，他们可以根据自己的学业完成情况等选择适合自己大学作为转学生再申请。加州大学在计算毕业率时除了计算在本校毕业的学生的比例，也会计算转入其他大学学生的毕业率。

毕业率，及其在种族等不同学生特征上的变化。3.2“保留率和完成的学时”（含3个指标参数）包括历年来各校新生或转学生入学后第一年的留存率和受到“留校察看”警告的学生比例（GPA小于2.0的学生会受到留校察看警告，并给予一学期的时间提升GPA，如果在规定的时间内无法将GPA提升到2.0或者以上，将被开除）；3.3“本科教育成果”（含5个指标参数）包括各校历年分学科的学士学位授予率及当年的学士学位授予总和，针对本科生开展的就读参与度（包括课堂讨论参与度、课程感兴趣度、活动类课程参与度三个方面）和满意度调查结果，以及不同学科门类的毕业生薪资水平随工作年限的变化情况和根据行业领域的分布情况等。

具体地，以3.1的参数为例（图3）。据图3可知：①无论是各分校，加州大学整个教育系统，还是其他同类或非同类校（同类是指其他的AAU公立大学，不同类是指AAU私立大学），自1997级入学的大学生开始至2011级的本科毕业率，一直呈显著增长；②加州大学毕业率历年来均高于AAU公立大学的平均水平；③部分分校，如伯克利分校和洛杉矶分校，就读5年或6年的毕业率达到了AAU私立大学的平均水平。

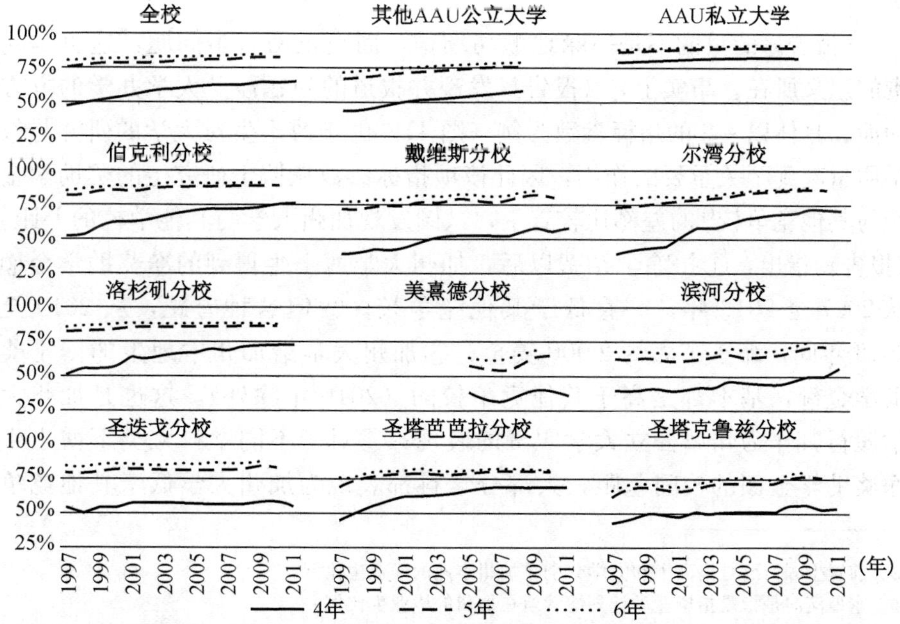

图3 不同就读年限的本科毕业率在各分校中的历年变化与比较（1997—2011年）

3.4 研究生教育

这一部分通过4项二级指标和15个指标参数，对研究生教育的招生、经济承受情况和教育教学成果等方面进行了分析阐述。

其中4.1“学术类研究生招生概况”（含2个指标参数）介绍了学术类研究生历年的申报、录取、入学人数，国内外生源分布和种族差异等情况；4.2“学术类和专业类研究生概况”（含5个指标参数）包括历年来各级各类研究生的录取百分比、历年生均生活成本，博士生平均经费的校间差距和随生源地、学科门类进行的分类考量，各学科历届博士生和各类历届专业研究生的生均贷款额；4.3“学术类研究生教育成果”（含6个指标参数）分别从学术类研究生的角度对各校分学科的历届研究生学位授予率、博士生毕业率、历届博士毕业生的前置生源情况①和本地流向②，历届毕业生所从事的各类行业比例分布，和受雇于不同部门的该校博士生百分比及参照标杆③给予了介绍；4.4“专业类研究生教育成果”（含2个指标参数）则从专业类研究生的角度对各校分学科的历届研究生学位授予率，和历届毕业生所从事的各类行业比例分布进行了统计。

《报告》的目的不是一味地歌功颂德，而是正面直击问题，这也是问责的意义所在。事实上，《报告》发现并报道的问题涉及大学办学的方方面面。具体以4.2的指标参数为例（图4)。由于博士生对大学的研究与教学质量起到至关重要的作用，因此该项指标参数从博士研究生的奖助学金额与其他竞争校④的差额比较着手，试图发现加州大学与其他学校的差距。《报告》指出：①扣除学杂费以后，加州大学博士生得到的净奖助学金额从2007至2013年，一直低于其他竞争校；②但这种差距，从2010至2013年间，缩小了大约2 000美金；③加州大学给加州本地生的博士奖助学金额，基本都是高于其他竞争校的（2010年除外），这也是加州大学履行其作为州属公立大学职责的表现；④对于不同学科大类下博士生净奖助学金额的校间差距，大部分学科都表现为加州大学低于其他竞争

① 前置生源情况是指高中和大学分别在加州本地的毕业生比例。

② 本地流向是指是指毕业后计划继续留在加州的毕业生比例。

③ 此处的参照标杆是据2008年美国国家科学基金会的相关研究数据所制定的国家平均水平。

④ 竞争校是指考生的第一志愿是加州大学以外的学校，下同。

校，只有艺术类博士生的净奖助学金额，加州大学在与竞争校的对比中展现出绝对优势。

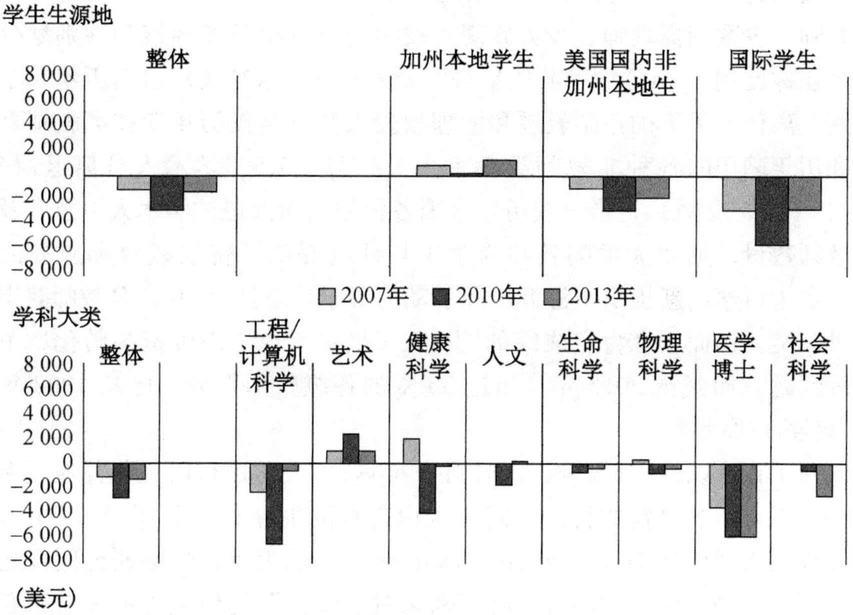

图 4　加州大学博士生净奖助学金额与其他竞争校的比较
(2007 年、2010 年和 2013 年)

《报告》在肯定研究生教育质量的同时，也指出各类研究生的教育经费均出现不同程度的缩水。例如学校即使采取措施尽量减少学生的各项开支，但仍改变不了学术类研究生的经济补贴落后于同水平大学的事实。这也使得研究生与大学部学生的比例从 20 世纪 60 年代的 30%缩减到今天的百分之十几。

3.5　教职工队伍

这一部分通过 5 项二级指标和 12 个指标参数对各级各类教工及学术人员的整体概况、薪资水平、人口多样化水平、去留更替等方面进行了详细描述。

其中，5.1“学术队伍概况”（1 个指标参数）是指各学科的学术人员职称结构在 2015 年前后的变化情况；5.2“学术队伍竞争力”（1 个指标参数）从“情势认知”（定义见下段）的角度对历年来各级教师的薪资水平进行校级比较和标杆参照①；5.3“学术队伍多样化水平”（含4个指标参数）分别从助理教授、终身聘任制教师和专技类教师三个角度公开了历年全校教师的少数族裔差距指数、女性差距指数，2014年各校中终身聘任制女教师、少数族裔教师、少数族裔女教师的百分比及按种族和性别划分的教师职称比例；5.4“学术队伍更替”（含4个指标参数）包括历年来学校聘用、离任及留下的正副教授和助理教授人数，全校历年专技类教师百分比和历年聘用的各种非教师类学术人员数量；5.5“学术人员离退情况”（含2个指标参数）是指全校历年来因各种原因而离退的学术人员总和及各级教师数量。加州大学的教师为学生与社会提供了优质教育和服务的同时，也为科学创新提供了源源不断的动力源泉，总计有60余名教师获得过诺贝尔奖。然而，在肯定成绩的同时，《报告》也指出师资高龄化、单一化等问题。如截至2013年，超过55岁的各级教师百分比已从1998年的4%增至14%。

除了自查以外，《报告》还对同等（peer）大学进行研究，并通过对比达到知不足、求进益的目的，同时认识自身的生存和竞争环境，Terenzini将其称之为情势认知（situational awareness）。他表示，情势研究同样也是院校研究中必不可少的内容，甚至未来对“知彼”的研究力度还会不断增大[7]。其实，《报告》中的绝大多数参数都体现了这一特点，5.2指标就是如此（图5），就各级职称教师自1997—1998至2015—2016学年度的平均工资水平，与其他竞争校及行业平均水平进行了比较。《报告》选取了4所公立大学（分别为伊利诺斯大学、密歇根大学、布法罗大学和弗吉尼亚大学）的平均工资水平和4所私立大学（分别为哈佛大学、麻省理工大学、斯坦福大学和耶鲁大学）的平均工资水平，及平均工资基准（即上述两者的中间值）为参照，得到：①无论是教授、副教授，还是助理教授，加州大学的薪资水平都在呈历年上涨趋势，这与行业整体薪资水平的变化趋势是基本同步的；②加州大学各级教师的薪资水平虽然与公立大学平均水平相差无几，但在私立大学和同行业平均工资基准中，都无竞争优势。这在一定程度上对学术人员的聘用和留任带来了挑战，这也从教师离职数量远超于聘用数量这一事实，得到佐证。《报告》旨在通过这些数据敦促决策者对学术队伍的整体竞争力进行反思。

① 此处的参照标杆是指基于4所公立大学和4所私立大学的平均薪资水平制定的行业薪资标准。

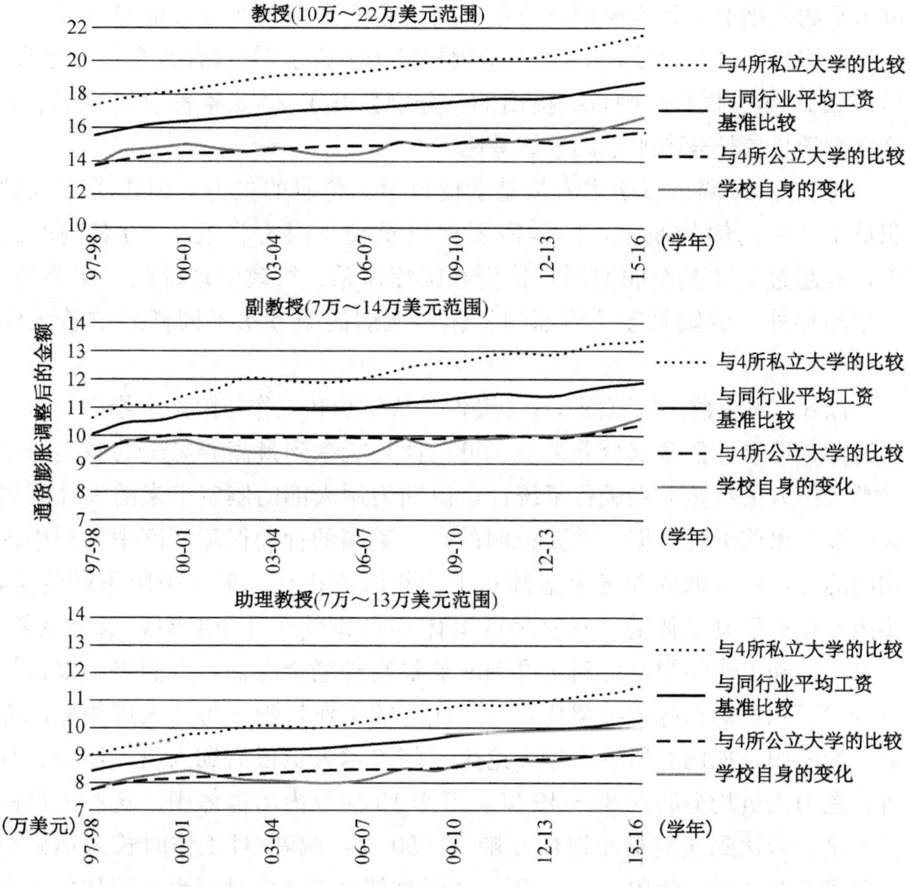

图 5　加州大学与其他竞争校历学年度支付各级教师薪资水平的比较

3.6　非学术人员队伍

这一部分通过 4 项二级指标和 10 个指标参数对学术人员以外的职员结构、聘用情况和薪资水平进行介绍。

其中，6.1“非学术队伍概况”（含 4 个指标参数）包括 2007 年和 2015 年两年的各类职员数、职员的经费来源和所在部门分布，2000 年、2005 年、2010 年、2015 年各类职员的少数族裔百分比和性别结构；6.2“非学术队伍更替”（含 3 个指标参数）包括 1998 年和 2015 年全校职员年龄结构，2015 年分年龄阶段的全校各类职员数量百分比及其退留更替情况；6.3“非学术队伍薪资水平”（1 个指标参数）是在考虑通货膨胀和平均物价水平的基础上，将本校职员历年来的底薪增长率与西方其他国家员工基本年薪增长率进行比较；6.4“大学领导班子薪资水平”（含 2 个指标参数）是在 2016 年《报告》中首次提出的，分别公开了 2015 年各校领导班子和公立大学总校长薪酬水平的校级差距。

《报告》强调虽然学术人员是学校教学、科研的主力，但占了学校教职员工 3/4 比例的职工，同样需要加以重视。因为将近 14 万名的职工中，有超过 2/3 是全职编制，他们在医疗体系、行政管理部门、实验室、学生辅导处、后勤服务处等部门工作，他们的服务水平同样影响着大学质量。

以 6.2 的参数为例（图 6），《报告》从年龄和工作年限两个维度，对不可退休、可退休但拿部分养老金、可退休且能拿到最高养老金的各类非学术类工作人员数量分别进行了统计，以期为用人部门制定未来的人才规划和决策给出前瞻性依据。需要说明的是，美国的社会保障制度中，与中国相同的是，可领取的养老金金额和工作年限成正比；但和中国不同的是，美国是没有强制退休的，只有最低退休年龄和最高可领取的养老金金额，如果年龄和工作年限都已到达可领取的最高养老金限额，人们仍可以根据自身情况和意愿选择继续留任，只是此时的工作年限不再计入可领取的养老金额度中。如图 6 所示，①无论是专门技术人员或后勤人员，还是管理者，主力人员均分布在 30～49 岁、工作 10 年以内的群体中，这些人群的特点是：未达到法定最小退休年龄——50 岁，或者/且工作时长未达到可领取养老金的最短年限——10 年；②可拿部分养老金且仍没有退休的人群

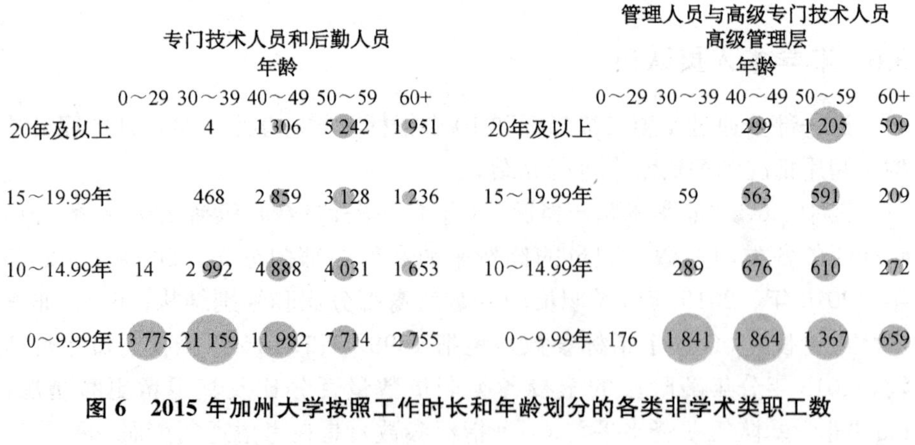

图 6　2015 年加州大学按照工作时长和年龄划分的各类非学术类职工数

（即已到达法定最小退休年龄，或者/且工作时长已达到可领取养老金的最短年限，但还没达到最长年限——10 年的群体）占全部人数的 20%左右，尤其对于管理层来讲，他们是开展工作的必不可少的中坚力量；③已可拿最高养老金（即已达到最高退休年龄且工作时长也已经达到可领取最高养老金的年限——20 年）但仍活跃在职场中的非学术类职工人数百分比中，专门技术与后勤人员和管理层分别占各自的 2%和 5%。

另外《报告》还首次就领导班子的薪资水平，与其他同类（公立大学）或非同类校（私立大学）进行了对比。结果表示，虽然近年来领导层的基础年薪有一定增长，但与美国大学联合会中的其他公立或私立学校相比，均仍处于落后水平。

3.7 多元化

这一部分通过 4 项二级指标和 15 个指标参数，从学生和员工的多元化背景，以及学校文化的多元化等两个角度，对学校兼容并蓄的特征进行了介绍。

其中，7.1“本科生多元化发展”（含 2 个指标参数）是指全校和各分校本科生历年来的种族比例分布；7.2“研究生多元化发展”（含 4 个指标参数）分别是就研究生种类角度，对各校按学科分类的学术类、专业类研究生进行的历年种族和性别比例分布；7.3“校区环境多元化”（含 4 个指标参数）分别公开了 2015 年各级各类在校生、教/职工的种族和性别比例；7.4“关于本科生对校园环境满意度的民意调查”（含 5 个指标参数）是分别就全校学生的种族或国籍、宗教信仰、性取向、性别和政治信仰在校园中的被尊重程度进行的实证调查，调查分别从 2008 年至《报告》截稿计算，共有四期。

加州大学通过各种努力提高学生和教职工的多元化水平，旨在建立一种多元化的学校文化氛围，以便为学生适应未来日益变化的多元文化社会奠定基础。《报告》除了利用各项招生教学数据对历年师生在种族、性别等维度上的分布进行客观统计之外，还定期通过问卷对本科生被尊重感的主观满意度进行样本调查。

例如，7.4 的参数显示：①在近四次的调查中，均有超过 70%的受访者对该问题持肯定态度，即大部分宗教信仰人员（下简称“信徒”）认为，自己在校园中基本能得到尊重；②其中伊斯兰教和犹太教的在校信徒认为他们的被尊重感，与基督教等其他正式或非正式宗教信徒的自我反馈结果相比，是最低的；③但也正是这两个宗教，认为其被尊重的肯定项百分比，在四次调查中均呈上升态势，即他们的校园满意度上升空间是最大的；④综合看来，就校园环境的多元化而言，尤其是对宗教信仰尊重感的校园环境满意度调查显示，不排除个别人员的谴责声音，但总体来看，大家普遍认为校园文化是较为融洽的。

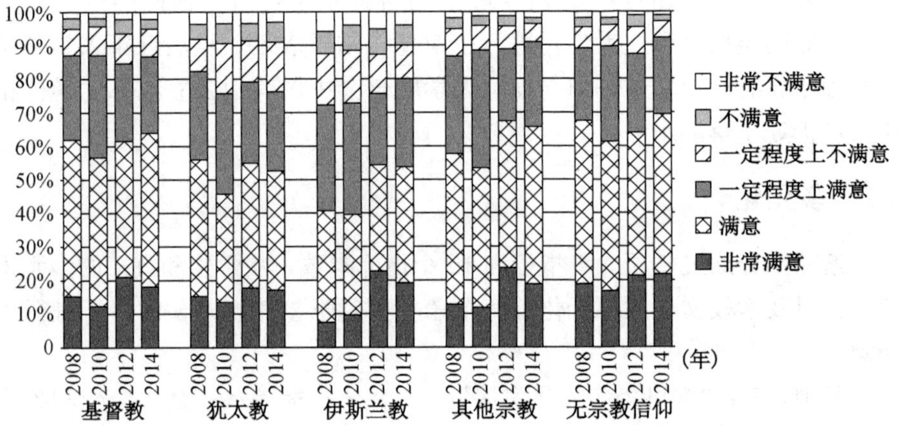

图 7　近四次关于本科生对校园环境中宗教信仰尊重感的满意度调查

3.8　教与学

这一部分通过 5 项二级指标和 10 个指标参数对学校的教学质量和学习效果进行了评价。

其中，8.1“教师队伍”（含 4 个指标参数）包括近来全校各类教师的学历构成、生师比，及各类教师承担的学时数与教学规模；8.2“博士学位产出”（1 项指标参数）是指各分校历年来不同学科中每百位教师培养授予的博士数；8.3“夏季招生”（1 个指标参数）是指全校每年夏季招聘的全日制考生数与总人数；8.4“本科生学习参与度”（含 3 个指标参数）是指 2014 年自己完成或协助老师完成科研任务的准毕业生数量及其参与程度在种族、性别上的变化，和 2014 届毕业生的自我能力测评；8.5“继续教育”（1 个指标参数）是指历年各类继续教育的招生入学人数和总规模。

教学质量离不开教学队伍，这部分关于教学队伍的描述，与第五部分“教工及学术人员队伍”的侧重点不同。第五部分是对教工及学术人员的队伍规模、构成、竞争力、更替进行的介绍，第八部分是对教师的教学质量、教育产出量、承担的教学压力和教学效果的介绍，即前者是对人力资源的描述，后者是对工作效绩的描述。《报告》分别从教和学两个角度对各层次的教育质量进行了介绍，在此分别以 8.1 的参数为例（图 8）。

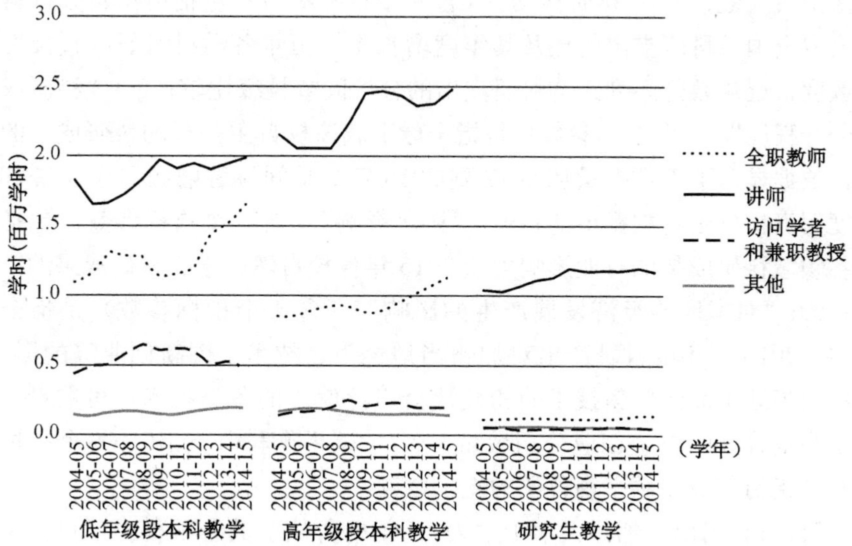

图 8　加州大学各类教学人员分别在不同年级段中承担的学时的历年变化（2004—2015 年）

《报告》将教师承担的教学任务用学时来表现，一位教师在一门课程当中承担的学时任务等于修课人数与课程学分的乘积。由图 8 可知：①各类教师承担的学时任务极不平均，全职教师大于讲师，讲师大于访问学者或兼职教授；②对于低年级段的本科教学来讲，写作、语言类的必修课程通常由讲师授课，而与专业相关的入门课程则更多地由全职教师授课；③对于高年级段的本科教学及研究生教学来说，专业核心课程基本上由全职教师授课；④全职教师的教学任务呈历年增长态势，这说明大学对全职教师从事本科教学工作的要求在逐年加强，教学是教师的首要任务。

3.9　科研——增加公共知识

大学的使命职责是教学、科研和服务社会。继第八部分的教与学后，第九部分就是对科研水平和能力的介绍。该部分通过 7 项二级指标和 18 个指标参数对科研支出、科研队伍、科研活动、科研成果等进行了描述。

其中，9.1“科研支出”（含 3 个指标参数）包括历年全校科研支出数额及其经费来源构成，历年全校根据不同经费来源承担的各项科研间接成本回收数额和近年科研支出的用途分布；9.2“科研队伍”（含 2 个指标参数）包括近年校内科研队伍规模、比例分布和 2015 年各分校中按学科分类的博士后人数；9.3“科研活动”（含 4 个指标参数）包括历年各分校科研支出占全国总科研支出的比及其年度增长率，历年各学科科研的直接性支出额度，近年教师系列人均科研支出的分校间或校级比较；9.4“科研成果的公开程度”（1 个指标参数）是指全球下载该校自主公开的科研成果的数量，数据显示下载数据量从 2012 到 2016 年 3 月间显著增加，这是在 2015 年度问责报告中首次提出的；9.5“科研影响”（含 3 个指标参数）包括近年各领域科研成果的行业影响力及 2015 年各校自然科学类科研成果的产出量；9.6“对本地的经济发展产生的影响”（含 4 个指标参数）是指全校 2014—2015 学年度科研产出对加州当地经济、技术、创新创业等的影响，近年由当地工商部门新授予的和被社会广泛使用的各类技术许可数量，近年在当地开办的校企创业公司数量；9.7“碳平衡科研支出”（1 个指标参数）是指历年关于碳平衡科研的支出数额。

《报告》指出，加州大学于过去 17 年中所从事的各项科研项目，总共耗资超过 40 多亿美元。作为大学职能之一的科学研究之所以能受到重视，除了经费保障以外，更重要的是因其能做到切实促进当地乃至全美的经济社会发展、改善人民生活质量，这也是《报告》想借此表达的科研理念和目标。

以 9.5 的指标参数为例（图 9），《报告》用“根据行业领域重要性加权后的被引用指数”代表该学科科研成果的行业影响力，取值从 0 至 2.5 不等。由图 9 可知：①在 2009 至 2013 年间，全美各学科科研成果的行业影响力平均值为 1.48，全球各学科科研成果的行业影响力平均值为 1.0，而加州大学产出的科研成果行业影响力平均值则高达 2.15；②其中，加州大学在计算机科学、经济与金融学、材料科学、工程学等学科的科研成果影响力则几乎或已经达到峰值 2.5。

3.10 公共服务

这一部分通过 3 项二级指标和 9 个指标参数对大学第三项职能——社会服务的履职情况进行了介绍。

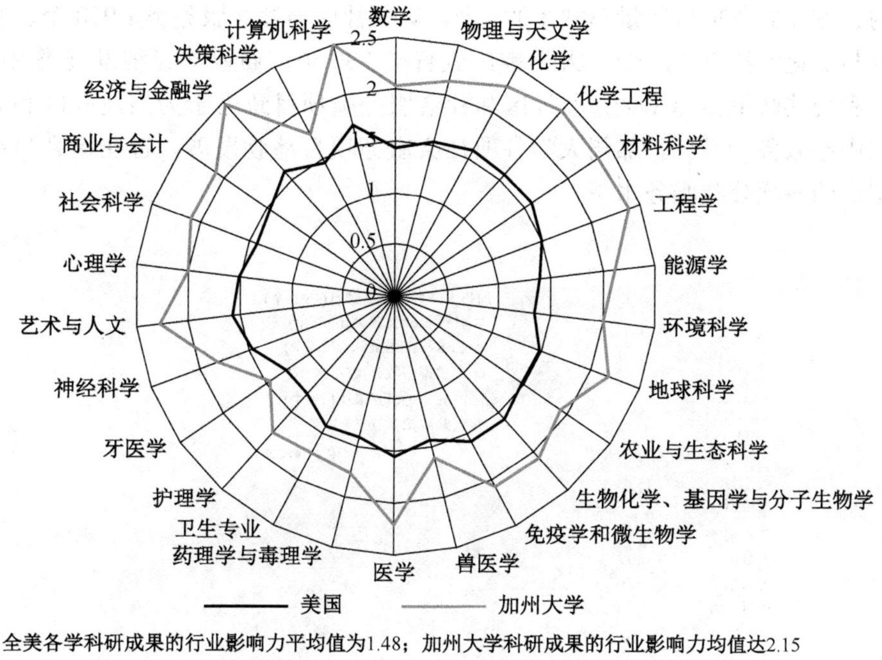

图 9　加州大学各学科 2009—2013 年间产出的科研成果行业影响力

其中，10.1“社会公共服务项目”（含 3 个指标参数），分别就 2015 年全校对外提供的各类服务活动数量及地理分布给出了可视化介绍；10.2“教育方面的社会服务项目”（含 3 个指标参数）分别就加州大学于 2015 年提供的教师专业化培训、K-12 阶段学生发展、理工科科研成果等服务活动的数量级地理分布给出了可视化介绍；10.3“服务项目的经济效应”（含 3 个指标参数）包括 2013—2014 学年间的学科授予数百分比、截至 2015 年的毕业生和教职工人数及地理分布等。

2014 年及以前的问责报告，均是将公共服务和保健科学合为一项一级指标进行的介绍。从 2015 年起，《报告》正式将二者分为两个不同的一级指标，旨在突出其公共服务能力和水平。另外，作为加州最大的公立研究型大学，其在教育服务方面所作的贡献也是需要重点着墨的部分。而 10.3 的参数，虽然在第三、四、五、六部分中都有涉及，但侧重点不同，本部分是站在服务社会的角度谈其学历授予数、毕业生留在加州的人数、教职工队伍等在加州的影响面，而不是就事论事地介绍这些事务本身。

具体地，以 10.1 的参数为例（图 10）：①2015 年加州大学向社会提供的各方面服务项目数量总共 3 924 个，其中社区与社会服务类 1 958 个、艺术与文化资源类 648 个、大学推广教育类 735 个、商业与经济发展类 219 个和公共政策类 364 个；②社区和社会服务类项目致力于为当地社区和志愿中心服务。可见，加州大学各项社会服务项目蓬勃发展，旨在提高当地层面的各项公共服务水平。

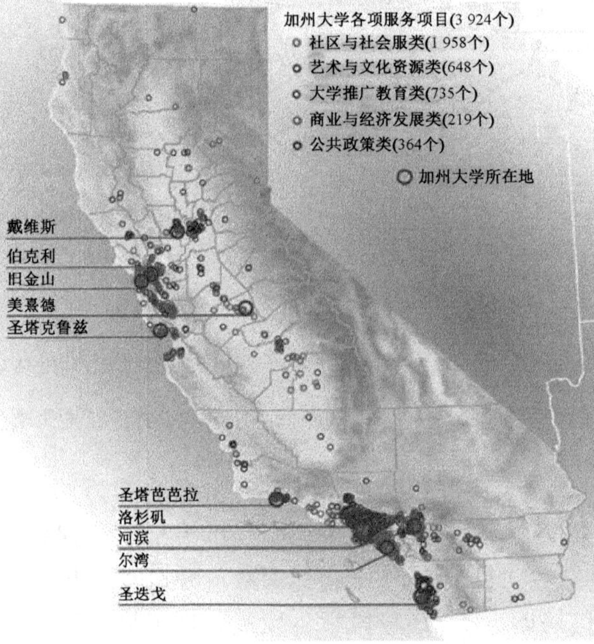

图 10　加州大学 2015 年向社会提供的各类服务项目数量及分布

3.11　医学科学

这一部分通过 3 项二级指标和 11 个指标参数对加州大学医科的招生、研究现状和医疗中心的社会价值进行了介绍。

其中，11.1“医科概况”（含 4 个指标参数）包括全校各类医科研究生的专业规模、生均学杂费，毕业生债务情况，相关教学成本的经费来源、用途的百分比分布；11.2“医学研究”（含 2 个指标参数）是指历年全校医科专业的科研成本和研究人员数量；11.3“医疗中心”（含 5 个指标参数）是指加州大学医疗中心的各项运营费用、各类全职员工数、床位占用天数、就诊人数、接待的重症护理病患数及参照标杆①等。

《报告》称，加州大学医学部是全美最大的医学中心，学校在教学、研究和临床医学都处于全美乃至全世界领先水平。目前，学校已具有五家稳步发展并投入运营的医疗中心，它们遍布在加州各地，其中三家的前身就是当地县（市）级医院。每个医疗中心都有几个主要特色诊所，并布及该医疗中心服务的社区周边。除了提供特色看护和治疗以外，加州大学医疗中心还担负着当地重症护理的工作，例如接受重症新生儿和癌症患者，并接待了加州一半以上的器官移植患者和 1/4 的大面积烧伤病例。这些重症患者都需要住院或者留院观察，所以对医疗中心床位的全年占用天数进行统计，可窥见加州大学医疗中心在这一方面的社会价值。以 11.3 参数为例（图 11）：①近年来，各医疗中心的全年床位占用天数基本保持平稳增长（总计达到 90 万以上），其中洛杉矶医疗中心的全年全部床位占用天数最高（25 万以上）；②这些医疗中心对加州本地医疗资源的贡献显著。

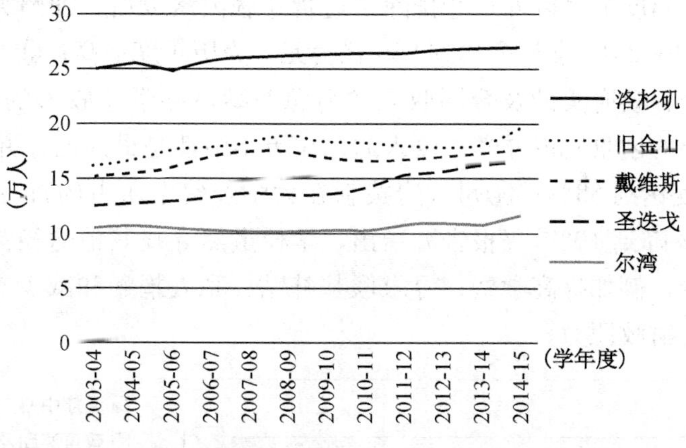

图 11 五大医疗中心床位的各年度占用天数（2003—2004 至 2014—2015 学年度）

3.12 大学财源和私人捐赠

此部分通过 5 项二级指标和 9 个指标参数对大学的经费来源、经费变化、办学支出和生均经费等情况进行了介绍。

其中，12.1“大学收入概况”（含 2 个指标参数）是指历年全校和各分校的各项收入、经费来源；12.2“赠与类收入”（含 2 个指标参数）是指历

① 此处的参照标杆是指同年度加州其他医院、诊所等所接待的重症护理病患数的中间值。

年全校赠与类收入的用途分布及金额配比，历年各分校中养老金上缴额和其他类型的捐赠额；12.3“州政府拨款”（含 2 个指标参数）是指校方历年收到的州财政拨款占当年州财政预算百分比，历年校方接受的州级一般性资助和学费收取情况；12.4“办学支出”（含 2 个指标参数）是指历年用于大学运营的各项支出金额；12.5“生均经费”（1 个指标参数）是指各学年度生均教育经费来源等。

与国内大学不同的是，加州大学的办学经费不只是来源于学生上缴的学杂费和政府的年度财政拨款，还有私人赠与及医疗中心的盈利收入等其他财源。所以面向社会公开大学的办学经费使用情况，亦是提高大学公信力的表现。

以 12.1 的参数为例（图 12），对加州大学各项财源收入情况进行了纵向罗列与比对。具体有：①自 2001—2002 至 2014—2015 学年间，加州大学的办学收入总和呈平稳增长，除了在 2008—2009 和 2011—2012 两个学年度里有小幅度下滑以外；②排除了通货膨胀因素以后，加州大学办学总收入在 2014—2015 学年度达到 260 亿美元，为历年度最高；③其中来自医疗中心盈利、政府奖助及合同收入的财源类型占办学总收入的比例较大，且医疗中心的创收所占办学总收入的比在历年中都是最高的，并在 2014—2015 学年度达到 33%；④州政府拨款在大学经费中所占的百分比则从 14 年前的 23%降到 10%。《报告》指出，学校虽然寻找其他途径弥补州财政拨款的减少，例如提高学费、寻求联邦补贴、私人捐赠和减少支出等，但仍不能缓解财政压力。

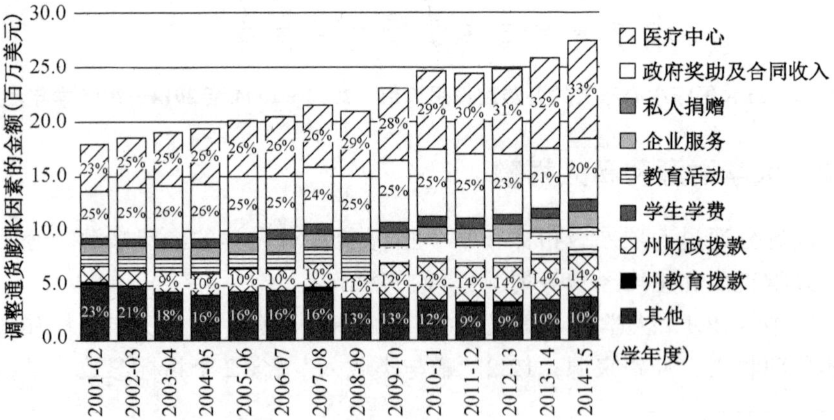

图 12　加州大学 2001—2002 至 2014—2015 年度各项财源收入及百分比

3.13 资产类项目和可持续发展力

此部分通过 2 项二级指标和 8 个指标参数对校园的改建扩增和环境保护情况进行了介绍。

其中，13.1 “资产类项目”（含 5 个指标参数）包括全校历年资产类经费明细、来源配比、项目规模和预算，以及各类建筑的占地和扩建面积；13.2 “可持续发展力”（含 3 个指标参数）包括历年全校二氧化碳排放量及与三阶段目标[①]的差距，近十年资产类项目的年均和累计节能成本，以及曾被评为美国民间绿色建筑认证奖项（Leadership in Energy and Environmental Design，LEED）的资产类项目，其累计占地面积等。

如果说教学、科研和服务社会都是一所大学的软实力，那么它的硬实力则体现在大学校园的改建扩建及在这个过程当中对环境的保护上，这也就是第十三部分存在的意义。《报告》指出了大学最近几年在校园用地方面的情况，包括使用面积、财务情况和改扩建用途等。

另外，《报告》还特别指出，学校在保障现有基础建设的前提下，不断探索可永续发展的途径。加州大学率先发明出减少二氧化碳排量的方法，并且较有成效。具体以 13.2 的参数为例（图 13）。实践证明：①全年

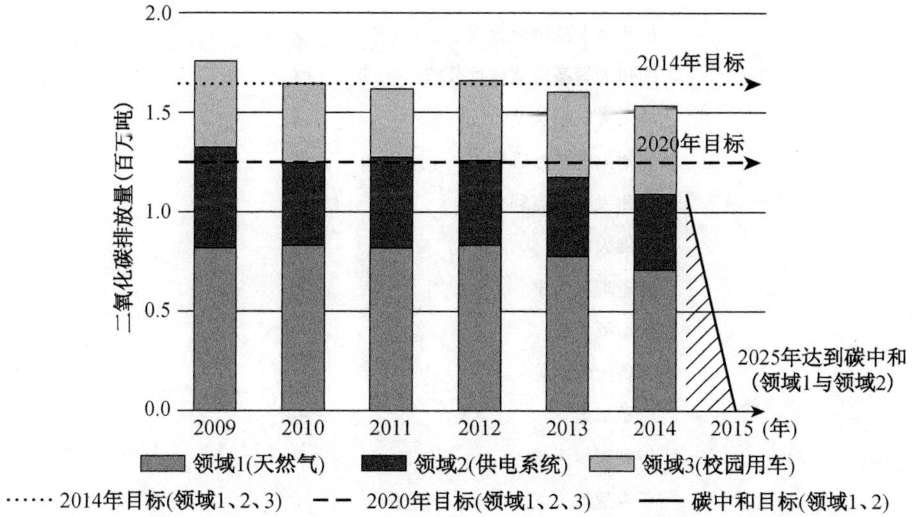

图 13 加州大学 2009—2014 年间来自不同领域的二氧化碳排量

① 三阶段目标分别为 2014 目标、2020 目标和 2025 目标。

来自各领域的二氧化碳排放量已从2009年的175万吨降至2014年的150余万吨；②由天然气释放的二氧化碳排放量普遍高于供电系统、校园用车、企业等的排放量；③加州大学早在2013年就已经实现了2014目标。

3.14 荣誉与排名

这一部分通过7项二级指标和8个指标参数对加州大学在《美国新闻周刊》《华盛顿周刊》、国家研究理事会、美国大学表现评估中心、上海咨询公司和《泰晤士报》等媒体或第三方评估中心等媒介的大学排名进行了介绍。排名主要针对招生力、公众影响力、声誉、学术竞争力、转入校热度等方面对加州大学在国内和国际的口碑进行了说明。

以14.1为例(图14)，《报告》指出：①《泰晤士报》于2015年的招生力排名较前几年更注重入学机会公平，所以这次的排名结果中，公立大学上榜更多；②加州大学的10所分校中，有6所进入前十。这也正说明了，公立大学的社会责任就是促进社会公平，而这也是与加州大学办学理念——卓越与公平——相吻合的。

	2015年排名
加州大学尔湾分校	1
加州大学戴维斯分校	2
加州大学圣塔芭芭拉分校	3
加州大学圣迭戈分校	4
加州大学洛杉矶分校	5
加州大学伯克利分校	7
哈佛大学	11
麻省理工大学	17
斯坦福大学	19
耶鲁大学	26
密歇根大学	48
伊利诺伊大学	49
弗吉尼亚大学	102

图14 《泰晤士报》2015年美国大学招生力排名

由此可见，问责报告之所以能做到监督、评价、管理的职能，与指标体系和数据涵盖内容之全面、参数统计维度之深入、分析方法之客观科学是分不开的。

4 结语

4.1 强化内部自我检视，提升办学效绩

加州大学问责制度以年度报告的形式呈现，以学校自我研究的内部问责为基础，取代州政府主导的外部问责，目的即在于改进学校各部门各环节的工作效率和质量，而不是单纯追求责任。通过不断的、形成性的自我检视、反省，各方管理主体可以获得及时准确的反馈信息，并根据这些信息分析大学在各方面的办学效绩，如通过人力资源发展、财务预算安排等指标提高管理质量，通过专业设置、教学活动安排等内容评价教育教学的得与失等。相较于来自外部的审查问责，这种以提高大学竞争力为主要目标，依照责任主体的价值观念来规范自己行为的自愿问责，对提高办学效绩的驱动力远高于来自外部的问责行为。

4.2 发现问题，为大学决策提供依据

问责制是一种大学院校内、外部利益相关者参与，并共同针对大学发展做决策的机制。从加州大学 2016 年问责报告的案例分析，不难看出问责主体在宣布成果的同时，并不避讳问题，而是对存在的问题提出归因分析，找到相应的改进措施。这也反映出加州大学乃至美国众多大学的决策模式，不是自上而下的行为，而是通过科学的、系统的校务研究，自下而上地为大学领导层的决策提供实证性分析和依据。

4.3 增强大学透明度，提升大学公信力与社会监督力

增强大学透明度是美国高校提升公信力和社会监督力的主要方式，大学采取多种措施来实现，其中，通过自我检视或参与社会团体建构的问责体系所产生的问责报告，是较为普遍的措施之一。毫无疑问，公布于网络的问责报告，尤其是类似加州大学这样系统、完整、详细的问责报告，一定会对提高大学的透明度发挥积极作用。它的受众对象包含了关注加州大学的所有团体与个人，如州立法机构、捐赠者、学生家长、教师、在校学生等。这些团体和个人透过了解《报告》所提供的大学发展和办学效绩信

息，监督学校的运行状况，并为学校改进办学质量出谋划策。

参考文献

[1] Burke H. The new accountability：From regulation to results[J]. New Directions for Institutional Research，2002，116：5-19.

[2] Bogue E. Quality assurance in higher education：The evolution of systems and design ideals[J]. New Directions for Institutional Research，1998，99：7-18.

[3] Romzek B S. Dynamics of public sector accountability in an era of reform[J]. International Review of Administrative Sciences，2000，66(1)：21-44.

[4] The University of California Office of the President. Accountability report[R/OL]. (2014). http://accountability. universityofcalifornia. edu/2017/documents/pdfs/chapter-1/accountabilityreport14.pdf.

[5] The University of California Office of the President. Annual accountability report-2016 [R/OL]. (2016). http://accountability.universityofcalifornia.edu/2016/report.html.

[6] Leveille D E. Accountability in higher education：A public agenda for trust and cultural change[M]. Berkeley，California：UC Berkeley，2006.

[7] Terenzini P T. "On the nature of institutional research"Revisited："Plus ça Change ...? [J]. Research in Higher Education，2003，54(2)：137-148.

美国乔治梅森大学通识教育评估案例

Case Study: General Education Assessment at George Mason University

周　莹 博士
院校规划、评估与研究副教务长
美国东卡罗来纳大学（East Carolina University）

摘要　乔治梅森大学的通识教育有一类独特的综合课要求，是通识教育的顶点课程。本文介绍了乔治梅森大学在2009—2010年进行的综合课程和批判性思维能力的评估，在这一过程中该校明确了学习成果，采用教师课程档案作为评估方法，通过审查综合课程大纲，评估学生作业样本，在学生中进行问卷调查等一系列直接和间接的测量方法，收集数据，总结成绩，确定改进的举措。这项评估活动由该校通识教育委员会为主导，与教师专业发展相结合，评估结束后，该校建立了专项拨款，用以支持本科教育教学法的创新和通识教育质量的提升。此项评估获得了通识和博雅教育协会2011年的提升通识教育有效方案奖。

Executive Summary　George Mason University's General Education Program has a distinctive Synthesis requirement, which is the capstone course for general education. This chapter introduces Mason's synthesis and critical thinking assessment in 2009—2010, in which the institution specified its learning outcomes for synthesis and critical thinking, and adopted a faculty course portfolio assessment approach. Through a series of direct and indirect measures, including review of synthesis course syllabi, assessment of student work samples, and student surveys, the institution collected data, identified strengths, and specified improvement actions. The assessment was led by the University's General

Education Committee and incorporated faculty development opportunities. Upon the conclusion of the assessment, the University allocated resources to support pedagogical innovation in undergraduate education and improvement of general education. This assessment won the 2011 *Award for Improving General Education: Effective Program Processes* of the Association for General and Liberal Studies (AGLS).

1 引言

自 1972 年建校以来，乔治梅森大学（George Mason University，GMU）已经发展成为美国高等教育体系中的一所主要的高等院校，并赢得了创新进取的声誉。根据 2011 年度的统计数据，GMU 的学生人数不断增长，已形成为由 2 万多名本科生和 1.2 万余名研究生组成的、多元化的学生群体，这些学生在 GMU 的 186 个学位专业内学习。

2008 年，GMU 采用了新的方法评估通识教育的 11 类课程，即教师课程档案评估（faculty course portfolio assessment）。这一方法促进了不同学科教师之间的合作，明确了各类通识课的核心学习成果，促使课程学习成果与通识教育学习成果保持一致。在评估中，该校建立了同行评议的机制，为授课教师和院系提供建设性的反馈意见，而这一过程中最重要的步骤是使用评估结果改进和提高教学。

GMU 的通识教育有一类独特的课程，称为综合课程（synthesis courses），是通识教育的顶点课程，旨在提高学生掌握新知识的能力和批判性思维的能力，发展跨学科的终身学习技能。批判性思维能力的学习成果是综合课程学习成果的一部分。本文介绍了 GMU 如何在 2009—2010 年同时评估综合课程以及批判性思维能力，以及如何通过一个跨课程的批判性思维项目（Critical-Thinking-Across-the-Curriculum，CTAC）来支持教师重新设计课程和课程作业，提高综合课程的学习成果。

2 GMU 通识教育评估方法

2.1 探索通识教育评估的新方法

GMU 的使命包括以下内容："乔治梅森大学提供创新的和跨学科的本

科、研究生和专业教育，培养学生分析和创新能力，使他们能够做出全面的、符合道德伦理的决策。”GMU 通识教育的教学计划包括三个部分和十一类课程，课程由浅至深、循序渐进，通过这些课程的学习，学生不断增强跨学科的学术能力，探索多种学科的知识体系，获得学习、适应、创造和应对不断变化的社会和职业环境的能力。

GMU 长期以来坚持以教师为主导、以改进教学为重点的学习成果评估原则。本科教育办公室、教师教学发展中心（the Center for Teaching Excellence，CTE)、评估办公室和写作评估小组为学校层面的评估提供支持。2007 年，GMU 的通识教育委员会决定摒弃旧的、课程层面的评估方法，试图寻找到一种新的方法，既适应 GMU 的文化，也可以达到评估通识教育的整体效绩的目的。新的评估方法要能够：①评估多个领域通识课的学习成果；②审查课程学习成果，看其是否与其所属的通识教育领域的学习成果一致；③采用直接测量的方法，评估学生取得的通识教育学习成果。需要强调的是后面两个目的是紧密相关的。如果课程教学不能系统地介绍、强化通识教育学习成果，并通过精心设计的学习活动和评估去挑战学生，学生则很难展现出预期的学习成果。

GMU 通过全面了解各种评估方法，深刻反思过去的评估工作，试图找到适合自身的方法。通过调查研究，通识教育委员会对弗吉尼亚州的威廉和玛丽学院（the College of William and Mary）所使用的教师课程档案评估（faculty course portfolio assessment）产生了极大兴趣，并且对该校实践活动进行了实地考察。威廉和玛丽学院教师在评估工作中的参与，给委员会成员留下了深刻的印象。委员会一致认为，经过适当修改，教师课程档案评估法在 GMU 推行有相当大的潜力，能够使更多的教授参与评估过程，而且更重要的是，课程档案评估法凸显了教师对全校通识教育的所有权。

2.2 采用教师课程档案的评估体系

2008 年，GMU 正式采用教师课程档案评估体系，作为通识教育的主要评估方法，用以评估下列通识教育领域：艺术、西方文明与世界史、文学、社会与行为科学、全球意识和综合能力。课程档案由授课教师完成，包括以下组成部分：课程大纲、主要课程作业、学生作业的样本，以及教师的反思（reflection）。大多数学生作业的样本都是随机选择的。评估办公室在教师教授的学生中随机抽样，在此之外教师可以提供一份自选样本。

教师反思是课程档案最重要的一个组成部分。教师在反思中解释自己的课程如何融合并评估相关的通识教育学习成果，学生是否达到预期的学习成果，教师已经采取或将要采取什么行动来提高学生的学习成果。当一个通识教育领域的课程接受评估时，除了部分授课教师要提交课程档案，评估办公室还在选修这些课程的学生中做学习成果的问卷调查，了解学生如何看待课程的教学重点。

教师课程档案由两名教师评议，一名教师来自与课程相关的领域，另一名则是学校通识教育委员会的成员。2009 年，教师代表和专业评估人员组成了一个专门小组，制定了《教师课程档案评议指南》[1]。在《指南》中，每个通识教育领域的课程都有一个专门的评估量规。评估量规主要包括以下标准：①课程学习成果是否与所属的通识教育领域的学习成果相符；②课程教学达到这些学习成果的效果；③作业样本中所反映出的学生水平；④课程的整体效绩。评估量规还包括开放式问题，评议人员可以指出课程的优点和需要改进的地方。在评估中评议教师独立审核课程，根据需要可以相互协商。如前所述，每个课程档案通常由两个评议教师进行评分，但如果两个教师对某一课程的整体效绩判定意见不一致时，则需要第三位教师再进行一次评审。

教师课程档案评估在 2008 年春季试行，第一轮正式评估于 2009 年春天开始，包括三个通识教育领域：艺术、文学、西方文明和世界历史[2]。第二轮评估则在 2009 年秋季展开，包括两个领域：全球意识、社会与行为科学。这五个领域的课程通过随机抽样参加评估。

3 学生学习成果

3.1 综合课程的学习成果

GMU 的通识教育有一类独特的综合课程要求，其目的是为学生提供机会，综合他们在其他通识课所获得的知识、技能、价值观，拓宽他们学习和掌握的内容，增强批判性思维能力和跨学科终身学习技能。综合课程的内容虽然不可能涵盖通识教育的所有领域，但是起到了连接学科目标与通识教育学习成果的作用。GMU 几乎所有的系和专业都在大学三、四年级开设综合课程。

GMU 的通识教育委员会负责制定通识教育的核心学习成果，委员会由 14 名教师代表组成，他们来自全校所有开设本科学位的学院。2009 年，委员会成员和专业评估人员召开了一系列的学习成果研讨会，深入讨论了综合课程的使命、综合课程的目标与学科目标的关系、综合课程共同的学习成果，并且制定了评估综合课程的策略。同时，GMU 还建立了网上的博客，方便教授综合课程的老师、课程协调员、系主任、院长和教务长参与制定综合课程共同的学习成果。2009 年秋季，通识教育委员会批准了三项综合课程学习成果[2]。学生在完成综合课程的学习以后，能够展现的技能和能力有：①进行有效的口头和书面交流，运用恰当的修辞标准（例如，符合特定的受众，语言准确、论证合理、组织严密、证据充足等）；②从两个或多个学科的角度，将某一领域的问题与广泛的知识、社区或社会关注的问题联系起来；③使用批判性思维的技能：使用适当的证据或资料，评价某一种论点或解决方案的质量、可信度和局限性，或者使用适当的分析和标准，判断一种想法、一项工作或一个原则的质量或价值。

通识教育的学习成果得到批准后，全部收录在乔治梅森大学的课程目录之中，并公布在教务长办公室和评估办公室的网页上。2009 年秋季，综合课程的学习成果首先传达给院长、系主任、本科专业协调员和综合课程课程协调员。在秋季学期结束时，学校举办了教师信息发表会，专门邀请 2010 年春季教授综合课程的教师，向他们解释综合课程的学习成果、说明综合课程评估的要求。在 2010 年春季学期开始之前，负责本科教育的副教务长通过电子邮件联系所有综合课程的授课教师，敦促他们重新审查其课程的学习成果，务必达到课程的学习成果与综合课程学习成果一致，并在授课时向学生明确阐明综合课程的目的和学习成果。从那以后，负责本科教育的副教务长每学期都会给教师发送同样的电子邮件。由于教师的广泛参与，他们不但普遍认可这些学习成果，而且还主动将它们融入课程之中。

3.2 批判性思维量规

GMU 的综合课程的学习成果包括三项能力，即交流能力（口头和书面交流）、跨学科学习能力、批判性思维能力，学校尤为重视学生的批判性思维能力。虽然 GMU 曾在 2006 年和 2007 年两次评估批判性思维能力，但这些评估都是以教师自愿参加为基础的，并不全面系统，收集的数据不具代表性，教师档案评估则弥补了这一不足。由于批判性思维能力在不同领域中表现多样，有必要进一步确定其定义、具体学习成果和测量方法。在这项工作中，综合课程的授课教师成为主力军。在 2010 年春天，学校成立了一个 CTAC 教师学习班，成员包括八名教授综合课程的教师，教务长办公室的教学管理人员和专业评估人员也参加了学习班。CTAC 成员阅读了批判性思维的有关文献，交流各自的教学和评估方法，总结了前两次评估工作的经验。在学期结束时，CTAC 成员修改了 GMU 通识教育中批判性思维的定义，制定了一个新的、跨学科的批判性思维的量规，并采用新量规给综合课程中收集的学习样品评分。

对于批判性思维，CTAC 教师学习班提议使用以下定义："批判性思维是一种思考习惯，其特征是全面地探索问题、想法、物品、事件，然后或是接受或是形成某种意见和结论，联系、综合现有的想法、映像和认知，创新地思考，并在学术上勇于承担风险，这些都是批判性思维的组成和发展的一部分。"[2]

以美国大学协会（the American Association for Colleges and Universities）的批判性和创造性思维 VALUE 量规为基础，CTAC 教师学习班制订了 GMU 的"批判性思维发展量规"。该量规阐述了批判性思维发展的基本标准，使用行为动词描述了从简单到复杂、不同层次的批判性思维能力，体现了 GMU 对该校毕业生所具备的批判性思维能力的愿景。该量规包括九个评定标准：①自主思维（intellectual autonomy）；②问题的解释；③证据和依据；④背景和假设的影响；⑤学生的立场（即看法、观点、假设）；⑥结论及相关成果（即影响和后果）；⑦承担风险；⑧创新思维；⑨联系、综合和转化。

九个评定标准中的每一标准都通过量规将其能力划分为四个表现层次，即初级（novice），中级 1：初具能力（emerging），中级 2：具有较强能力（showing strength），高级（advanced/expert）。该量规可以用于评估跨学科的课程和不同类型的作业。CTAC 学习班的教师首先试用了该量规，他们对综合课程的学生作业样本进行了评估。该量规制定以后，在每个学期开学前，GMU 主管本科教育的副教务长都通过电子邮件，将此量规发送给所有综合课程的教师。

4 评估过程

4.1 收集数据

综合课程以及批判性思维的评估于 2010 年春季进行。GMU 共有 60

多门综合课程，2010 年春季学校开设了 44 门课（共 99 个班），由 84 名教师授课，学生总数为 2 438 名。除了几门只有很少学生注册（少于三个学生）的课程以外，几乎所有的课程都被列入评估的范围。对于每一门符合条件的课程，都有一名教师经指定或被随机抽中参与课程档案评估（即如果一门课程开设多个班，则随机抽样一名教师）。这些被选中的教师需要在 2010 年 5 月底以前完成课程档案；其他未被选中的教师只需提供最能反映学生批判性思维能力的作业样本。评估办公室从综合课程的每个班随机抽样 4～6 名学生，在学期结束时，教师提供这些学生的一份作业。此外，评估办公室在学期结束前在所有选修综合课的学生中进行了网上问卷调查。

2009 年 12 月和 2010 年元月，GMU 举办了两个信息发布会，邀请了参与课程档案评估的教师和他们的系主任参加。2010 年 3 月学校开设了课程档案的学习班，帮助教师准备课程档案，此外，在整个学期中专业评估人员还为教师提供个别咨询。通过培训，教师熟悉了综合课程的学习成果，对通识教育中综合课程的性质有了更深刻的了解。有些教师立即修改了教学计划和课程作业，使自己的课程能够更好地与综合课程的学习成果保持一致；有些教师决定在课程里采用学校的评估量规，评估批判性思维能力、写作能力、口头交流能力。至 2010 年 5 月底，评估办公室总共收集到 26 名教师的共 27 门课程的课程档案，提交课程档案的教师共教授 924 名学生，占综合课程学生总数的 38%；在综合课程中共收集了 230 多份学生作业样本，约占课程注册学生人数的 10%；共有 553 名学生完成了调查问卷，占注册学生的 23%。

4.2 成立评议小组

学校成立了两个评议小组，一个评议教师课程档案，另一个评估批判性思维能力。教师课程档案评议小组由 11 名教师和专业评估人员组成，教师全部来自通识教育委员会；批判性思维评估小组则由 15 名教师组成，一部分人参加过 2010 年春季的 CTAC 学习班，另一部分则参加过以前的批判性思维的评估活动。

课程档案评议的重点集中在课程的对应性和有效性，评议活动在一天内完成。评议教师首先接受校准培训（calibration training）：他们首先试用综合课程量规给一份课程档案的样本评分，然后交换评分结果，讨论评分差异。培训后，评议人员分组评议；一般情况下，每个评议人员要用60～90分钟审查一份课程档案。

批判性思维能力的评估小组也采用类似的校准培训和评议过程。针对批判性思维量规中的每一项标准，评议人员给每份作业样本评分，选项包括“初级”“中级1：初具能力”“中级2：具有一定能力”“高级”。因为量规中有些标准可能不会在一些作业中涉及，量规中还增加了“没有涉及”这一选项。评估小组总共评阅了151份作业样本，它们来自42名教师所教授的43门综合课程。大多数样本都是学生独立撰写的研究论文，样本中还包括学生课题演示，学生学习档案，小组论文和项目报告，以及考试题目。总体而言，82%的作业样本是由学生个人完成的，19%是由4～7人的学生小组集体完成的。

5　评估结果

5.1　数据分析和报告的过程

GMU的评估办公室负责分析通识教育评估的数据。评议人员在网上评分，分数自动进入Oracle数据库；评估办公室从数据库下载数据，使用统计软件SPSS进行数据分析。另外，学生学习成果的问卷调查也在网上进行，数据也由评估办公室分析。

通识教育的评估通常采用“二级评审”的模式进行，即随机抽样学生作业或考试样品，由一个独立的、由非原任课教师组成的评审小组进行评审，评审结果由评估办公室分析汇总后向参加评审的教师、院系的教师和全校作汇报，用以改进和提高教学，汇总结果同时也向公众报告。评审结果与学生成绩毫不相关，评估办公室在汇报评估结果时，只报告整体的数据分析结果，不公开任何一门课程、任何一个教师或任何一个学生的评估情况。评估办公室发表的通识教育评估报告[2-3]通常包括以下几个部分：①被评估的通识教育领域的学习成果；②评估方法和数据收集过程；③具体评估结果，即汇总后的课程档案和学生问卷调查两部分的结果；④主要结果摘要；⑤基于评估结果的改进计划。最新的教师课程档案评估报告可在GMU的网站上找到（https://assessment.gmu.edu）。总体报告在以下会议中分发：通识教育委员会会议、评议人员的总结会、参与评估的教师和系主任的总结会。此外，评估办公室还进一步总结几个通识教育领域的评估结果，撰写焦点报告[4]，广泛发送学校高层管理人员、学院院长、系主任、专业主管、本科专业的协调员和主要教师。

除了总体报告，评估办公室还为每个参与评估的教师准备了个人报告。个人报告包括教师本人课程档案的评分，以及所教授学生的问卷调查结果。如果课程通过了同行评议，教师的个人报告会在总结会上分发，或是在总结会后通过电子邮件分发，个人报告只发送给参加评估的教师个人和他们的系主任。然而，如果课程没有通过同行评议，负责本科教育的副教务长、负责机构效绩的副教务长以及评估办公室主任将亲自到系里，与系主任和有关教师开会，共同寻找原因，商讨改进和提高的方法和计划。

5.2 综合课程评议结果

综合课程评议数据的分析完成之后，分析结果按上述过程传达到参加评估的教师和系主任。评议结果表明[2]，几乎所有评议的课程都教授了综合课程的三项学习成果，并在不同程度上取得了成功。评议人员认为，写作能力和批判性思维能力的教学是最成功的，80%的课程都获得“优秀”或“良好”的评分（其他评分等级还包括“一般”和“差”）。然而学习成果第二项，即“从两个或多个学科的角度，将某一领域的问题与广泛的知识、社区或社会关注的问题联系起来”，“差”的评分占到16%，在所有学习成果中占比例最高。评议人员发现，一些课程只限于研究自身领域的重大问题，而忽略了如何与多个学科的结合。学生的反馈却与评议人员不同，很多学生觉得综合课程对提高批判性思维能力、从多学科的角度联系问题的能力有极大的贡献；然而，学生并不觉得综合课程对书面和口头交流能力有所帮助。学生们可能认为书面和口头交流能力不是综合课程的授课目标，只是用来展示他们的学习成果的工具。

在课程档案的评议中，评议人员在以下几个方面的评分普遍很高[2]：①课程的教学内容和目标与综合课程的学习成果一致；②课程教材适合通识教育；③课程结构和程序有助于学生达到综合课程的学习成果；④课程作业和评估方式适合综合课程的学习结果。一半或一半以上的课程在这四个方面得到的评分都是“优秀”。然而，在“向学生阐明综合课程学习成果”方面，总体分数最低：只有58%的评分为“优秀”和“良好”，而35%的评分为“差”。综合历次教师档案评估结果，GMU通识教育的普遍问题是缺乏向学生沟通通识教育目的以及学习成果，这很可能是因为在

2008 年之前 GMU 没有明确的核心学习成果。

在课程整体效绩方面，评议人员给出的"优秀"评分占 48%，"良好"占 23%。同时，大多数学生肯定了综合课程对提高综合知识和技能的贡献，其中 35%的学生认为贡献"极大"，33%觉得"很大"。

2010 年春季，在综合课程进行评议的同时，GMU 的教师教学发展中心举办了 CTAC 教师学习班，教授综合课程的八名教师自愿参加了学习班，并提交了自己的课程档案。评估办公室进一步分析了课程档案的评分，对比了参加过和没有参加 CTAC 学习班的两组教师，发现前者能更有效地教授写作能力和批判性思维能力。参加 CTAC 学习班的教师在以下几个方面比其他教师得分更高：①向学生阐明综合课程的学习成果；②课程结构和程序有助于学生达到综合课程的学习成果；③课程整体效绩。此外，评议人员还选出了四门优秀综合课程，这四门课全部由 CTAC 教师教授。

5.3 批判性思维评估结果

评议人员认为在学生学习成果的要求上，大学三年级和四年级课程应有所不同。三年级的综合课程里，大部分学生表现出的水平应该为"中级 1：初具能力"；四年级的课程中，大部分学生的水平应为"中级 2：具有较强能力"。因此，在分析和汇报批判性思维能力的评估数据时，三年级和四年级的课程要分开处理。

GMU 的"批判性思维发展量规"包括九项标准，总体来说，在以下四个方面学生得分相对较高：解释问题，自主思维，选择和使用证据、依据，识别背景和假设的影响。学生作业样本在以下三个方面得分相对较低：承担风险，创新思维，联系、综合和转化。四年级课程在两个方面的得分显著高于三年级的课程：承担风险和联系、综合和转化。不论哪个年级，每一个标准都有一些学生达到"高级"水平。除了承担风险，在其他各个标准，大多数三年级的学生都达到了"中级 1"的水平。但是，四年级课程所期望的结果，即大多数学生在所有标准都达到"中级 2"的水平，却没有达到。这一结果可能是由于综合课程中，无论哪个年级的课程，往往同时有大三和大四的学生修课，而一些学生作业样品没有学生姓名或标记，因此不能按照学生的年级进一步分析数据，这将在今后的评估工作中加以改正。

6 改进通识教育

通识教育与批判性思维的评估带动了一系列重要的举措，促使 GMU 建立一个更加有效的学习环境，这包括教师专业发展机会、课程开发资金、通识课提案和批准程序的修改、通识教育委员会对通识课程大纲的审查。这些举措的核心是保持教师在通识教育中的领导作用和所有权，提升通识教育质量。为了实现这些目标，教务长办公室提供了大量财政资源，用以资助课程重新设计和教师津贴。在评估和改进工作中，主要行政办公室之间的协作，即本科教育办公室、评估办公室和教师教学发展中心，是管理这些活动并评估其有效性的基础。

6.1 教师发展

长期以来，GMU 使用评估结果确定教师发展的方向。例如，2006 年和 2007 年进行的批判性思维能力的评估结果表明，GMU 需要将批判性思维广泛融入本科课程。2007 年下半年，教务长资助了跨课程的批判性思维项目（CTAC），由教师教学发展中心和评估办公室共同管理。CTAC 旨在支持教师设计作业、教学项目和专业，培养学生批判性思维的能力。以此为目的，在 2007 年至 2009 年间，CTAC 经常组织教师参加批判性思维教学的学习班，资助教师修改和开发课程，把批判性思维明确地融入学生作业、讲座和学生学习的评估中。

2010 年春，为了提高对新的综合课程学习成果的认识，加强综合课程在培养学生批判性思维能力的核心作用，CTAC 与本科教育办公室合作，组织了第一期 CTAC 综合课程教师学习班，除了教师教学发展中心和评估办公室的工作人员以外，有八名教师自愿参加。每名参加 CTAC 学习班的教师都得到了额外津贴，他们在学期中定期开会，完成指定的阅读功课，交流教学方法，互相点评综合课程的作业；他们还制定了批判性思维的定义，设计了新的批判性思维能力的评估量规，完成了自己的课程档案，并在学期结束时参加了批判性思维的评估。2010 年的评估结果清楚地表明，CTAC 学习班在以下几个方面取得了成功：参加 CTAC 学习班的教师在课程中更有目的地、更系统地教授批判性思维，更有效地向学生阐明综合课程和批判性思维的学习成果，他们设计的评估批判性思维能力的作业更具有创新性和有效性。由于第一期学习班的成功，第二期CTAC教师学习班在2011年春季举办，有10名教师参加。

6.2 课程开发资金

GMU通识教育评估的另一个结果是建立了专项拨款，每年大约十万美金，由教务长办公室和通识教育委员会指导使用，用以支持本科教育教学法的创新。该项目叫SEGUE（Student Engagement Grants in Undergraduate Education，即本科教育学生投入资金），用来资助课程重新设计和其他的改革想法，解决通识课大班授课时学生参与不足的传统问题：例如，单一使用以知识为基础的多项选择题考试，将其作为评估学生学习的唯一方法。2011年春季，GMU批准了第一批八个SEGUE项目，每个项目都包括评估计划，在第二年夏天就会看到这些项目对学生学习成果的影响。通识教育委员会将与评估办公室合作，共同评估SEGUE项目。

6.3 校园文化的改变

影响最为深远，同时也最难衡量的就是校园文化的改变。近年来，随着GMU逐步明确博雅教育和通识教育的价值，向教师、特别是向学生阐明博雅教育和通识教育的目的，校园文化也开始改变。在开展第一轮的课程档案评估时，一些参与评估的教师（其中包括通识教育委员会成员）“惊讶”地发现他们教授的课程是通识教育课程。现在，这种惊讶程度应该会显著下降。就像历史系系主任所说的：“教师更加清楚地认识到，在教学大纲和作业中，他们要将课程的学习成果和通识教育量规（即学习成果）明确地联系起来。”用社会学系的一名资深教师的话来说：“在学期的第一天，我强调这是一门通识教育课程，给学生看课程目录中的课程简介，然后详细讲述通识教育是什么，最后强调博雅教育注重学习如何思考，特别是批判性思维，而不是学习‘事实’本身，因为事实常常发生变化。”

在几个通识教育领域，通识教育委员会修改了课程审批表。新的审批表包括相关的通识教育领域的学习成果，要求课程学习成果与之对应。在提交新的通识课提案时，各系不仅需要提供教学大纲，同时也要回答一系列问题，例如：提交的课程和哪些通识教育的学习成果相对应？课程中的哪些作业可以让学生展示课程涉及的学习成果？当委员会评议课程提案时，他们的讨论往往集中在课程的潜力，即课程是否能有效地教授相关的通识教育学习成果。有一次，委员会有条件地批准了一门课程，允许系里试点新课程，但是要求在试点学期结束时，系里必须提供一个课程档案供委员会最后审议批准。新的学习成果和评估的结果极大地激励了通识教育委员会成员，委员会进一步决定，对所有已获批准的通识课程的教学大纲进行审查，检查课程是否与相关的通识教育领域的要求相一致。

围绕通识教育的GMU校园文化正在逐步改变，这归因于三个主要驱动因素：①GMU更清楚地阐明通识教育的使命，越来越重视批判性思维能力的培养；②前所未有的跨学科教师之间的对话，教师制定了学生学习成果，然后对课程档案进行同行评议；③评估过程中向教师、系主任、院长提供明确可行的反馈意见与建议。目前，专业评估人员所面临的挑战是将这些变化系统地进行整理和存档，同时建立通识教育教师资源网站，展示课程档案评估中发现的最佳实践方法。GMU相信，在下一轮通识教育评估中（每个通识教育领域每五年评估一次），GMU将展现出更有效的学习环境，帮助学生更好地取得通识教育的学习成果。

参考文献

[1] Office of Institutional Assessment, George Mason University. Eye on Assessment: General Education Assessment at Mason[DB/OL]. (2009). http://masoncore.gmu.edu/assessment/assessment-results/.

[2] Office of Institutional Assessment, George Mason University. General Education Assessment Results: Synthesis[R/OL]. (2011). https://assessment.gmu.edu/wp-content/uploads/2013/04/GMU-Gen-Ed-Assessment-Report-Synthesis-2011.pdf.

[3] Office of Institutional Assessment, George Mason University . General Education Assessment Report: Critical Thinking[R/OL]. (2011). https://assessment.gmu.edu/wp-content/uploads/2013/04/GMU-Gen-Ed-Assessment-Report-Critical-Thinking-2010.pdf.

[4] Office of Institutional Assessment, George Mason University. In Focus: General Education Assessment Report in Arts, Literature and Western Civilization[R/OL]. (2010). https://assessment.gmu.edu/wp-content/uploads/2013/08/In-Focus-2010-Gen-Ed-Assessment-final.pdf.

（本文根据乔治梅森大学2011年向通识和博雅教育协会提交的申请整理、修改而成，原稿由周莹、Karen Gentemann和Rick Davis撰写。）

NSSE 问卷实施及结果在质量提升中的应用

How to Conduct NSSE Survey and Use the Survey Results in Quality Enhancement System of Higher Education

刘小燕 博士
院校研究办公室副主任
美国巴克内尔大学（Bucknell University）

摘要 本文以 NSSE 问卷为例，阐述了如何实施学生调查问卷以及如何在高校质量提升体系中分享和运用问卷结果，并以巴克内尔大学为案例，阐述如何通过六个方法的结合，最大化地发挥 NSSE 问卷的功效。本文介绍的六个方法包括：①广泛分享问卷结果和撰写个性化报告；②NSSE 当年数据在不同群体中的比较和与多年数据比较；③NSSE 数据使用和大学认证评估和质量提高相结合；④NSSE 问卷和其他问卷研究相结合；⑤NSSE 数据结果分享和视觉化图表相结合；⑥NSSE 问卷结果在决策制定和改变中的作用。

Executive Summary Using NSSE as an example, the chapter describes how to conduct a student survey and how to share and use the survey results in quality enhancement system of higher education. As a case study done by Bucknell University, the chapter shares six practical tips and recommendations to make student engagement results more meaningful in improving quality of student experience in higher education. The six tips are: ① sharing survey overall reports widely and producing customized reports; ② comparing NSSE results within survey completers who did the survey in the same year and making multiple years' comparison among completers who did the survey in different years; ③ using NSSE in accreditation, evaluation, and quality enhancement system; ④ combining

NSSE survey with other surveys; ⑤ visualizing NSSE numbers and results; and ⑥applying NSSE results in data-driven decision-making process.

1 引言

在高校质量提升中，大学可以利用大学生调查问卷搜集丰富的信息为高校学生管理、质量评估、高校认证，以及决策制定提供有效的证据。这种自评问卷通过搜集学生各方面的信息来评价高校的教育质量，是目前美国大学在质量提升体系中普遍使用的一种方法。如何有效地实施调查问卷和使用调查结果并不是一蹴而就的，它包括一系列的步骤。例如在问卷实施的初级阶段，实施者应明确调查目的并提出有效的研究问题；在问卷实施的准备阶段，应清楚了解在选的所有问卷性质和内容，筛选正确合适的问卷使用；在执行阶段选择合理的方法进行问卷调查；在问卷调查结束后能根据研究问题正确使用和分析数据并广泛有效地分享研究结果。本文首先简单介绍了学生调查问卷的分类和选择，再以全美大学生学习投入性调查问卷（National Survey of Student Engagement，NSSE）为例，阐述如何在高校正确实施问卷调查，如何做到六个方面的结合有效分享问卷调查结果来帮助院校了解情况并制定相应的质量提升的战略规划决策。

2 学生调查问卷的分类和选择

根据学生调查问卷来源，可以把问卷分为出版问卷和高校自编问卷。使用自编问卷的最大原因之一在于节约经费，然而自编问卷对设计者要求较高，需要设计者本身有相关经验并且能投入大量的时间进行问卷编制[1]。因而在经费允许的情况下，一般还是建议使用已经出版和广泛使用的问卷。在通常情况下，这些已经出版的问卷具有较高的效度和信度，使用者也已经总结了非常丰富的经验，他们的研究结果在高校质量评估中也起了非常重要的作用。琳达·苏斯基曾指出，与自编问卷相比，使用出版问卷拥有更多的优势[2]。例如，出版问卷可以让使用者超越自我封闭的壁垒，人们可以运用它建立基准来和其他院校的学生进行比较；建立在出版问卷的结果比建立在自行设计的问卷上的结果更为读者信服并接受；出版问卷的问题设计涵盖面更广；出版问卷编订者有更多的时间和资源检阅问卷的信效度，他们所做的研究比自编问卷更加缜密；使用出版问卷和出版商撰写的总结报告可以节省问卷编制和数据分析时间，进而提高高校的工作效率。

最近的研究揭示了学生问卷调查中非认知因素对学生大学成功有重要影响。学生的动机、自我约束和社会投入性是预测学生大学成功，尤其是大一学生的保留率（retention rate）最有效的三个因素[3-4]。目前美国高校质量评估中已广泛使用非认知测验问卷测试学生的目标、经验、动机、投入性、满意度和未来的求职就业和再教育规划。大学可以使用这些非认知学生调查问卷来预测学生学术成就、保留率、毕业率，并对得分较低的学生进行早期干预。美国比较知名的这类全国性大学生调查有：由 Noel-Levitz 出版的“大学学生问卷”（College Student Inventory）和“学生满意度调查”（Student Satisfaction Inventory），William Sedlacek 出版的“非认知测验问卷”（Non-cognitive Questionnaire），美国印第安那大学出版的“全美大学生学习投入性调查”（National Survey of Student Engagement，NSSE）和“新生学习投入性调查”（Beginning College Survey of Student Engagement），美国加州大学洛杉矶分校高等教育研究中心（Higher Education Research Institution）出版的“大学新生问卷”（Freshman Survey），“大学大一学生问卷”（Your First College Year Survey）和“大学大四学生问卷”（College Senior Survey）。

面对浩瀚众多的出版问卷，选择使用哪一类学生调查问卷进行质量评估取决于多方面的因素。首先要考虑测试的目的。使用问卷调查之前需要明确为什么要进行问卷调查，通过问卷调查需要回答什么问题或者测试什么学习目标，所选择的问卷当中是否包括这些问题。其次要考虑资源的调配，根据调查目的结合自身院校特色，筛选合适的问卷。在开始进行测试时，除了考虑问卷质量和询问的问题外，还要考虑问卷的长短是否适宜。人们往往不太愿意回答太长的问卷，长问卷可能导致较低的问卷回收率。有些问卷除了提供标准问题外，还允许院校加入一些自己想要询问的问题。例如美国高校数据分享联盟会（The Higher Education Data Sharing Consortium）编制的“校友问卷”（HEDS Alumni Survey），除去询问校友大学教育体验和大学对于他们批判思维能力、问题解决能力和求职就业的影响外，还允许院校加入一些自编问题。一般的标准问卷应该在 15～25 分钟之内可以完成。校方在选择使用什么问卷时可以考虑在维持适当问卷长度的前提下，加入一些更有针对性的自编问题。再次，问卷的选择还要考虑谁是将要锁定的问卷调查对象，选择合理的抽样和调查方法，考虑调动合理资源收集到所需要的数据。有些问卷价格昂贵，只适合小规模抽样并使用传统的纸笔测验，有些问卷可以运用网络测验大规模的使用。但是两种不同的调查方法对于问卷回收率都有影响。网络测验可以在不同的时间地点调查到更多的信息，但是因为缺乏对时间和地点的约束，网络测验问卷回收率可能会比使用传统的纸笔测验回收率低[5]。问卷的选择最后还需要考虑被选问卷研究结果将来是否具有价值，预期结果将会如何呈现使用，以及可能带来的决策改变。高质量的全美性调查问卷一般提供基准来和其他同等院校的调查结果进行比较。如果预选问卷将来的结果不会对院校改革或提高学生学习生活有任何影响帮助，那么这个预选问卷就不是一个好的选择。苏斯基建议大家在选择使用什么样的问卷调查时应该思考以下七个问题[2]：

（1）该问卷是否测试了我们认为重要的部分？

（2）该问卷是否测试了它声称要测试的部分？

（3）学生是否有充分的理由来参加这个调查并且严肃认真地回答其中的问题？

（4）该问卷是否能帮助我们回答学生在学什么和为什么而学？

（5）该问卷是否是测试学生学习多种方法中的一种？我们是否还能收集到其他证据来证实问卷调查的结果？

（6）该问卷调查的结果是否能帮助我们提高学生的学习体验？

（7）我们是否有信心运用该问卷调查结果来帮助我们做出新决策？

3　全美大学生学习投入性调查

学生投入性（Student Engagement）代表大学质量的两个重要方面。一方面是学生在学习和以教育为目的的相关活动上投入的时间和努力。第二个方面是院校如何使用资源组织课程和其他学习机会让学生参与和学生学习相关的活动。美国印第安那大学出版的“NSSE 问卷”在测量学生学习投入性和美国高校发展规划中有非常广泛的运用，它每年在上百所四年制的大学里收集大一和大四学生的就读经验和参与活动的信息，这些调查结果将帮助院校了解学生如何使用他们的时间和在大学学到了什么。从 2000

年起，大概有 1 600 多所美国高校高达 500 万的学生完成了 NSSE 问卷。在 2015 年，587 所四年制大学，包括一些加拿大的高校在内，323 801 名学生参加了问卷调查。

NSSE 项目成立和发展基于三个重要的目标：一是给院校提供可以用来提高本科教育高质量并具有执行力的数据；二是在高等教育中记录并发现有效的教育实践；三是提倡公众接受并运用实证方法评价大学质量[6]。有关 NSSE 问卷编制，问题内容，和问卷信效度的检验，在 NSSE 官方网络上面有很多详细的介绍[7]。本文着重介绍应该如何在高校规划和质量提升中开展 NSSE 问卷调查并运用 NSSE 问卷结果。

NSSE 大学生问卷调查是学生学习的间接测量，收集五方面的关于学生学习参与、满意度以及个人背景的信息（图 1）。

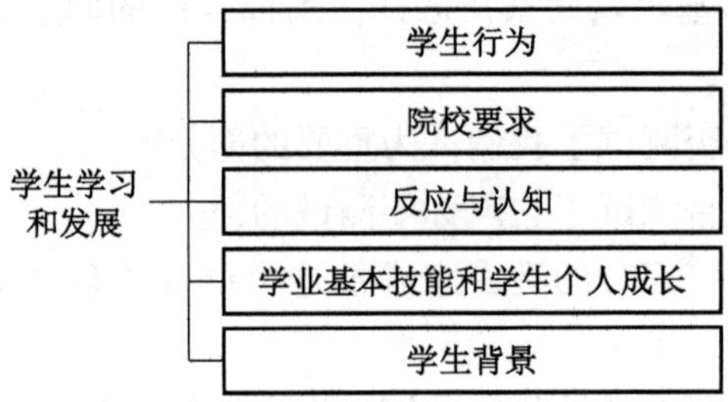

图 1　NSSE 问卷维度图[6]

（1）学生行为：询问学生是否参与以教育为目的的活动。例如和同学教师的互动，参与辅助课程和其他活动投入的时间，是否参加学习社区；大四学生是否参与了老师的研究课题、社区活动、海外学习和实习等；大一学生是否已经参与或计划参与学习社区，社区服务活动和老师的研究课题等。

（2）院校要求：院校对学生提出的课程要求，例如院校要求学生在阅读和写作上面花费的时间和考试及课程安排。

（3）反应与认知：询问学生对校园环境的认知，对院校的满意度，还有院校如何帮助学生学业成功或加强师生关系。两个 NSSE 问题直接测量学生的满意度：你如何衡量你在这个院校的整体体验；如果你可以重来一次，你是否仍然会选择你目前就读的院校。

（4）学业基本技能和学生个人成长：询问学生批判性思维、人际交往能力、学科能力和知识是否有所增长。

（5）学生背景：提供学生的个人背景信息资料。学生要求回答他们的性别、年龄、种族、年级、专业、是否加入兄弟姐妹会、父母受教育背景等。

这五方面的内容又可以进一步归类成两个大类，一个是学生的观点、感知和态度，另一个就是学生的个人背景信息资料。由于个人背景信息资料是学生的自我报告，一些信息有可能并不准确，例如，有些学生会误报自己的年龄，院校办公室有时就需要把问卷数据和院校数据互相比较来核实调查问卷数据的准确性。问卷调查最重要的部分是学生的观点、感知和态度。但必须注意的是，问卷分析的结果都是源于学生的感知与自我报告，并不都是全部的事实和真相，因而问卷调查的结果必须联合其他的量化和质化研究结果一起分析考虑才能给院校决策呈现一个完整的画面[1]。

通过分析学生对一些互相有关联问题的回答，NSSE 于 2013 年总结了测量 47 个问卷项目的 10 类投入性因子（Engagement Indicator）：高层次学习（Higher-order Learning）、反思和整合性学习（Reflective & Integrative Learning）、学习策略（Learning Strategies）、量化推理（Quantitative Reasoning）、合作性学习（Collaborative Learning）、与多样化群体讨论（Discussions with Diverse Others）、学生老师互动（Student-Faculty Interaction）、有效的教学实践（Effective Teaching Practices）、互动质量（Quality of Interactions）和支持性环境（Supportive Environment）。与此同时，NSSE 还着重介绍了高因素影响实践活动（High-Impact Practices，HIPS）。HIPS 和学生的深度学习，学科挑战水平，合作性学习，老师学生互动和支持性环境呈正相关[8]。NSSE 把以下几类活动都归类为 HIPS：①参与学习社区或参与学生学习生活正式团体；②参与实习，实践或学生教学；③参与海外学习项目；④和老师一起做研究课题；⑤完成高年级的顶点课程，高年级综合经验，毕业论文，综合考试，综合文档整理；⑥曾经修过多少包含了服务性学习的课程。所有的 HIPS 活动有共同的特质：它们要求人们付出额外的时间和努力，在课堂之外帮助学生学习，要求学生和老师进行有意义的交流，鼓励学生与自己不同背景的学生进行交流合作，并且提供实质性的反馈。因而，参与高因素影响实践活动可能是改变学生一生的活动习性。NSSE 主任乔治·库赫（George Kuh）[6]推荐院校应该鼓励所有的学生在本科学习阶段参与至少两项高因素影响实践活动，一项可以安排在大一期间完成，另一项可以安排在他们专业学习阶段，如大三或大四。

4 NSSE 问卷的实施和报告

从筹划实施 NSSE 问卷调查到最后问卷报告的发布通常需要一年时间。夏季的 6 月到 9 月，院校可以根据自己的要求开始进行问卷的注册工作。目前比较流行的做法是每三年实施一次 NSSE 问卷，这样可以留下比较充分的时间分析数据和撰写问卷报告，并利用研究结果制订效绩改进实施计划。

NSSE 的官方网站提供了很多有用的培训资料和视频帮助大家了解问卷内容并学习怎么在校园内实施 NSSE 问卷调查。提高问卷回收率是实施调查问卷的一项极具挑战性的工作，需要了解自己的学生并动员有关办公室提前讨论和计划有效的问卷推广方法来实现。一般来说女学生似乎更加愿意参加调查，但是研究者发现学生年级、性别，或种族不是影响问卷回收率的决定因素，问卷的调查内容和方法对学生决定是否接受问卷调查的影响更大[9]。目前比较常用的提高回收率的方法有分发传单，海报，在校刊上刊登新闻，运用校园电视和电子牌。为了调动问卷调查的参与性，院校可以针对自己的资源特点使用不同的奖品进行激励，例如许诺参与者抽奖，赠送特制的 T 恤衫，纪念品，或给予礼物券作为奖励。有些院校发现有效地利用社交网站，比如在脸书（Facebook）和推特（Twitter）上面建立账号并动员学生参与问卷调查也是一个有效的方法。由于调查问卷是快速收集信息的方法，学生有可能在同一时间会收到好几份调查问卷，学生被过度调查（survey fatigue）导致了主要问卷的回收率低下。高校应采用一些行政手段，调控全校问卷实施时间，在规定时间内只允许向学生分发一份主要问卷，对于提高问卷回收率也十分有帮助。以笔者工作的巴克内尔大学（Bucknell University，以下简称“巴克内尔”，图表中简称 BU）为例，2014 年，我们着重分发了 NSSE 问卷并在同一时间限定其他问卷在全校实施，网络 NSSE 问卷回收率由 2011 年的 32%上升到 2014 年的 53%。

秋季和冬季可以准备好受访学生数据和落实问卷实施时间和计划。传统纸笔测验正被网络测验代替，因而在准备大一和大四学生数据时，除提供学生的背景资料，例如年级、学号、性别和种族外，准确的学生电子邮箱账号也要一起递交。NSSE 在第二年春季开学后根据确定的问卷实施时间将运用这些电子邮件信息和学生直接联系。NSSE 为校方提供调查问卷邀请函和问卷提醒信的模板并向学生发送四至五次邮件。第一封邮件一般是经校方修改并确认的问卷邀请函，第二到第四或第五封邮件只发给没有参加问卷调查的学生提醒他们完成问卷。在问卷实施期间，校方可以用 NSSE 提供的账号登录 NSSE 网站查询每日问卷回收率。在问卷实施结束后，校方不仅可以在网站上面查询总问卷回收率也可以开始考虑选择哪些院校作为同等院校进行基准比较并根据 NSSE 的专业分类完成课程专业的划分，为问卷的最后报告发布做好准备。全校的整体报告和数据一般在 8 月份会发送到院校的相关办公室，但是和专业相关的更具体的报告需要到 10 月份才能获取。所有的问卷结果都根据学生的年级，大一或大四，进行比较。

在 2013 年版本得到进一步更新后，NSSE 的全校性报告一般包括以下几个方面。

(1) 问卷实施总览：该报告总结问卷施测情况，包括总体人数、样本大小、问卷回收率、问卷实施情况和样本的代表性。

(2) 快照报告（Snapshot Report）：该报告利用四张纸的版面总结了 NSSE 问卷结果，包含了投入性因子、高因素影响实践活动、学术挑战、NSSE 项目比较、学生经验评价、学生满意度、回收率和问卷介绍。

(3) 问卷结果频率和统计分析报告：该报告列出了学生对问卷所有项目的回答和统计比较。利用该报告，院校可以和其他同类院校的学生进行总体比较并发现学生的相同和不同之处。

(4) 投入性因子报告：47 个问题根据内在的关联性，被划分为 10 个投入性因子。每个因子都能提供有价值的信息来了解学生投入性的某个独特方面。

(5) 高因素影响实践活动报告：该报告总结了大一学生的三个 HIPS（学习社区、社区服务和与老师一起做研究项目）和大四学生的六个 HIPS（学习社区、社区服务、与老师一起做研究项目、实习实践、海外学习和高年级综合经验）。

(6) 问卷参加者报告：该报告总结了问卷参加者的人口统计学信息，例如性别、种族、专业、成绩和父母受教育程度等。

(7) 基于专业的比较报告：NSSE 允许院校自定义十类专业，该报告按照不同的专业列出问卷调查院校与同等院校在十个投入性因子，高因素影响实践活动，具体项目的频率和统计分析，和问卷参与者人口统计学信息进行比较。

5 NSSE调查结果在高校发展规划和质量评估中的使用

因为NSSE关注学生的行为和有效的教育实践，高校已经在以下很多实践领域方面有效地使用了NSSE调查结果来提高本科教育和质量评估[10]。

（1）问责制

美国问责制自主系统（Voluntary System of Accountability Program，VSA）给全美公立院校提供展现问责制和数据透明的平台。它公布大学经费如何运用，展示学生进步和成果，并提供可比较的信息分析大学生大学体验和投入性。到2016年为止，全美已有275所公立院校参加VSA。NSSE问卷内容不仅涵盖传统的满意度调查问题，还询问了学生如何参加课内外的活动和他们的投入性。NSSE已经被VSA选择成为评价学生大学体验的四种测评问卷之一，许多VSA参与院校使用NSSE来完成问责报告。

（2）高校认证与自我诊察（accreditation and self-studies）

NSSE结果已经广泛运用在高校认证和自我诊察的材料中，下文以中部高等教育委员会认证为例，解释了如何在认证中使用NSSE结果。

（3）高校拓展（institutional advancement），校友联谊（alumni outreach）和州政府工作检查（state system performance review）

很多院校把NSSE结果公布在网上和录取学生、潜在学生、学生家长、媒体、州政府、研究者和其他对本校发展状况感兴趣的集体和个人进行分享。NSSE在2014年对159所参与NSSE的高校对如何和外界分享NSSE结果进行了问卷调查。该结果显示，70%的院校把NSSE结果和高校认证机构分享；30%的院校把结果和潜在学生和学生家长分享；9%的院校把结果和校友分享并促进校友之间的联系；22%的院校和州政府分享NSSE结果；11%的院校和媒体分享结果提高院校知名度[14]。

（4）基准，评价和改进（assessment and improvement）

参与NSSE问卷的另一个优点在于可以在参与调查的全美院校中选择同等院校进行基准比较。院校不仅可以运用NSSE十类投入性因子，高因素投入因子和具体项目评分与同类院校进行外部比较并可以和本校不同学院、学科和不同学生群体之间进行内部评价，发现优缺点并拟定调整相应政策巩固现有优势，改变弱势加以提高。

（5）和校内校外有关负责人员交流

NSSE报告可以在校内外根据不同对象进行广泛分享，校内外负责人对于问卷结果可以展开深度讨论并了解问卷。快照报告可以快速传达结果，让相关人员利用基准比较讨论本校学生和同等院校学生在学习投入性上的表现。

（6）教职工的发展

学生投入性的提高和教职工的参与性的提高密不可分。随着对NSSE问卷的更多宣传，更多的教职工表现出对NSSE问卷结果的浓厚兴趣。院校办公室运用NSSE问卷可以帮助教职工更加了解学生在不同活动中的投入性情况，以帮助他们更好地向学生提供帮助。一些教职工甚至使用NSSE结果开展相关的研究，例如把学生投入性和海外学习、学习社区和保留率联系起来并运用NSSE结果进行阶段性项目评估。

（7）通识教育改革（general education reform）

通识教育给高校教育成果的发展奠定坚实的基石，院校可以运用NSSE问卷中包含学校通识教育的相关问题，例如批判性思维、表达能力、整合性思考、量化推理能力和写作来评价通识教育的情况。

（8）院校研究

开展NSSE问卷调查并对问卷数据进行数据分析，研究和分享结果是院校研究的一项非常重要的工作，下文将会具体阐述如何使用NSSE进行研究。

（9）保留率（retention）

如前文所述，学生的动机和投入性是预测学生保留率非常有效的因素[4]。NSSE投入性在保留学生和非保留学生中的比较，给学生、老师和校方对于解释学生为什么辍学或转学提供深层全面的理解。

为了在上面介绍的这些实践领域中更好地利用NSSE结果，我们可以从下面阐述的六个方法出发进行一些突破性的工作。

5.1 广泛分享问卷结果和撰写个性化报告

面对众多的NSSE结果报告，在规划如何有效地分享结果，使结果能有效地传递，并帮助今后的院校决策之前，首先要做的工作是确认数据的质量和准确性。前文提到的问卷回收率是一个很重要的质量指标。通常，回答的人数越多，数据的质量越高，抽样的误差越小。并且，建议进行数据比较以判断回答问卷的学生样本是否可以有效地代表整个群体。

在确保数据质量的前提下，院校研究办公室可以根据问卷调查目的做好分享结果报告的时间计划表，内容可以包括：可能的调查结果、结果发布的时间和通过何种方式分享结果。问卷结果分享的方式与使用群体有很大的关系，需要着重考虑谁将会是问卷结果的使用者。每个院校有不同的使用者清单，一般来说，问卷结果的使用者包括如下几类人员：①与学生服务相关联的部门，包括学生职业指导中心、学生活动和心理咨询中心、学生财政资助办公室、学生宿舍管理中心和教务处；②与学术学科相关的部门，例如各级院长系主任、教师、院系办公室、课程委员管理会；③与活动设施相关的部门，例如图书馆、运动中心和餐饮部门；④与行政相关的部门，例如校长、副校长办公室和各个学院办公室等[4]。锁定好问卷结果分享的群体后，就可以有针对性地制订不同的结果分享计划表并分发到领导办公室和各个学院。

问责制在美国高等教育中的重要影响之一在于数据信息要求公开化透明化，这就要求相关办公室广泛化地分享问卷结果。一般来说，广泛分享问卷结果的第一种途径是在院校或各个学院做 NSSE 调查问卷展示，帮助老师、学生和领导了解 NSSE 的历史，院校开展问卷调查的目的，问卷调查内容，投入性因子的概念，高因素影响实践活动的定义，问卷结果和院校使命和办学宗旨的联系，同类院校的挑选，以及本校的问卷结果与同类院校结果相比的异同。在问卷展示当中，可以直接运用 NSSE 结果报告中的许多图表，特别是快照报告当中的一些总结性图表。因为讲座面向大多数群体，他们当中可能很多人没有接触过 NSSE 问卷，也没有很多的统计分析训练背景，所以展示以科普推广和通俗易懂为目的。

分享结果的第二种途径是和 IT 办公室合作把问卷结果发布到院校或院校研究办公室的网站上面。网站结果发布有很多不同的形式。可以选择把问卷本身和所有问卷结果报告发布到网上，也可以有选择性地发布部分总结性报告；可以选择把问卷结果向所有公众公开，也可以选择网络加密方式只向本校的学生和员工公开；可以选择建立网络文件链接，下载 Word 或 PDF 为主的方式，也可以选择更互动的网上仪表盘（online interactive dashboard）的方式。在巴克内尔，我们既选择传统的网络 PDF 或 Word 为主的网络文件链接方式，把问卷和主要问卷结果发布到网上，也运用了网络互动仪表盘。在互动仪表盘中，问卷的结果可以跟随阅读者选择的学生专业、学院、性别、种族和父母受教育程度的不同而进行相应的自动改变。例如，人文学院的院长在使用互动仪表盘时，可以在学院栏中选择人文学院，这时网上的结果就只显示人文学院学生的结果。

分享结果的第三种途径是联系不同学院的相关工作人员开展培训工作。培训可以在电教室开展，培训内容包括如何使用 NSSE 提供的网络自我报告创建板（report builder）[11]。报告创建板允许使用者选择不同的标准最后完成自己所需要的报告。

分享结果的第四种途径是针对接受报告结果的不同组织和学院发送不同的报告。由于问卷的题目众多，如果全部罗列数据结果，并且发送长达几十页的报告给不同的院系，效果往往不好。对于众多的回答选项，在撰写报告时可以考虑把它们融合成更少的选项，比如可以把“频繁”（very often）和“常常”（often）合并成“经常”（frequently）。把冗长的选项融合成更少的选项可以帮助人们更快的阅读报告并找到有兴趣的发现。当分享基于专业的比较报告时，也可以针对不同的学院和专业分享报告。比如和管理学院的院长分享简短的管理专业学生的报告比分享冗长的全校报告更有吸引力。院校办公室还可以举办 NSSE 午餐思想分享会，邀请相关的工作人员参与并讨论调查研究结果。根据资源制定分享的次数和不同的讨论主题，每次可以邀请相同的参与者也可以根据讨论的主题邀请不同学院的参与者。

分享结果的第五种途径是针对不同需要撰写个性化报告。总结性报告往往只能给人们看到问卷结果的全貌，如果想要更加具体地回答一些问题或给出更有针对性的指导，必须根据需要撰写个性化报告。例如，NSSE 十个投入性因子报告主要针对全体大一和大四问卷参与者提供总分。决策层对于十个投入性因子在不同学生群体之间的比较提出一些疑问：比如是否少数民族裔在老师学生交往因子和与多样化群体讨论因子中评分低于多数族裔；男生是否在量化推理因子上面比女生做得更好，女生是否比男生有更高的学生老师互动性；参与学习社区的学生是否比不参与者在反思和整合性学习因子，学习策略因子，和合作性学习因子上面做得更好；兄弟姐妹会参与者是否比非参与者在合作性学习因子上做得更好；接受联邦政府经济支持的学生比没有接受的学生在支持性环境因子上面是否评分更高。为了解决这类疑问，院校研究办公室运用独立样本 T 检验的方法展开了十个因子投入性在大一和大四学生不同群体中的显著性差异研究。表 1 显示了部分比较结果，巴克内尔大学大四学生在量化推理和合作性学习上的得分整体显著高于同类院校；大四女生在众多投入性因子中，包括学习策略、量化推理、学生老师互动、有效的教学实践和互动质量和支持性环境，比分显著性高于大四男性；其他群体之间没有显著性的区别。院校办公室根据研究的结果撰写了个性化报告并与老师和决策层分享研究发现。

表 1　大四学生不同群体在投入性因子上显著性比较结果一览表①

投入性因子	巴克内尔	同类院校	女性	男性	少数族裔	白人	第一代大学生	非第一代大学生
高层次学习								
反思和整合性学习								
学习策略		***	***					
量化推理	***		***					
合作性学习	***							
与多样化群体讨论								
学生老师互动			***					
有效的教学实践			***					
互动质量			***					
支持性环境			***					

以上结果分享的五个途径综合了传统和现代的方法，不仅可以满足广泛分享问卷结果的需要，还可以满足其他个性化的不同需求。这五个分享途径并没有先后之分，可以根据自己院校的特点和需要一起进行。虽然 NSSE 报告设计初衷是为了广泛的使用，但是如何运用这些数据与结果却不是一个自发的过程。选择正确的方法，使得结果的分享传达能引起广泛的讨论，取得院校重视并影响决策是一个长期并且充满挑战性的过程。在结果分享中，预先准备一些问题，让大家带着问题进行问卷结果的探讨效果会更好。例如，询问参与者学生是否对教职工工作满意；和同类院校相比，学生做得如何；对于学生受教经验，老师最感兴趣的有哪些环节；本

① 统计显著性通过 * 表示，** $p<.01$，*** $p<.001$. 有 * 的组在投入性因子上面得分显著性高于对照组。

校目前面临的首要问题是什么，这些问题和 NSSE 的问卷结果是否有什么联系；参与者对学生参与学习实践的预期是什么，这些预期和学生在问卷中的回答结果是否有差异；如果差异存在，我们可以通过采取什么方法来弥补差异。

5.2 NSSE 当年数据在不同群体中的比较和与多年数据比较

收集学生投入性数据的主要目的之一是寻找在哪些领域可以提高学生的在校经验，提高教学办学质量。同一院校学生之间的在校经验和学习成果差异往往大于不同院校之间的平均差异[12]，因而了解校内不同学生之间的差异可以更加有效地帮助校方制订计划和引导变革。问卷的结果可以在不同的学生群体之间进行比较，例如性别、族裔、专业、院系等。比较方法可以运用独立样本 T 分数检验并运用 Cohen's d 计算效应量（effect size）来判断学生之间差异的大小。同样的方法也可以用来比较本校和全美平均分数在某一维度上的评分区别。比如运用基准来比较自己院校和同类院校在同一维度或问题上的评分，进而可以判断本校在该领域处于什么样的位置。

除了运用 NSSE 当年数据在不同学生群体之间与不同院校之间进行比较外，研究者还可以运用 NSSE 进行多年数据的比较来回答很多重要的问题。很多院校基本每隔三年参加一次 NSSE 问卷调查，当院校参加超过两到二次以上的调查后，研究者就可以运用多年数据记录数据变化并追踪发展趋势。多年数据比较可以分横向比较和纵向比较（图 2）。在图 2 中，横线 A 显示大一或大四学生在不同调查年份（2011 年）和（2014 年）进行的横向比较。虽然在 2011 年参与调查的大一或大四学生和在 2014 年参与调查的大一或大四学生是不同的两个群体，并且他们的背景和人口学指标都有所不同，但这个横向的比较假设不同年份的同一年级学生能最好的代表他们的年级水平，这样的横向比较是有意义的。以巴克内尔大学为例，表 2 展示了如何运用多年数据来衡量学生在通识教育中两方面的变化。在问及院校在多大程度上帮助学生获得与工作相关联的知识和技能和帮助学生清楚有效的口头表达时，表 2 总结了回答“较大”和“很大”的学生百分比。在横向比较中，我们比较了大一/大四学生在 2008 年，2011 年和 2014 年的评分。关于问题一，在校教育是否给学生提供了与工作相关联的知识和技能时，大一和大四学生在 2014 年的评分都比往年评分要低；关于问题二，在校教育是否提高了学生口头表达能力，大四学生在2014年的评分要高于往年，但是大一学生在2014年的回答依然低于往年评分。这样的横向比较帮助我们看到同一年级学生在不同年份对同一问题的回答并比较评分的提高和下降。表2中，向下的箭头显示评分下降，向上箭头显示评分上升。除横向比较外，另外一种多年数据的比较方法是纵向比较（如图2中的斜线B所示）。这种纵向比较从大一到大四跟踪相同的学生群体。与横向比较相比，纵向比较优点在于人们可以在不同时间观察相同的学生。因为学生的性别、族裔、家庭背景、入学前经验都是一致的，比较的结果就可以放在影响学生投入性的环境因素上面。然而，这一方法的最大的缺点在于，不是所有的大一学生在三年后的大四阶段都会再一次接受调查，因此同时接受两次调查的学生数量会比较小。第三种比较方法是跨组的比较（如图2竖虚线C所示）。这种比较可以比较大一和大四学生在同一年的回答结果。因为以上提到的大一和大四构成群体不同的原因，通常不鼓励进行这一类的比较。同时跨组比较通过比较大一和大四之间的区别会夸大增值效应（value-added）。学生投入性数据并不是认知和成就测验，它代表的是一个过程，因而评分不一定会随着时间逐步增加，它所测量的是学生在某一个时候在某一个课程或院校环境中的体验，学生在大一和大四上的不同的课程都会影响学生的体验[12]。结合以上三种情况的比较，多年数据的比较要求研究者提出十分明确并可以回答的研究问题。结合表2的例子，研究者可以提出以下研究问题。

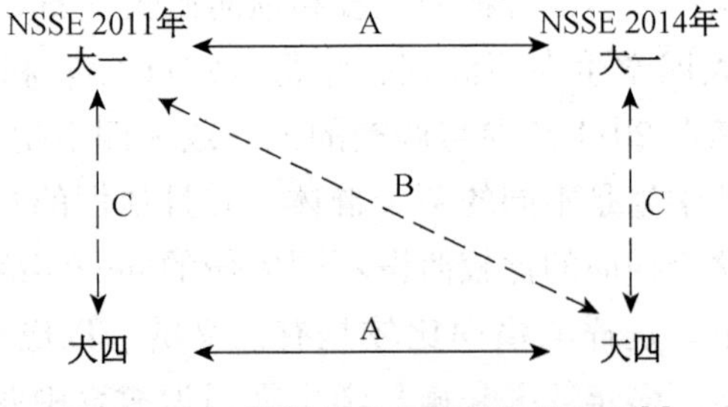

图2　NSSE问卷的多年数据比较方法[2]

（1）学生自评的通识教育水平在2008年，2011年和2014年是否一致？

（2）学生自评的通识教育水平三年的趋势变化如何？

（3）自评通识水平的变化在不同学生年级间有什么不同？什么原因导致了这样的水平变化？

表 2　NSSE 多年数据比较在巴克内尔大学运用实例

NSSE 问题（回答“较大”和“很大”的百分比）	2014 年 BU	2014 年同等院校	BU 和同等院校相比 2014 年	2011 年 BU	2008 年 BU	2014 年与 2011 年相比
	大一新生					
获得与工作相关联的知识和技能	60%	49%	↑	82%	69%	↓
清楚有效的口头表达	58%	58%	=	61%	64%	↓
大四学生						
获得与工作相关联的知识和技能	67%	55%	↑	69%	67%	↓
清楚有效的口头表达	86%	82%	↑	85%	80%	↑

5.3　NSSE 数据使用和大学认证评估与质量提高相结合

NSSE 问卷另外一个重要使用是和大学认证评估相结合。NSSE 结果可以在大学认证的各个方面都运用到，例如自我诊察，质量提高，与认证机构进行讨论，和提供证明教育效率的证据。NSSE 官方网站提供了利用 NSSE 问卷做高校认证的认证工具箱[13]，工具箱内罗列了美国各个认证机构颁布的认证标准和与之对应的 NSSE 问题。例如美国中部高等教育委员会（MSCHE）在新修订版认证条例中发布了 7 个认证标准。

表 3　NSSE 2008—2014 年问卷问题与 MSCHE 认证标准一览表实例（大一学生）①

回答频繁和常常的百分比	BU 2008 年	BU 2011 年	BU 2014 年 vs. 2011 年	BU 2014 年	同等院校 2014 年	MSCHE 认证标准
在这个学年中，你曾经以什么频率做过以下活动？						
a*. 问问题或者在课程讨论中以其他的方法做过贡献	63	72	↑	76	79	III.2a；III.5b
b. 在上交论文或作业前，准备过两份或以上的草稿	43	45		43	45	III.2a；III.5b

① 1. * 表示问卷题目在不同的测试年份中有轻微的改动。
2. 巴克内尔评分高于同年同等院校的题目用灰色标记。
3. 与 2011 年同校相比，2014 年评分高的项目标以上升箭头表示。

续 表

回答频繁和常常的百分比	BU 2008 年	BU 2011 年	BU 2014 年 vs. 2011 年	BU 2014 年	同等院校 2014 年	MSCHE 认证标准
c. 没有完成预习或作业就来上课	19	15		21	15	V
d*. 参加艺术展览，戏剧，或其他的艺术表演（舞蹈，音乐，其他）	28	35	↑	38	42	III.4；III.5a
e. 向其他学生寻求帮助理解课程内容				69	56	III.5b
f. 向其他一个或多个的学生解释课程内容				75	63	III.5b
g. 通过讨论或和其他同学学习课程内容来准备考试				70	56	III.2a
h. 和其他同学一起学习课程内容或做作业				73	55	III.2a
i*. 做课程报告	19	19	↑	41	33	III.2a；III.5b

巴克内尔位于宾夕法尼亚州，因而接受 MSCHE 的认证。巴克内尔院校研究办公室试图把 NSSE 三年数据比较，同等院校比较，和 MSCHE 的认证标准融合在一起建立调查数据和认证标准一览表，给大学的认证评估提供数据支持。表 3 列出了巴克内尔三年中大一学生在 NSSE 九个小问题中的回答情况，表中所列数据是学生回答“频繁”或“常常”的百分比。图表最右一栏显示了这些问题所对应的 MSCHE 认证标准。八个 NSSE 问题反映了 MSCHE 第三个认证标准（学生学习经验的设计和传达）中的第二条，第四条和第五条，问题 1c 反映了第五个认证标准（教育效绩测评）。问题 e，f，g，h 是 2014 NSSE 新增的问题，因而没有多年比较数据。表 3 表明，在比较 NSSE 问题和对应的 MSCHE 第三和第五认证标准的时候，本校大一学生在三个项目 a，d，i 中的评分在 2014 年比 2008 年和 2011 年都有所提高，在另四个项目 f，g，h，i 中评分比同年同等院校都更高。在项目 i 上，学生回答是否经常做课程报告的比例不仅比往年高而且比同年同等院校评分也要高。在项目 b 是否准备两份或两份以上的草稿中，本校评分不仅比往年低也比同类院校低。通过建立与表 3 相似的问卷和认证标准一览表，NSSE 问卷题目可以和认证标准联系在一起并运用到院校认证报告当中，以反映院校的长处和短处。

除了和认证标准相联系，NSSE 问卷题目还可以和各校的教育目标和策略相联系来测评学生的在校经验和提高教学质量。例如，巴克内尔除提出明确的办学宗旨外，还列有九条教育目标和五个策略目标。如何测评巴克内尔是否实现所列出的目标并了解院校的强弱点在什么地方是教育测量评价的一个重要方面。NSSE 问卷当中有很多的项目可以用来和所列出的目标和策略进行比较，比如表 4 展示了如何运用相关联的 NSSE 问题和巴克内尔三个教育目标进行多年比较。通过比较，我们发现在 2014 年学生回答“频繁”和“常常”的百分比在对应的目标一和二中，都不如我们的同等院校评分。巴克内尔在目标二中与往年相比有所进步，但是仍然低于同等院校，因而巴克内尔仍然需要加强对目标一和二的建设。在目标三中，学生汇报的百分比高于同等院校，但 2014 年评分在目标三中低于 2008 年和 2011 年，平均三年的水平在 76%左右。通过联系问卷题目和院校目标与策略，再运用多年数据和其他院校相比，就能够了解自己院校在实现目标中处于什么阶段和水平。

NSSE 问卷还可以用来作为研究工具，针对所感兴趣的问题，寻找答案发现不足并引发教职工的有效讨论来提高教学质量。例如，巴克内尔长期以来都十分关注教师对学生的指导质量，并希望能够回答下面的一系列问题：学生是否接受到了足够的教师指导？在不同的学院和学生群体当中学生接受的指导质量是否有所不同？不同师生比率的学院提供的指导是否会有所不同？在 2014 年的 NSSE 调查中，巴克内尔除参加 NSSE 的一般问卷调查外，还参加了“学术指导主题问卷”（academic advising module）。学术指导主题问卷比较简短，主要是调查学生接受学术指导的经验，包括受指导的频率、指导是否易获得、接收到的信息种类、指导信息来源和与指导老师的交互质量。院校办公室通过对问卷结果的分析发现，还没有决定专业的学生比选择好专业的学生对所接受的指导满意度更低，不同院系学生在总体上的满意度没有区别，但是在师生比大的学院学生比在师生比小的学院学生受指导满意度更低。针对指导质量在学生不同群体中存在差异的这一发现，教职工展开讨论，并提出了建议性意见来提高今后的指导工作。

NSSE 问卷还可以用来进行项目评估，提高项目质量。例如，众多研究证明了参加学习社区（learning community）对学生的发展有多重有利影响，例如提高学生的成绩，提高学生保留率，提高学生社会性发展，提高学生与老师的互动，以及鼓励学生更多地参与学术活动等[14]。为了评估巴克内尔学习社区对学生成功的影响，院校研究办公室运用了 NSSE 2014[15]调查结果结合大学数据，使用多元回归方程的分析方法[16]，比较了学习社区参与者与非参与者在一年级全年 GPA、保留率和学生的投入性上的不同。结果表明学习社区参与者不比非参与者在一年级 GPA 和保留率上面表现更好，学习社区对于这两个成功因素几乎没有影响，但是学习社区对于学生在反思和整合性学习（Reflective & Integrative Learning，RI）和与多样化群体讨论（Discussions with Diverse Others）投入性因子上有显著影响。参与者比非参与者更倾向与老师互动并参加高因素影响因素实践，因而学习社区的建立可以帮助学生在多元文化中的互动并反思整合自己的学习。NSSE 问卷在这个项目的评估中，提供了重要的数据支持。

表 4　NSSE 2008—2014 年问卷问题与教育目标策略对比一览表实例

教育目标和策略	NSSE 问卷问题（回答频繁和常常的百分比）	2014 年 BU	2011 年 BU	2008 年 BU	2014 年同等院校
目标一：通过在多元学科领域和多样化的教育经验中的学习和实践整合广泛的知识、观点和创造性的方法	2a. 完成作业时从不同的课程中整合不同的观点	75%	83%	70%	78%
目标二：学会理解人与人之间的相同和不同，最终能拥有全球视野进行学习和工作，包括理解美国和国际传统和多元文化	17h. 理解他人拥有不同背景（经济、种族、宗教、政治、国籍等）	50%	42%	45%	62%
目标三：通过学习量化、质化分析和科学推导发展批判性思维来解决复杂问题	17d. 分析数字和统计信息	73%	79%	75%	59%

5.4　NSSE 问卷和其他问卷研究相结合

NSSE 在开展院校研究、院校认证、院校测评和通识教育评价中是一个很好的研究工具。如果结合其他问卷一起使用，针对同一个主题，可以从多方面搜集数据，为院校的测评和发展提供更有力的实证支持。例如，巴克内尔在 2014 年提出五年多元化发展计划，为了评价多元化的现状和发展，院校研究办公室比较了包括 NSSE 在内的多个问卷有关多元化的项目。大概 70% 的大一学生在 NSSE 问卷中回答他们经常或频繁地和不同种族、不同经济地位、不同宗教信仰的人交谈过。在运用美国加州大学洛杉矶分校高等教育研究中心（Higher Education Research Institution，HERI）编制的学生问卷时，也有69%人回答自己曾经和不同种族的人有过社会交往。与此同时，学生们在回答院校风气问卷时，却只有25%的学生对院校种族多元化气氛和氛围表示满意。这几个问卷的回答彼此相辅相成，数据从不同的层面给理解院校多元化的现状和今后的发展提供了参照。除学生问卷之间的比较外，对问卷回答进行比较的群体还可以包括更广的范围，例如包括行政人员和老师之间的比较。在针对老师问卷中，只有25%的问卷老师参与者认为他们的课程当中包括了种族和性别差异的内容；从学生的观点，大概40%的学生认为他们所修课程中有2～5次机会阅读到种族和社会经济地位的内容。不同的群体在不同问卷中对同一主题的答复能帮助研究者多角度地理解问题。

同样结合HERI大一和大四问卷与NSSE问卷，我们比较了学生自己报告的与通识教育相关联的学术能力和获得的知识在批判性思维、写作、人际交往能力、外语水平、听说读写能力和数学等领域在不同学生群体中的差异。在NSSE问卷当中，我们只能选取十个与通识教育相关联的问题，然而HERI问卷提供了更多更广泛的选择。我们在HERI问卷中选取了大约33个与之相关的问题，通过分析大一和大四学生在两种不同问卷里对相关联问题的回答，我们发现学生感知的学术能力与掌握的知识在不同的性别、经济背景和不同种族的群体当中存在很多的差异，尤其是对于大一的学生，这种不同尤为明显。例如，大一非第一代大学生[①]普遍比第一代大学生报告拥有更高的批判性思维、学术能力、问题解决能力和写作水平；大一国际学生在自我报告的多元化知识方面普遍高于白人或少数族裔学生，而大一白人学生在通识教育和问题解决能力上面比国际学生评分更高。大一学生报告的学术能力和习得知识在群体之间的显著差异在大四学生之间或没有出现或大为减少，尤其在第一代大学生和非第一代大学生之间。群体差异从大一到大四的减少或弱化的发现从侧面反映了大学教育对不同群体，尤其是对少数族裔学生和弱势群体的正面影响。这一研究发现能够引发大家对于巴克内尔毕业生是否已经接受无关他们种族和经济背景的公平性大学教育的讨论。

NSSE单年单个数据的使用很难引发院校大的决策的改变，只有多方

① 第一代大学生指的是学生父母双方均没有获得大学学历。

面的结合其他问卷并进行深层次的多年数据比较，问卷结果才能得到进一步地确认并提高说服力，提供更加全面的信息。在问卷调查的基础上，进行后期的质性调查，例如进行访谈，可以给既有的问卷结果提供更多方面的信息[17]。

5.5 NSSE数据结果分享和视觉化图表相结合

为了更加有效传达问卷的结果，人们必须考虑结果和报告的阅读者，他们喜欢什么样的方式来阅读报告。在分享NSSE数据结果的时候，不妨考虑不同的设计方式，做到数据结果和艺术形式相结合，方便人们不仅理解数据结果，而且能够比较容易记住要传达的信息。例如，家长和老师经常会质疑学生一般如何安排一周的时间，除了给读者呈现一般的百分比数据表外，设计一个数据，信息或知识可视化的信息图形（图3）可以更加生动地传达一周时间安排信息。图3显示了大一和大四学生一周时间分配对比。从图中可以看到学生大部分时间花在准备课程上面，包括学习、阅读、做家庭作业、分析数据、做试验和其他的学术活动。大一和大四学生在准备课程和休闲娱乐上面花费时间相似，大四比大一学生院校工作、社区服务、志愿者服务以及联合课程上花费更多时间。

图3 学生一周时间安排信息图形表

我们还设计了网络互动仪表盘。如图4所示，五个有关多元文化看法的问题归纳在一起。所有的问题都可以根据右边的过滤器，包括学生的年级、是否是第一代大学生、是否接受财政资助和学生的族裔来进行互动。

美国印第安那大学设计的NSSE快照报告提供了另外一个将结果和视

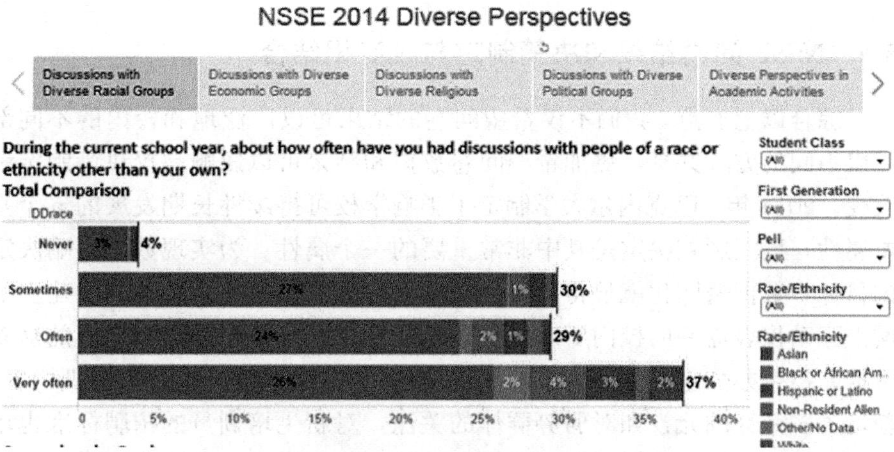

图 4　NSSE 互动网上公告板

觉艺术相结合得很好的例子。如表 5 所示，向上的小图标表示学校比同类院校在投入性因子上评分显著性更高，与之相反的是向下小图标表明学校比同类院校在投入性因子上评分显著性更低。这样的图形信息非常快捷地把院校比较结果展示在读者面前。

表 5　NSSE 快照报告中十个投入性因子与同类院校的比较

Engagement Indicators

Sets of items are grouped into ten Engagement Indicators, organized under four broad themes. At right are summary results for your institution. For details, see your *Engagement Indicators* report.

Key:

▲ Your students' average was significantly higher ($p<.05$) with an effect size at least .3 in magnitude.

△ Your students' average was significantly higher ($p<.05$) with an effect size less than .3 in magnitude.

-- No significant difference.

▽ Your students' average was significantly lower ($p<.05$) with an effect size least than .3 in magnitude.

▼ Your students' average was significantly lower ($p<.05$) with an effect size at least .3 in magnitude.

Theme	*Engagement Indicator*	Your students compared with GLC Peers: *First-year*	*Senior*
Academic Challenge	**Higher-Order Learning**	△	△
	Reflective & Integrative Learning	△	△
	Learning Strategies	--	▽
	Quantitative Reasoning	△	△
Learning with Peers	**Collaborative Learning**	▲	▲
	Discussions with Diverse Others	△	--
Experiences with Foculty	**Student-Faculty Interaction**	△	▲
	Effective Teaching Practices	--	--
Compus Environ-ment	**Quality of Interactions**	△	△
	Supportive Environment	△	△

5.6 NSSE 问卷结果和决策制定与改变相结合

综合以上五点，我们不仅希望问卷的结果可以广泛地和校内的不同部门以不同的方式共享，更加希望问卷数据和结果可以影响高校决策制定和改变。2014 年，巴克内尔大学制定了影响学校可持续性长期发展的五个基本属性，数据影响决定是其中非常重要的一个属性。为实现数据影响决定的目标，数据透明化就显得十分重要，院校办公室利用 NSSE 问卷建立了网上互动仪表盘并向校内所有员工和学生公开公布包括 NSSE 在内的众多数据。招生办公室根据 NSSE 在多元性方面的发现，改革了新生培训内容，新增了多元性的元素和对弱势群体的关注，对新生培训员的招聘标准也增加了对多元性和对多元文化包容性的要求。学习社区办公室十分重视上面提到的 NSSE 问卷结果，学习社区对于学生在反思和整合性学习和与多样化群体讨论上有显著影响，校方在近三年内加大了对学习社区的建设力度。

6 结语

本文主要以 NSSE 为例探讨了如何在实际工作当中开展学生问卷调查，分享调查报告，和在质量提高体系中如何运用调查结果。NSSE 问卷的使用与其他调查问卷一样，它们可以连接理论与现实，最重要的功能之一在于它们可以促进校内老师，教职工和学生之间的交流，调查结果可以确认院校的长处和短处并发现院校面临的问题[18]。由于问卷调查包含了在质量提高体系中多方面多层次的信息，随着问责制在高校教育体系中分量的加重和在数据日益透明化的背景下，高校和大众对研究者在问卷调查的理解、选择使用、处理分析问卷数据和分享最终结果上面的要求也越来越高。希望本文的内容能够为问卷调查在高校质量提高体系中的相关运用起到抛砖引玉的作用，帮助大家处理实践中将碰到的一些问题，并能把研究结果用于高等教育的提高。

参考文献

[1] Nichols J O. A Practitioner's Handbook for Institutional Effectiveness and Student

Outcome Assessment Implementation[M]. (1995).

[2] Suskie L. Assessing student learning: A Common Sense Guide. (2nd ed.) [M]. San Francisco: Jossey-Bass, 2009.

[3] Hirt J B. Challenging and supporting the first-year student: A handbook for improving the first year of college[M]. San Francisco, CA: Jossey-Bass, 2004.

[4] Nobel J, Sawyer R. Institutional research with published instruments. The Handbook of Institutional Research[M]. San Francisco: Jossey-Bass, 2012.

[5] Dancan D Nulty. The adequacy of response rates to online and paper survey: What can be done?[J]. Assessment & Evaluation in Higher Education, 2008, 3(33):301-314.

[6] Kuh G. The national Survey of Student Engagement: Conceptual and Empirical Foundations[J/OL]. New Directions for Institutional Research, 2009, 141:5-20. http://NSSE.indiana.edu/html/survey_instruments.cfm.

[7] NSSE 官方网站[DB/OL]. http://NSSE.indiana.edu/html/about.cfm.

[8] Kuh D. The High Impact Educational Practices: Who has access to them and why they matter for all students[J]. AAC&U, 2008, 13-22.

[9] Yu C H, Pennell A J, DiGangi S, et al. A Data Visualization and Data Mining Approach to Response and Non-Response Analysis in Survey Research[J]. Practical Assessment, Research & Evaluation, 2007, 12 (19).

[10] National Survey of Student Engagement. Lessons from the filed: Using Data to Catalyze Change on Campus[J]. Bloomington, IN: Center for Postsecondary Research, Indianan University School of Education, 2015, 3.

[11] NSSE 报告创建板的链接方式[DB/OL]. http://bl-educ-cprtest.ads.iu.edu/SAS/rb_NSSE.html

[12] Chen P D, Gonyea R M, Sarraf S A, et al. Analyzing and Interpreting NSSE Data[J]. New Directions for Institutional Research, 2009, 141:35-54.

[13] 高校认证的问卷认证工具箱[DB/OL]. http://nsse.indiana.edu/html/accred_toolkits.cfm.

[14] Laufgraben J L. Learning Communities[Z]. M. L. Upcraft, J. N. Gardner, B. O., 2005.

[15] National Survey of Student Engagement. Using NSSE Data[DB/OL]. (2014). http://nsse.indiana.edu/pdf/using_nsse_data.pdf.

[16] Pike G R, Rocconi L. Multilevel Modeling: Presenting and Publishing the Results for Internal and External Constituents[J]. New Directions for Institutional Research, 2012, 154:111-124.

[17] Kinzie J, Pennipede B S. Converting Engagement Results into Action[J]. New Directions for Institutional Research, 2009, 141:83-96.

[18] McCormick A C, McClenney K. Will These Trees Ever Bear Fruit? A Response to Special Issues on Student Engagement[J]. The Review of Higher Education, 2012, 35(2):307-333.

[19] Benta T W, Pike G R, Hansen M J. The Use of Engagement Data in Accreditation, Planning, and Assessment[J]. New Directions for Institutional Research, 2009, 141: 21-33.

作者简介

周莹 博士 先后获得北京外国语大学英语学士，美国宾夕法尼亚州立大学教育硕士、高等教育博士学位以及院校研究证书。2014 年至今，在美国东卡罗来纳大学就任副教务长职务，主管院校规划、评估和研究。她领导的部门负责院校战略规划、学科规划、质量认证、专业评审、学生学习成果评估和校绩评估、院校研究和数据分析，并为领导层和各部门提供决策支持。此外，她还在宾夕法尼亚州立大学高等教育专业教授网络课程。2003 年至 2011 年，曾在美国乔治梅森大学院校评估办公室任助理主任、副主任及主任职务；2011 年 6 月被任命为该校远程教育主任。1996—1999 年，曾在清华大学外语系执教。周莹博士熟悉院校质量认证过程，专长校绩评估和学生学习成果评估，能够使用多种统计方法进行数据分析。她的研究课题包括教师和学生的满意度、课堂教学评价调查问卷、教师流动因素、教师工资分析、学生学习成果以及本科生第一年保留率及四年毕业率。

白康 博士 先后获得广西师范大学英语学士，美国东南密苏里州立大学英语硕士和美国阿拉巴马大学高等教育管理博士学位。从 2016 年至今，在美国路易斯大学任协理副校长，主要负责院校研究与规划，并从事各种研究工作，为学校领导及各院系部门的决策与规划提供信息与情报。此前从 2013 年至 2016 年，在东南密苏里州立大学就任助理教务长，主管院校研究、学术评定和学生学习成果评估、学科认证、专业审查以及教学质量的保障与提升等工作。1998 年至 2013 年，在阿拉巴马州特洛依大学从事院校研究与大学及学生成果评估工作，先后担任协调员、主任等职。赴美之前，在广西民族学院外语系任教，外语系副主任。白康博士研究方向是高校教师的专业和学术发展，专长为专业质量评估与学生学习成果评估，统计分析与预测，调查问卷的制定与分析以及及院校质量认证。此外，白康博士还一直在阿拉巴马州特洛依大学英语系教授网络英语写作课。

李岱 博士 现任美国匹兹堡州立大学院校研究与规划主任。在北京国际关系大学取得英语文学士学位后出国深造，在宾夕法尼亚州立大学获得高等教育博士学位。毕业后，先就职于加州州立大学海岛分校，在院校研究和评估办公室先后担任研究员和高级研究员，主要负责数据收集、验证、分析与总结报告工作。在匹兹堡州立大学担任院校研究与规划主任后，主要负责数据库的建立与治理，数据分析与结果应用，校级认证及专业认证，为领导层提供决策支持，并为全校及各部门提供战略规划的制定和效绩追踪的培训和支持。李岱博士还兼任中北部高等教育委员会同行审查员，是美国院校研究协会电子刊物 IR-in-the-Know 专栏撰写者之一。她的研究兴趣包括学生行为定量分析、学生就学路径分析、本科生保留率和毕业率，奖学金及其他教育政策评估和分析。

Janet Smith 博士　毕业于怀俄明大学临床心理学专业，在匹兹堡州立大学心理咨询系任教已逾 20 年，目前担任临床心理专业主任，并兼任院校效绩助理副校长一职。Smith 博士曾多次在国际、美国国内，及地区学术会议上就高教领域内的认证、学生学习成果评估和战略规划课题演讲。她与中北部高等教育委员会有广泛的合作关系，合作项目包括新认证模式的开发和试点，同行评审员的培训，主持学生学习成果评估学会，对约 600 所高校进行使用网络平台进行认证材料的更新维护的培训等。Smith 博士还是 GSH 教育咨询公司的合伙人之一，为高等院校提供认证和战略规划方面的咨询服务。

Clint Ewell 博士　先后获得了西北大学商业管理硕士学位，和新墨西哥大学教育领导专业博士学位。他最初供职于商业界，后投身教育界，因为他坚信教育是改进个人和社会的最好方式。他担任亚瓦派学院（Yavapai College）的财务与行政副校长一职已八年有余，主要负责学院营运方面的各类事务，包括会计、预算、出纳、基础设施、人力资源、信息技术、院校效绩与研究、印刷、采购与校园安全等。Ewell 博士专业兴趣之一是制定对财政决定有意义的财务报告。在他的领导下，由亚瓦佩学院院校研究团队开发的教学成本仪表盘项目获得了美国高等院校财务工作者协会的年度创新奖。这个项目为高校的决策者提供各学科领域内每学分的成本和收益，对比同类院校的成本基准分析，以及在成本考量下的决策方式。Ewell 博士的专业兴趣还包括在控制成本的条件下提升教学质量，以学生完成学位为目标的资源分配，基础设施的预防性维护，促使学生完成学位的激励机制，以及与高中的一些合作项目，以降低高中教学成本和学生提前完成大学学分。

Thomas Hughes 博士 毕业于欧道明大学（Old Dominion University），现在亚瓦派学院（Yavapai College）担任院校效绩与研究主任、认证联络官、院校评审理事会主席和地区经济发展中心首席经济学家。Hughes 博士多次在全国和区域学会上做有关战略规划、认证、学科审查、就读人数分析和预测等课题的演讲。同时，他也常为高校和其他非营利性组织和私营企业提供有关战略规划、认证和评估性研究的咨询服务。他的研究课题包括教育领域的应用性研究，大学基础教育和专科学院在高教领域内的职责。Hughes 博士还在亚瓦佩学院和亚利桑那大学教授社会学、研究方法和社会学统计方法等课程。

Erin Holmes 博士 自 2013 年起在阿拉斯加大学安克雷奇分校担任院校研究协理副教务长一职，将院校研究从以往简单的数据汇报扩展到更符合现代高教需求的决策支持。Holmes 博士在高等教育领域有长达 34 年的工作经验。在就职于阿拉斯加大学前，她在南达科他州的黑山州立大学院校研究办公室工作了 24 年。Holmes 博士曾先后在中北部高等教育委员会和西北部高等教育委员会担任同行评审员。她还是美国院校研究协会 IPEDS 指导，在美国全国范围内提供 IPEDS 培训，并且是上中西部院校研究学会、洛基山院校研究协会和太平洋西北部院校研究协会的活跃会员。她的研究兴趣包括影响学生学习成果的因素、学生行为、政策评估和公共政策影响。Holmes 博士先后在惠灵顿学院获得文学士学位，南达科他大学获得工商管理硕士学位，密西西比州立大学获得公共政策和行政博士学位。

李佳 毕业于兰州大学，获得高等教育学硕士。担任北京教育考试院助理研究员，研究方向为院校研究、教育测量与评价。主要负责北京地区的高级中等学校招生考试、普通高等学校招生考试、研究生统一入学考试、成人高等学校招生考试、高等教育自学考试以及面向社会的非学历证书考试的管理和研究工作，并承办中外合作教育考试。她还担任高等教育自学考试的成果认证与学历检验工作，致力于高校招生数据的收集、可视化、统计分析、与总结报告的撰写等。

常桐善 博士 本科毕业于陕西师范大学外语系，并于2004年在美国西弗吉尼亚大学获得高等教育管理博士学位和计算机科学硕士学位。目前担任加州大学校长办公室院校研究与学术规划办公室主任和大学系统学术委员会分委员会顾问。具体负责大学招生政策和学生学习成果的评估，以及大学生就读经验调查项目。同时兼任加州大学伯克利高等教育研究中心研究员，参与组建了研究型大学本科学生就读经验调研国际联盟。近几年在哈佛大学出版的书籍以及《高等教育研究》《清华大学教育研究》等期刊发表中英文论文（章节）30多篇，2016年出版《院校研究的发展与应用》专著。并多次受邀在国际学术会议上做主旨报告。兼任中国教育部“长江学者”评审专家、本科教育质量审核专家、北京大学考试研究院理事、同济大学讲席教授、西安外国语大学“百人计划”特聘教授等职。

蔡三发 博士 先后获得同济大学工学学士、经济学硕士、管理学博士，曾在美国纽约州立大学（布法罗）进行访问博士后工作。现任同济大学发展规划部副部长、研究员，兼任中国教育发展战略学会常务理事、工信部服务型制造专家组成员，主要从事管理科学与工程、高等教育管理与院校研究等领域的教学与研究工作，先后主持研究项目10余项，发表专著1部、教材4部、译著2部、论文30余篇。曾获得上海市浦江人才计划资助。

于梦婷 同济大学经济与管理学院硕士研究生，曾在法国图卢兹高等商学院交流学习。